Sarah Hodgson

Éduquer son chiot pour les nuls

FIRST ÉDITIONS

Le contenu de cet ouvrage a été publié dans *Éduquer son chiot pour les nuls* (2018).

ISBN : 978-2-412-05394-2
Dépôt légal : février 2020
Imprimé en Espagne par EGEDSA

Traducteur : **Claude Raimond**
Suivi éditorial : **Anne Bazaugour**
Correction : **La Machine à mots**
Conception maquette : **KN Conceptions**
Illustrations : **Amaury d'Andigné** (pages 50, 55, 81, 84, 88, 96, 100, 119, 121, 122, 133, 139, 147, 148, 156, 158, 162, 165, 166, 172, 200, 230, 238, 241, 243, 249, 251, 252, 270, 272, 275) et **Barbara Frake** (pages 43, 44, 45, 52, 62, 82, 134, 143, 145, 151, 153, 167, 177, 184, 185, 189, 191, 193, 204, 234, 260, 262, 264, 266)
Photographies : **iStock**

Éditions First, un département d'Édi8
92, avenue de France
75013 Paris
Tél. : 01 44 16 09 00
Sites Internet : www.editionsfirst.fr

Introduction

Dire que j'aime les chiots serait en-dessous de la vérité. Ils me rendent absolument folle de joie. Leurs pattes et leurs oreilles soyeuses, leur petit ventre, leur haleine qui a mauvaise réputation, et chacune de leurs réactions individuelles à ma « voix heureuse » éveillent l'enfant qui sommeille en moi. Bien que je passe d'innombrables heures à des activités d'adulte, lorsque je tiens un chiot dans les bras ou quand je suis pelotonnée avec mes propres chiens, mes responsabilités quotidiennes semblent s'éloigner comme par enchantement.

Bien qu'élever un chiot soit aussi une responsabilité quotidienne (à vrai dire une responsabilité immense), c'est comme beaucoup d'autres projets dans la vie : lorsque vous comprenez comment pense votre chiot, comment bien communiquer avec lui, les questions de tous les jours deviennent plus simples. Le commentaire que je reçois le plus souvent de clients après leur visite initiale est : « Vous êtes une faiseuse de miracles ! » Mais je sais que le véritable miracle est le chiot – je ne fais que faciliter la communication entre les deux espèces.

Dans ce livre, vous trouverez une approche de bon sens sur la manière de choisir votre chiot, des conseils donnés avec amour pour vous aider à franchir ces premiers mois cruciaux, et une aide pour résoudre les problèmes et bien élever votre chiot. Vous y trouverez des informations simples sur ce qu'il faut faire et sur la manière de le faire – en français courant. Rien de plus et rien de moins – c'est promis.

Quel que soit l'endroit où vous commencez votre lecture, n'oubliez pas ceci : les bébés-chiens sont un peu comme les bébés humains. Il faut en prendre soin mais ne pas les gâter. Il faut les aimer mais ne pas tout leur accorder. Ils ont besoin de principes directeurs – pas d'une liberté totale. Ils ont besoin de jouer, mais ils ont aussi besoin de limites. Votre aptitude à raisonner et à comprendre vous confère la responsabilité de trouver les compromis indispensables. Vous devez être le guide de votre chiot, son protecteur, son ami et sa voix. Vos efforts seront votre véritable et inoubliable récompense.

À propos de l'auteur

Sarah Hodgson est depuis plus de 20 ans éducatrice de chiens et de propriétaires de chiens. Elle compte parmi ses anciens clients de nombreuses célébrités, dont la star télévisuelle Katie Couric, les acteurs ou actrices Richard Gere, Glenn Close, Chazz Palminteri, Chevy Chase et Lucie Arnez, des personnalités du monde des affaires comme George Soros, Tommy Hilfiger, Tommy Mottola et Michael Fuchs, ainsi que de grands noms du sport comme Bobby Valentine et Alan Houston.

Elle a publié huit livres sur l'éducation des chiens, parmi lesquels *Teach Yourself Visually, Dog Training* ; *Dog Tricks For Dummies* ; *DogPerfect* ; *PuppyPerfect* et *Miss Sarah's Book of Etiquette for Dogs*.

Sarah Hodgson habite à Katonah, dans l'État de New York, avec sa fille Lindsay et son labrador noir, Whoopsie Daisy. Pour plus d'informations, vous pouvez vous rendre sur son site Web : www.dogperfect.com.

Icônes utilisées dans ce livre

Astuce

Cette icône signale des bribes d'information utiles et des conseils efficaces – qui vous disent par exemple comment tirer sur la laisse du petit chien juste assez pour obtenir la réaction voulue sans lui faire mal.

À retenir

Ce rappel amical vous évite d'oublier les points importants – comme de laisser un bol rempli d'eau par une chaude journée d'été.

Attention !

« Attention, Attention ! » Faut-il vous en dire plus ? Ne sautez surtout pas cette icône.

À savoir

Cette icône attire votre attention sur des faits et des informations techniques qu'il n'est pas nécessaire de connaître mais qui sont tout à fait intéressants.

Parole de chiot

Quand vous voyez cette icône, je vous propose de vous mettre à la place de votre chiot. Cela vous permettra de mieux le comprendre.

Sommaire

Le mariage idéal

Chapitre 1 : Avant d'adopter un chiot 13

Chapitre 2 : Choix du bon genre de chiot pour vous..21

Chapitre 3 : Trouver et choisir votre chiot 31

Les soins de votre chiot jour après jour

Chapitre 4 : *Home sweet home* 49

Chapitre 5 : Comprendre la vision du monde du chiot..71

Chapitre 6 : Socialisation et politesse 79

Chapitre 7 : Vivre avec le chiot dans le monde tel qu'il est 93

Éducation de votre chiot

Chapitre 8 : La propreté.......................................109

Chapitre 9 : Enseigner l'art de bien se tenir tous les jours...117

Chapitre 10 : Leçons en fonction des phases de développement du chiot 137

Chapitre 11 : Passage au contrôle hors laisse 169

Problèmes de comportement

Chapitre 12 : Les soucis quotidiens.........................181

Chapitre 13 : Quand l'anxiété frappe 195

Chapitre 14 : Remédier aux comportements socialement inacceptables 205

La santé de votre chiot

Chapitre 15 : L'alimentation et la forme 221

Chapitre 16 : Mesures préventives et soins en cas d'urgence 233

La partie des dix

Chapitre 17 : Dix tours pour la joie des jeunes et des moins jeunes 259

Chapitre 18 : Dix jeux amusants 269

Annexe : Carnet d'adresses 277

Partie 1
Le mariage idéal

Dans cette partie...

Le choix d'un chien qui vivra avec vous étant peut-être votre unique occasion de choisir un membre de votre famille, choisissez-le bien ! Si vous ne connaissez pas encore les races de chien convenant le mieux à votre style de vie, vous allez avoir le plaisir de le découvrir maintenant. En regardant la question de plus près, vous pourrez mettre en regard les exigences de votre genre de vie et les caractéristiques et la personnalité de différentes races de chiens. Aimez-vous bouger et changer? Votre style de vie hyperactif réclame-t-il la participation d'un chien ayant des dispositions similaires ? Ou bien serez-vous plus heureux avec un petit chien qui peut rester tranquille à la maison quand vous n'y êtes pas ? Quel type de chien recherchez-vous : grand ou petit, hirsute ou sans fourrure, énergique ou d'un tempérament doux, vif d'esprit ou plutôt calme ? Que vous le croyiez ou non, il existe une race adaptée à chaque cas.

Un peu plus avancé dans votre recherche, vous devrez vous fixer sur une personnalité de chiot reflétant la vôtre le mieux possible. Certains chiots sont tyranniques ou turbulents, d'autres sont doux ou timides. Avant de vous arrêter sur un choix, demandez-vous quelle personnalité vous avez le plus envie d'accueillir sous votre toit. Si vous avez un caractère très complaisant, un type dominateur ne vous est pas recommandé : il vous aura mis au pas avant d'avoir toutes ses dents de lait. En revanche, si vous êtes organisé et strict, un chiot doux, timide, ou insouciant peut vous agacer à l'extrême.

Dans cette partie, je vous indique comment décider du type de chiot convenant le mieux à votre style de vie, puis comment fixer votre choix parmi les options retenues.

DANS CE CHAPITRE

Pourquoi un chiot ?

•

La place du chiot dans votre environnement familial actuel et futur

•

Ce que vous attendez d'un chien

•

Le chiot dans votre vie au quotidien

Chapitre 1
Avant d'adopter un chiot

Votre chiot est sans doute le seul membre de votre famille que vous pourrez jamais choisir. Vos critères peuvent être très divers, allant de la beauté du chiot à sa personnalité. Profitez au mieux de votre liberté de choix !

Dans ce chapitre, j'examine avec vous cinq questions à vous poser lors du choix d'une race ou d'un mélange de races, en fonction de votre style de vie.

Pourquoi voulez-vous un chiot ?

Élever un chiot est un projet, un projet amusant bien sûr, mais un projet quand même. Dès le début, vous devez lui enseigner la propreté, ce qui exige de se rendre régulièrement à l'endroit voulu dans la journée, et dans les débuts pour commencer, également la nuit. Et le programme comporte d'autres éléments exaltants. Selon sa race, votre chiot demandera une attention plus ou moins constante. Si l'on tient compte du toilettage, des exercices et des repas, il devient évident que la seule activité demandant davantage d'énergie est d'élever un enfant. Heureusement, dans le cas d'un chiot cette activité ne dure pas plus d'un an ! Je ne voudrais pas vous détourner de l'idée d'acheter un chiot – il y a peu de choses aussi gratifiantes que de réussir l'éducation d'un chiot. Au cours des phases de son évolution, vous connaîtrez de mieux en mieux votre chiot et vous vanterez ses qualités humaines (sa dévotion, son amour et sa gentillesse) à tous ceux qui voudront bien vous écouter. Mais les chiots ne sont pas seulement une affaire d'amour, d'amusement et de jeux – ils représentent aussi une grande responsabilité. Vous devrez être aussi attentif à leurs besoins qu'à ceux de tout autre bébé, les nourrir à temps, leur donner à boire et leur procurer un endroit pour dormir. L'enseignement de la propreté est à lui seul un autre projet, et exige du temps et de la patience.

La question des voyages

Nous ne pouvons laisser de côté la question des voyages. Appréciez-vous cette souplesse de votre emploi du temps qui vous permet de prendre un vol à tout moment ? Votre métier peut-il vous éloigner pendant plusieurs jours de suite ? Si vous hochez la tête pour faire signe que oui, réfléchissez bien. Y a-t-il une amie ou un membre de votre famille prêt à assumer volontiers la responsabilité d'un chiot ? Cette personne tolérera-t-elle les méfaits liés à l'adolescence, que commettent les chiots entre 7 et 11 mois ? Ou bien, avez-vous les moyens de payer quelqu'un pour garder votre chiot ou votre chien chez vous quand vous êtes parti ou de le placer dans une pension canine ? Sachant que le coût d'une garde à domicile ou d'une pension varie selon l'endroit où vous habitez et selon les suppléments que vous payez pour embellir le séjour de votre chien, comme des promenades supplémentaires, des leçons d'éducation ou un logement de luxe.

Bien sûr, si vous êtes déterminé et si vous êtes prêt aux efforts qu'il faut faire pour élever un chiot, vous allez y gagner : il n'y a vraiment aucune autre espèce qui puisse vous offrir autant de dévotion qu'un chien. Il y aura des moments vécus entre vous et votre chiot, ou entre votre chiot et vos enfants, dont vous vous souviendrez toute votre vie. Vous prendrez des photos de votre chiot et vous les regarderez avec émotion quand viendront ses premiers poils gris. Élever un chiot est l'une des plus grandes récompenses de la vie. Mais êtes-vous prêt à vous lancer dans l'aventure ?

À retenir

Si l'idée de vous lever à minuit pour les besoins de la cause refroidit votre envie d'élever un chiot, peut-être vaudrait-il mieux que vous adoptiez un chien plus âgé. Il y en a beaucoup dans les refuges, SPA et SPA nationales (Voir annexe Carnet d'adresses). Pour information, les chiots au-delà de 6 mois commencent à mieux maîtriser leur vessie.

À quoi ressemble votre journée ?

Prenez le temps de réfléchir à votre journée type, du matin jusqu'à la nuit (telle qu'elle se présente maintenant, sans chiot). Créez un tableau, indiquant dans une colonne ce que vous faites chaque jour, et dans l'autre colonne les modifications à introduire dans votre programme pour prendre soin du chiot.

J'ai demandé à mon client Joe de résumer son histoire. Voici ce qu'il a écrit :

Mes enfants réclament un chiot depuis qu'ils savent parler. Ils ont maintenant entre 7 et 9 ans et nous nous sentons prêts à relever ce défi. Nous avons une maison et un terrain de 2 000 mètres carrés dans un endroit assez passager. Ni ma femme ni moi ne savons rien sur les chiens, mais nous les aimons et nous voulons faire de l'élevage du chiot un projet familial. Ma propre maman, qui est âgée et prévoit de venir vivre avec nous dans quelques années, est elle aussi très emballée. Son unique condition est que nous choisissions une race dont elle puisse s'occuper. Nous prévoyons de clôturer le jardin, et nous sommes tous enthousiastes à l'idée de faire participer le chiot à nos promenades en famille et aux activités des enfants.

Et quelle est *votre* histoire ? Prévoyez-vous d'accorder la plus grande attention à ce nouveau membre de votre famille ? Un chien est différent de toutes les autres espèces. En tant que chiot, il se liera à vous comme il se lierait à un autre chien, et entre l'affection qu'il vous témoigne et ses horaires de sortie pour ses besoins, vous aurez bientôt l'impression que votre chiot est l'enfant que vous venez d'adopter. Cette relation s'accompagne d'une responsabilité, celle d'intégrer le programme du chiot dans votre vie et de civiliser ses manières. (Allez directement au chapitre 9 pour voir comment lui faire prendre de meilleures manières.) Après avoir planifié, organisé cette année à venir, quand elle sera derrière vous (je vous aiderai à la surmonter, c'est promis !), vous vous féliciterez d'une relation qui enchantera la prochaine décennie et demie de votre vie. Larguez les amarres !

Qui vit sous votre toit ?

Les sections suivantes vous aident à choisir une race convenant au mieux à votre style de vie, maintenant et par la suite. Pour choisir une race, tenez compte des considérations suivantes : êtes-vous célibataire, retraité, prévoyez-vous d'avoir des enfants, ou d'inviter vos parents à vivre sous votre toit quand ils vieilliront ?

À retenir

Passez en revue votre vie actuelle, puis regardez cinq ou dix ans plus loin pour déterminer la race d'un chien qui sera heureux de vivre avec vous sur le long terme.

Rien que moi

Vous êtes célibataire, libre, et vous n'avez que peu de responsabilités susceptibles de vous entraver ! Bien que la compagnie constante d'un chiot puisse vous sembler être le rêve, c'est une responsabilité majeure qui s'accompagne de toutes sortes d'engagements et d'exigences liés à l'élevage d'un chiot. Si vous aimez dormir jusqu'à midi, n'y songez plus. Votre chiot vous fera vous lever avant l'aube et souvent au milieu de la nuit pendant plusieurs semaines.

Rien que nous

Rien que vous et l'être aimé – et maintenant avec le chiot vous serez trois. Posséder un chiot est votre premier véritable test de coopération. Il est beaucoup plus facile d'élever un chiot en partageant les responsabilités entre deux personnes, mais la cohérence est un facteur clé. Si l'un et l'autre joignent leurs efforts, suivent des principes semblables pour les horaires et l'éducation, votre chiot se développera d'autant mieux et la cohérence lui sera bénéfique. Pour éviter des désaccords, discutez à l'avance de la façon dont vous élèverez ce chiot et des règles les mieux adaptées à votre style de vie et à votre situation future.

Attention !

Prévoyez-vous des enfants ? Évitez les races de chiens protecteurs, de garde ou de combat à moins que vous ne vous engagiez très tôt sur un programme d'éducation et de socialisation – et il devra être très intense ! Je parle de ces races au chapitre 2.

Et avec le bébé nous serons quatre ! (enfants de moins de 5 ans)

Élever un chiot avec des enfants de moins de 5 ans est une entreprise considérable, et qui souvent engendre plus de stress qu'elle n'en vaut la peine. Avant l'âge de 5 à 7 ans, un enfant ne peut saisir les sentiments d'un autre – que cet autre soit une personne ou un animal de compagnie. En vous étreignant fortement, votre bébé de 3 ans peut vous communiquer son amour, mais ce geste peut aussi provoquer la panique ou la douleur chez un jeune chiot. Un chiot enserré peut mordre pour se défendre même si, dans des circonstances normales, il ne réagit pas de cette manière. Si vous ne maîtrisez pas cette situation, le chiot peut devenir un chien ayant une peur invétérée des jeunes enfants ou encore un chien immédiatement tendu en leur présence.

Astuce

Êtes-vous prêt à plonger ? Si vous adoptez un chiot pour l'élever en même temps que vos enfants, vous risquez d'éprouver l'impression d'avoir des jumeaux (l'un ayant seulement un peu plus de fourrure que l'autre). Attention ! Si votre enfant de 2 à 3 ans est d'une santé physique ou psychique délicate, reportez d'au moins deux ans le projet d'avoir un chiot. Votre enfant a besoin de toute votre attention pour acquérir une solide perception de lui-même. Un chiot non seulement vous détournera de vos devoirs parentaux, mais en outre il défiera le jeune enfant comme un rival à soustraire de votre attention. Cette situation peut tourner au cauchemar. N'introduisez le chiot dans cette configuration que lorsque votre jeune enfant aura acquis tout son équilibre émotionnel, sera prêt à cette addition et même la désirera fortement.

Si vous considérez que le moment est venu d'adjoindre un chiot à votre famille, envisagez toujours l'option d'un chiot plus âgé. Après avoir franchi le stade où ils mordillent intensément, les chiots ont moins tendance à considérer les enfants comme des frères et sœurs plus jeunes. Un autre avantage est le fait qu'un chiot plus âgé sera mieux en mesure de contrôler sa vessie, même s'il n'a pas encore complètement appris la propreté.

Nous et quelques autres (enfants de plus de 5 ans)

À retenir

Vous avez des enfants de plus de 5 ans ? J'imagine qu'à un moment ou à l'autre ils ont réclamé un chien comme un cadeau d'anniversaire ou un cadeau pour les vacances. Si vous sentez que vous êtes sur le point de céder, prenez conscience d'une chose : quelle que soit l'intensité des promesses de participation de vos enfants, le chiot sera toujours sous votre responsabilité. Même s'ils participent aux tâches quotidiennes, vous serez le coach, le cuisinier, et l'arbitre des rapports sociaux pour vos enfants et pour votre chiot.

Cela ne veut pas dire que vos enfants ne vous aideront pas. Le mieux est de faire d'emblée du chiot un projet familial amusant. Impliquez toute la famille dans les décisions initiales, depuis le choix de la race et de la personnalité, jusqu'à celui de l'endroit où le chiot doit manger et dormir. D'autres activités peuvent vous revenir, mais si vous vous arrangez pour qu'elles aient l'air amusantes, vos enfants pourront revendiquer d'y prendre part.

Attention !

Compte tenu du chaos et de toutes les allées et venues dans une famille avec des enfants, je vous recommande d'éviter les races protectrices ou territoriales. Ces races peuvent souffrir d'une surcharge professionnelle en essayant de comprendre toutes les activités de votre domicile. À moins que vous ne consacriez toute la famille à un programme d'éducation cohérent et approfondi, tenez-vous-en à des races de chiens remuants et joueurs, qui accueillent n'importe quel nouveau venu comme s'il s'agissait d'un ami perdu de vue depuis longtemps.

Toute une ménagerie (d'autres animaux de compagnie)

On peut partager sa vie avec de nombreux animaux et couler des jours heureux – ou vivre un véritable cauchemar. La façon dont vous prévoyez, introduisez et traitez chaque animal est ici le facteur déterminant. Le choix d'une race ou d'une race mélangée avec le tempérament adéquat a aussi une influence sur la façon dont le nouveau venu sera accueilli dans le groupe existant.

Une variété d'animaux de compagnie

Attention !

Si vous ajoutez un chien à une maisonnée d'autres créatures, recherchez longuement une race qui n'a pas été sélectionnée pour poursuivre, mutiler ou tuer ces autres créatures. Même si votre husky de Sibérie accepte votre lapin dans sa niche, lorsque votre petit sauteur traverse la pièce à toute vitesse, votre chiot grandissant risque de ne pas pouvoir refouler ses impulsions.

Recherchez un éleveur qui ait exposé ses chiots à d'autres animaux dès le plus jeune âge. Si l'éleveur avait des chats et si vous avez vous aussi des chats, votre chiot peut penser en fait qu'il est un chat ! À moins que votre minou ne soit terrifié, il est possible de laisser se développer une solide amitié. Allez au chapitre 4 chercher des conseils sur les présentations initiales.

Autres chiens

Qu'attendez-vous des relations des chiens avec un nouveau chiot ? Bien que la plupart des chiens jouent volontiers avec d'autres chiens, rares sont ceux qui apprécient le chaos et les interactions provoquées par l'arrivée d'un jeune chiot. À mesure que le chiot grandit, une solide amitié peut se développer. Toutefois, si vous ne donnez pas déjà à votre chien autant de votre présence qu'il le souhaiterait, l'arrivée d'un chiot ne lui plaira pas. Le chapitre 4 vous donne des conseils sur la façon de présenter un chiot à vos animaux actuels. Pour tenter de déterminer la race compatible avec votre chien, pensez à la race que vous avez et à celle que vous voulez ajouter, et assurez-vous qu'elles ont suffisamment de points communs pour coexister.

Astuce

Le choix de races d'un même groupe (les groupes sont décrits au chapitre 2) est une bonne solution : deux races de chiens de berger s'entendront bien, de même que deux lévriers ou deux terriers. Vous pouvez mélanger des membres de groupes différents, mais évitez les extrêmes !

La personnalité doit aussi être prise en considération. Si vous avez un chien doux, gentil et si vous amenez chez vous un chiot dominant, dites-vous bien que le nouveau venu mettra votre chien au pas aussitôt. Ce qui est bien triste. Après tout, vous savez qui a fait partie de la famille le premier. Un chiot dominateur peut finir par régner sur toute la famille, indépendamment des règles de la maison ou de vos souhaits personnels. Toutefois, vous pouvez vous simplifier la vie en choisissant des chiens dont les personnalités s'harmonisent.

Que recherchez-vous dans un chien ?

À retenir

En recherchant le compagnon idéal, ne vous demandez pas quel genre de *chiot* vous voulez. Demandez-vous plutôt quel genre de *chien* vous voulez. Tous les chiots traversent, la première année, les phases de développement typiques, celles de la curiosité qui les pousse à tout mordiller, celle du défi adolescent, mais la façon dont ils mûrissent est largement prévisible sur la base des caractéristiques spécifiques de la race. Comme c'est avec le chien adulte que vous allez habiter, choisissez en toute priorité une race qui soit, à l'âge mature, compatible avec votre vision.

Figure 1-1 Vous ne trouverez pas deux chiots identiques. Alors, quel genre de chien voulez-vous ?

L'examen de soi

Avant de vous aventurer dans les chapitres 2 et 3, qui traitent du choix de votre chiot, regardez bien le miroir. Servez-vous des questions suivantes pour déterminer qui vous êtes et ce que vous pouvez attendre de l'expérience consistant à élever un chien. Si d'autres que vous sont impliqués, introduisez leurs paramètres dans l'équation. Connaissant ces éléments, vous serez mieux armé pour le processus de sélection du chiot.

- **Combien de temps libre avez-vous ?** Comme vous ne disposez que de 24 heures dans une journée, demandez-vous quel temps vous laissent vos activités. Cherchez-vous désespérément un moyen de remplir cet espace ou terminez-vous chaque jour en souhaitant qu'il ait davantage d'heures pour réussir à tout faire ?

- **Qu'aimez-vous ?** Quelques exemples sont la télé, jardiner, lire un livre, faire des randonnées, travailler, les pauses-café, les contacts avec autrui, faire les courses. Prenez le temps de lister cinq choses qui vous plaisent vraiment. S'il faut tenir compte d'une autre personne, placez vos listes côte à côte.
- **Votre chien adulte peut-il participer à ces activités ?** Il est sûr que les chiots sont mignons, mais avant d'être vaccinés et d'avoir appris la propreté, ils ont besoin d'une routine structurée et d'une exposition limitée au monde extérieur. En outre, un jeune chiot peut ne pas vouloir quitter sa « tanière » (votre domicile) et peut avoir besoin de temps pour se développer physiquement avant de participer avec vous à des activités ardues telles que courir sur de longues distances ou faire des randonnées. Cette question concerne le chien adulte que deviendra votre chiot et tient compte de ce qui sera votre principale activité dans les dix mois à venir, à savoir : élever votre chiot.
- **Quelle est votre personnalité ?** Êtes-vous tyrannique, détendu, indulgent, organisé, intense ? Soyez honnête avec vous-même. Lors du choix d'une race, il est préférable pour vous et tous ceux qui vous entourent d'en retenir une qui vous comprendra et pourra vivre en bonne intelligence avec vous. Si vous voulez un chien qui puisse se lier à un membre spécifique de votre famille, faites de l'harmonisation de leurs traits de personnalité votre plus haute priorité.
- **Quels traits de personnalité vous mettent mal à l'aise ?** Pensez à cette question comme s'il s'agissait d'êtres humains. Une personne trop détendue vous rend-elle nerveux ? Êtes-vous agacé quand vous avez affaire à quelqu'un qui a besoin de nombreuses directives ? L'intensité de certaines personnes vous est-elle insupportable ? Si ces caractéristiques humaines vous déplaisent, leurs versions canines vous déplairont tout autant.

Attention !

Quelle que soit l'attirance que vous éprouviez pour sa beauté, ne choisissez pas une race ayant des traits qui peuvent ajouter au stress de votre vie. Le stress est mauvais pour tout le monde – pour vous, votre famille, et surtout pour votre chiot. Trop de stress vous forcera à mettre en cause votre style de vie, et malheureusement, la nouvelle acquisition est habituellement la première à être éliminée. Par exemple, les border collies sont des chiens fantastiques, mais, si leur intelligence et leur intensité ne sont pas dirigées, ils peuvent vous pousser au bord de la crise de nerfs.

Le chien rêvé

C'est maintenant à vous de choisir ce nouveau membre de votre famille ! Avant d'analyser les différentes races, faites une étude rapide de votre chien de rêve en imaginant ses qualités idéales, selon le degré d'énergie, d'intelligence, et de besoin d'attention.

Une fois encore, soyez honnête envers vous-même. Personnellement, le toilettage n'est pas ma tasse de thé. Bien que j'adore de nombreuses races aux longs poils, si je devais amener chez moi un membre d'une telle race, il serait vite complètement hirsute, et ce serait très injuste pour le malheureux chiot !

DANS CE CHAPITRE

Restreindre les options jusqu'à la race idéale ou le mélange de races idéal

•

Les termes « groupes de race » et « vigueur hybride »

Chapitre 2

Choix du bon genre de chiot pour vous

Naturellement, tous les chiots adorent les biscuits pour chiens et tous aiment bien qu'on les gratte derrière les oreilles, mais les ressemblances ne vont guère plus loin. Chaque chien voit le monde à sa manière. Certains trouvent leur bonheur et leur raison d'être dans l'interaction avec les humains ; d'autres préfèrent un style de vie indépendant. Certains adorent le désordre créé par les petits enfants, tandis que d'autres n'y trouvent aucun intérêt. Certains considèrent les visiteurs comme des amis perdus de vue depuis longtemps, et d'autres les considèrent comme des ennemis potentiels. Certains chiens apprécient vivement des temps de calme et de solitude ; d'autres dévorent votre intérieur si vous rentrez chez vous trop tard. Qu'est-ce qui vous semble préférable ?

Dans ce chapitre, vous trouverez tout ce qui concerne les races de chien, et aussi ce qui se passe dans le cas des mélanges de races. Tout chiot est une merveille génétique, et bien qu'une race pure offre une certaine prévisibilité, un chiot de races mélangées profite de ce que nous appelons une « vigueur hybride ».

Voulez-vous un chien de race ou un croisé ?

Tous les chiens, de quelque pays qu'ils viennent, ont une *inscription génétique* – une codification génétique – qui détermine chacun de leurs traits depuis la couleur de leur robe et la forme de leur queue jusqu'au timbre de leur aboiement et leurs réactions à l'égard des inconnus. Les humains résultent d'un appariement aléatoire des traits de leurs parents, et il en va de même pour les chiens. Chaque ensemble de chiens ayant ces mêmes traits, ou inscriptions génétiques, est rangé dans une catégorie appelée *race*. Il vous faut d'abord décider si vous prendrez un chien de race ou un chien de races mélangées.

Les bienfaits de la prévisibilité : les chiens de race

À savoir

Quand vous achetez un chien de race, vous achetez un membre d'une lignée. Il existe plus de 500 races par le monde **reconnues par le Kennel Club anglais et/ou américain et la FCI (Fédération cynologique internationale).** Chaque race a été créée à partir de chiens dotés d'apparences ou de traits spécifiques ou qui trouvaient leur bonheur dans l'exécution de certaines fonctions (telles que garder des animaux, tirer des charges, rapporter, ou se pelotonner dans les bras de leur maître), ceux-ci étant croisés avec des chiens qui possédaient d'autres traits recherchés. La création de races a permis la prévisibilité tant de l'apparence que des intérêts. Être un chien de race, c'est un peu comme appartenir à un club sélect : seuls les chiens ayant des apparences et des intérêts similaires peuvent y accéder. Une fois membres du club, ils peuvent seulement se reproduire avec d'autres chiens du même club. Bien que le club soit vaste, peu de variations sont disponibles pour la génération suivante. Naturellement, si l'un des membres contrevient au code et se reproduit avec une autre race, vous obtenez ce qu'on appelle un croisé ou chien bâtard. Tout aussi capables d'amour et de dévouement et souvent plus robustes grâce à l'augmentation de leur potentiel génétique, ces chiots sont considérés comme des erreurs et sont souvent donnés ou relégués dans des refuges pour animaux. Quelles sont les autres différences entre une race pure et croisée ? Un chien de race coûte plus cher – de 300 à 3 000 euros (bien que ce soit rare, certains chiens de race qui se distinguent dans les concours peuvent atteindre cette limite).

Mélanges de races : la vigueur hybride

Un chien bâtard est tout aussi agréable qu'un chien de race et certains les prétendent en meilleure santé mentale et physique en vertu de la *vigueur hybride*. Ce terme se réfère au pool génétique d'un chien issu d'un mélange de races : en associant deux races complètement différentes, vous obtenez une grande extension des possibilités de traits différents. Les partisans de la vigueur hybride attribuent la meilleure santé des chiens concernés au plus grand nombre d'associations génétiques possibles. Ils supposent que les traits positifs seront dominants, et comme il y a davantage d'options, la constitution génétique du chien sera meilleure. Est-ce que je crois à cette thèse ? Absolument !

Choix d'un chiot parmi dix groupes standards de races

Dans cette section, j'évoque quelques-unes des races les plus courantes ou les plus populaires **reconnues par la Société centrale canine (SCC) et selon la classification en groupes de races, de la Fédération cynologique internationale (FCI).**

Chacun de ces groupes comporte des races qui ont des instincts ou des raisons d'être similaires. Il y a des différences entre les races d'un même groupe, mais aussi des points communs qui les relient entre elles, c'est pourquoi je vous propose également un classement par genres (sportif, non sportif, jouet, de travail, etc.)

L'esprit d'équipe : le groupe sportif

Des chiens proactifs, ceux du groupe sportif, ont été créés pour aider l'homme à se nourrir en levant des oiseaux (en les effrayant pour qu'ils quittent leur cachette) et en rapportant ceux qui sont tirés. À notre époque, il est peu probable que vous ayez besoin de tirer votre repas du ciel, mais n'en dites rien à votre chien. Nés avec l'instinct de rapporter, ils adorent un style de vie actif et participatif et n'iront pas se coucher simplement parce que vous êtes bien nourri. Pas de canards à aller chercher ni d'oiseaux à vous désigner ? Vos pantoufles feront l'affaire, de même que le pigeon sur le rebord de la fenêtre.

Voici quatre types de chiens appartenant au groupe sportif, et des races spécifiques à l'intérieur de ces différents types :

- **Chiens d'arrêt continentaux – groupe VII :** Braque allemand à poil court, Drahthaar, Braque hongrois, Braque de Weimar, Griffon Korthals ou griffon d'arrêt à poil dur, Épagneul breton.
- **Chiens d'arrêt des îles britanniques – groupe VII** : Setter anglais, Setter gordon, Setter irlandais.
- **Rapporteurs de gibier – groupe VIII** : Retriever de la baie de Chesapeake, Retriever à poil bouclé, Retriever à poil plat, Golden retriever, Labrador retriever.
- **Leveurs de gibier – groupe VIII :** Cocker américain, Clumber spaniel, Cocker anglais, Springer spaniel, Field spaniel, Chien d'eau irlandais, Sussex spaniel, Springer gallois, Rhodesian Ridgeback.
- **Chiens d'eau – groupe VIII :** Chien d'eau portugais, Barbet, Chien d'eau irlandais.

Attention !

Bien que ces chiens aient la réputation méritée d'être des chiens domestiques patients, ils ont besoin d'une stimulation mentale et physique. Ils ne peuvent pas supporter de longues heures d'isolement, lesquelles, associées à un manque d'exercice, ne feront qu'engendrer l'anxiété. Un chien du groupe sportif malheureux est destructeur, hypernerveux et impulsif. Ce n'est pas une heureuse combinaison – surtout pour votre canapé et votre table basse.

Quand ces chiots sont dirigés, prennent suffisamment d'exercice et se sentent inclus dans un groupe, ils sont les plus insouciants et les plus tolérants face aux aléas d'une vie mouvementée.

Par où est-il passé ? Le groupe des chiens courants

Les chiens de ce groupe sont heureux et n'ont qu'une idée en tête ; leur passion de la chasse les propulse dans la vie et leur donne de multiples occasions de s'occuper. Bien que vous n'ayez pas l'intention de chasser un renard, de poursuivre un cerf ou d'assiéger un raton laveur réfugié sur un arbre, votre chiot de cette espèce, lui, en aura probablement envie.

À retenir

Associés à l'origine en couple ou en meute, tous les membres répertoriés dans ce groupe étaient prisés pour leur instinct les poussant à suivre le gibier sans avoir besoin d'indication des hommes. Ils sont par conséquent dévoués, et l'esprit de meute fait qu'ils aiment la vie de famille tout en étant assez indépendants pour s'amuser tout seuls.

Voici les différents types de chiens appartenant au groupe des chiens courants, avec des races spécifiques dans chaque type :

» **Lévriers – groupe X :** Lévrier afghan, Basenji, Barzoï, Greyhound, Ibizan hound, Irish Wolfhound, Saluki, Deerhound, Whippet.

  Attention !

  Les lévriers doivent être tenus en laisse en extérieur, car vous ne pouvez pas courir plus vite qu'eux, et leur instinct de poursuite fait toujours partie de leur patrimoine génétique. En outre, vous devez socialiser précocement ces chiens avec les animaux de compagnie classiques (comme les chats, les oiseaux et les lapins) ; sinon, ils peuvent les confondre avec leur repas lorsqu'ils les verront courir sur le sol de la maison.

» **Teckels – groupe IV.**

» **Chiens courants et quêteurs – groupe VI** : Basset hound, Beagle, Chien de Saint-Hubert, Fox-hound américain, Fox-hound anglais, Harrier, Chien de loutre, Petit basset griffon vendéen.

Laissez-moi faire : le groupe du travail

Les races du groupe du travail varient selon le métier qu'elles exercent, mais elles sont unies par leur passion pour le travail. Qu'il s'agisse de participer à la garde, de tirer un chariot ou un traîneau, de trouver de l'eau, de protéger ou de participer à des opérations de police, chacun des membres de ce groupe est dédié à une tâche.

Attention !

Ne choisissez un chien de ce groupe que si vous pouvez utiliser et apprécier ses talents. Par exemple, les chiens de montagne des Pyrénées et les Kuvasz ont été créés initialement pour garder des troupeaux. Leur éthique professionnelle est restée intacte, et ils font d'excellents chiens de garde quand ils sont dressés. Mais livrés à eux-mêmes, ils suivent souvent leur instinct à l'extrême, vous prenant ainsi que vos proches pour des moutons qui ont besoin d'être protégés. Ceux que vous invitez à dîner ne seront pas les bienvenus, et le facteur devra faire très attention !

Les chiens du groupe du travail peuvent être grands, mais, si leur horaire est respecté, s'ils sont éduqués intelligemment et s'ils ont assez d'exercice, ils peuvent alors s'adapter aisément à n'importe quel style de vie. Il faut les empêcher de vagabonder si vous habitez à la campagne, mais ils peuvent s'adapter à la vie en appartement s'ils ont droit à leur promenade quotidienne et à un défoulement occasionnel dans un lieu approprié. Voici les types de chiens appartenant au groupe de travail, ainsi que les races correspondantes :

» **Chiens nordiques de traîneau et de chasse – groupe V :** Malamute d'Alaska, Samoyède, Husky de Sibérie, Chien d'élan norvégien.

  Attention !

  Avec leur double fourrure, les races de chiens de traîneau ne sont pas faites pour les temps vraiment chauds. Si vous habitez dans un climat chaud, envisagez le choix d'une autre race. Ces chiens seraient très malheureux.

» **Molosses et bouviers suisses – groupe II :** Bouvier bernois, Grand bouvier suisse, Berger d'Anatolie, Bullmastiff, Chien de montagne des Pyrénées, Mastiff, Rottweiler*, Dogue allemand, Terre-neuve, Saint-bernard.

» Pinschers et schnauzers – groupe II : Doberman, Schnauzer géant, Schnauzer standard.

» Spitz asiatiques – groupe V : Akita, Eurasier.

  Attention !

  Élever des enfants et des chiens est une tâche suffisamment difficile. Les races territoriales peuvent exagérer leur rôle de gardien, protégeant votre habitation et vos enfants contre tous les intrus – y compris les amis, les membres de la famille plus éloignée, des gens qui viennent faire chez vous des travaux, et même les autres enfants. Ces chiens souffrent rapidement d'un stress professionnel dans les ménages où il y a beaucoup de mouvement. Si vous tenez à une race territoriale, une éducation structurée est absolument indispensable.

Berger ou mouton ? Le groupe des conducteurs de troupeau

Les races du groupe des gardiens de troupeau ont été développées à l'ère agricole lorsque leurs aptitudes étaient prisées par les éleveurs de moutons et de bovins du monde entier. L'homme a fait de gros efforts pour mettre au point les instincts de garde des races de ce groupe. Bien que ces aptitudes ne soient plus une priorité, elles continuent de se refléter dans le comportement de ces chiens au sein d'une habitation. Par exemple, il est fréquent de voir un chien prévu pour garder des moutons en train de garder des enfants.

À savoir

Que veut dire grand ?

Il y a des chiens de toutes formes et de toutes tailles. Mais on ne peut se contenter des adjectifs grand et petit. La table ci-après donne les dimensions correspondant le plus souvent aux termes petit, moyen, grand et géant.

Catégorie	Hauteur	Poids
Petit	Jusqu'à 25 cm	1 – 10 kg
Moyen	25 – 50 cm	10 – 23 kg
Grand	50 – 70 cm	23 – 41 kg
Géant	Plus de 70 cm	Plus de 41 kg

Voici les types de chiens composant le groupe des chiens de berger, ainsi que les races particulières de chaque type :

- **Bergers – groupe II : Berger australien, Colley barbu, Berger belge malinois, Berger belge grœnendael, Berger belge tervueren, Border collie Colley (à poil court et long), Berger allemand, Bobtail, Puli, Berger des Shetland, Komondor, Kuvasz, Bouvier d'Australie, Berger de Brie ou Briard, Berger picard, Bouvier des Flandres, Welsh Corgi (Cardigan ou Pembroke).**

Attention !

Si les chiens des races bergères ne trouvent pas un moyen d'utiliser leurs instincts, ils peuvent développer des comportements obsessionnels, répétitifs, comme courir autour d'une table ou pourchasser des cibles se déplaçant rapidement telles que des automobiles ou des joggeurs. Ceux qui manquent de stimulation peuvent par leurs allées et venues tracer un chemin dans un jardin ou dans un champ. Il y a lieu de les éduquer, pour éviter qu'ils n'adoptent leurs maîtres ou les enfants comme des moutons à protéger. Les bouviers sont des chiens appliqués, forts et trapus, qui peuvent développer des comportements répétitifs tels que mordiller vos chevilles (ou celles de vos enfants) quand elles bougent.

S'ils sont convenablement éduqués et prennent suffisamment d'exercice, ces chiens peuvent être d'une grande loyauté. En outre, quand les mâles sont stérilisés, ils ne sont pas tentés de vagabonder.

Le groupe des terriers

Les races de ce groupe ont été développées pour chasser les animaux nuisibles dans les granges ou combattre d'autres animaux pour le sport. Conçus pour être résolus et tenaces, ils travaillent de manière indépendante et les directives des humains ne leur sont pas nécessaires. Remplis d'énergie et de courage, et difficiles à impressionner ou persuader, les terriers ne s'accordent pas bien avec des maîtres trop exigeants. Ils apprécient pleinement la compagnie des humains, avec qui ils aiment folâtrer, mais il faut les garder dans un espace clos ou les tenir en laisse pour les empêcher de vagabonder ou d'aller chasser.

Voici les deux types de chiens appartenant au groupe des terriers ainsi que les races particulières de chaque type :

» **Terriers – groupe III (Chasseurs de nuisibles)** : Airedale-terrier, Terrier australien, Bedlington terrier, Border-terrier, Cairn terrier, Dandie Dinmont-terrier, Fox-terrier (à poils doux et à poils durs), Terrier irlandais, Terrier du Révérend Jack Russell, Kerry blue-terrier, Lakeland-terrier, Manchester-terrier, Terrier de Norfolk, Terrier de Norwich, Scottish-terrier, Terrier de Sealyham, Terrier irlandais, Terrier gallois, Westie.

  À retenir

  Ne soyez pas surpris si votre terrier découvre les dents quand vous (ou n'importe qui d'autre) tendez la main vers son os ou son bol de nourriture. C'est une réaction naturelle appelée agression par possession, et se compare à ce que fait un jeune enfant qui ne veut pas partager un jouet favori. Parmi les autres chiens connus pour ce comportement, on trouve certaines races du groupe du travail, des lévriers et certains chiens du groupe jouet. Vous trouverez au chapitre 14 des suggestions pour surmonter cette difficulté.

» **Terriers – groupe III** : American Staffordshire-terrier*, Bull-terrier, Bull-terrier miniature, Bull terrier de Staffordshire.

  Certaines races de chiens ont un passé dédié au combat, mais la plupart des lignées actuelles ont pratiquement perdu cet instinct. Une socialisation poussée garantira une attitude amicale envers d'autres chiens et d'autres animaux de compagnie.

Attention !

En France, la loi n° 99-5 du 6 janvier 1999 dite « loi sur les chiens dangereux » prévoit une réglementation stricte quant à la détention de certains chiens de race ou assimilés considérés comme dangereux par l'arrêté du 27 avril 1999.

Sont concernés par cette réglementation tous les chiens dits de 1re catégorie telle que définie à l'article 211-1 du Code rural :

» **les chiens assimilables par leurs caractéristiques morphologiques aux chiens de race American Staffordshire terrier, sans être inscrits dans un livre généalogique reconnu par le ministre de l'Agriculture et de la Pêche. Ce type de chien peut être communément appelé « pit-bull » ;**

» **les chiens assimilables par leurs caractéristiques morphologiques aux chiens de race Mastiff, sans être inscrits dans un livre généalogique reconnu par le ministre de l'Agriculture et de la Pêche. Ces chiens peuvent être communément appelés « boerbulls » ;**

» **les chiens assimilables par leurs caractéristiques morphologiques aux chiens de race Tosa, sans être inscrits dans un livre généalogique reconnu par le ministre de l'agriculture et de la pêche.**

Les chiens de 2e catégorie (telle que définie à l'article 211-1 du Code rural) sont :

» les chiens de race American Staffordshire terrier ;

» les chiens de race Rottweiler ;

» les chiens de race Tosa ;

» les chiens assimilables par leurs caractéristiques morphologiques aux chiens de race Rottweiler, sans être inscrits dans un livre généalogique reconnu par le ministre de l'Agriculture et de la Pêche.

Le fourre-tout : le groupe non sportif

Le groupe non sportif est un groupe fourre-tout. Quand l'orientation d'un chien est trop variée pour qu'on puisse le ranger quelque part, il se retrouve ici. Les dalmatiens, par exemple, ont été créés pour suivre les voitures à chevaux sur de longues distances, et à l'arrêt, pour coucher sous la voiture et garder à la fois son contenu et les chevaux à l'abri des vagabonds. Les spitz-loup, une race allemande, ont été élevés pour accompagner l'homme lors de ses voyages en mer, et l'alerter de tout bruit inquiétant. Bien que chacun des membres d'une même race ait des ancêtres différents, ils sont liés entre eux par leur participation dévouée aux affaires des humains.

Voici la liste des chiens du groupe non sportif :

» American Eskimo dog

» **Bergers – groupe I :** Schipperke

» **Molosses – groupe II :** Shar-peï, Bulldog

1. Épagneul breton (groupe sportif)
2. Beagle (groupe des chiens courants)
3. Bouvier bernois (groupe des chiens de travail)
4. Colley (groupe des conducteurs de troupeau)
5. Border terrier (groupe des terriers)
6. Bichon frisé (groupe non sportif)
7. Cavalier King-Charles (groupe des chiens jouets)

1

2

3

4

5

6

7

- **Spitz asiatiques et primitifs – groupe V** : Shiba Inu, Chow-chow
- **Spitz européens – groupe V** : Spitz-loup
- **Nordiques de chasse et de berger – groupe V** : Spitz finlandais
- **Molossoïdes petit format – groupe IX** : Terrier de Boston ou boston-terrier, Bouledogue français
- **Chihuahuas, dalmatiens et épagneuls anglais – groupe IX** : Dalmatien
- **Chiens du Tibet – groupe IX** : Lhassa-apso, Terrier du Tibet
- **Chiens nus et chiens du Tibet – groupe IX** : Épagneul tibétain
- **Bichons – groupe X** : Bichon frisé, Petit chien lion
- **Caniches – groupe X** : Caniche (grande taille, moyen, nain)

Les chiots câlins : le groupe des chiens jouets

Les adorables miniatures de ce groupe ont été élevées en partant de chiens plus grands. Bien qu'ils puissent se pelotonner dans vos bras, beaucoup parmi eux gardent gravés en eux les caractéristiques de leur race d'origine. Prenez le cas du pinscher miniature. Parent éloigné du doberman pinscher, le « Min Pin » est un chien de garde astucieux qui signale l'arrivée d'un visiteur avant même qu'il ait frappé à la porte.

Voici les races qui composent le groupe des chiens jouets :

- **Pinscher – groupe II** : Affenpinscher, Pinscher nain
- **Terriers – groupe III** : Silky terrier, Terrier de Manchester, Yorkshire
- **Spitz européens – groupe V** : Spitz nain (loulou de Poméranie)
- **Chihuahuas, dalmatiens et épagneuls anglais – groupe IX** : Cavalier King-Charles, Chihuahua
- **Bichons – groupe IX** : Bichon havanais, Bichon maltais
- **Épagneuls anglais et japonais – groupe IX** : Épagneul japonais, Pékinois
- **Épagneuls continentaux et Kromfohrlander – groupe IX** : Épagneul nain continental papillon
- **Molossoïdes petit format – groupe IX** : Carlin
- **Chiens du Tibet – groupe IX** : Shi-tzu
- **Caniches et chiens belges – groupe X** : Griffon belge
- **Caniche toy**
- **Chiens belges et chiens nus – groupe X** : Chien chinois à crête
- **Lévriers – groupe X** : Petit lévrier italien

DANS CE CHAPITRE

Où trouver votre chiot – éleveurs, refuges, animaleries

•

Les bonnes questions et les bonnes réponses sur votre futur chiot

•

Test du tempérament et de la personnalité de votre chiot

Chapitre 3

Trouver et choisir votre chiot

Que la recherche commence ! Vous pouvez trouver un chiot dans de nombreux endroits différents, allant des éleveurs sérieux aux animaleries. Pour réduire le stress associé à cette recherche, passez en revue toutes les options en notant les avantages et les inconvénients de chacune d'elles, puis mettez-vous en route et testez autant de chiots qu'il le faudra jusqu'à ce que vous ayez trouvé celui dont les instincts naturels et la personnalité correspondent le mieux à vos besoins. Rien n'est plus décevant (pour vous et le chiot) que de ramener chez vous un chiot qui ne convient pas. Vous éviterez cet écueil grâce aux nombreux conseils de ce chapitre.

Votre chiot idéal peut se trouver n'importe où, mais, en vous limitant aux meilleures options, vous gagnerez du temps. Que vous choisissiez de vous adresser à un éleveur, un refuge, un propriétaire de chien privé ou une animalerie, le fait d'être informé sur les questions à poser et les inconvénients éventuels de chacun vous donnera une idée plus précise des résultats possibles de votre recherche. Malheureusement, la recherche n'est pas terminée quand vous avez trouvé un chiot. Chaque chiot a sa personnalité propre – et vous pouvez la déterminer à partir de l'âge de 8 semaines. Testez chaque chiot que vous rencontrez en le comparant à votre chiot idéal, et n'ayez pas peur de rentrer chez vous les mains vides. Le test de tempérament décrit dans ce chapitre est un outil commode pour évaluer vos candidats. J'ai testé vingt chiots avant de trouver mon labrador, Whoopsie Daisy. Trois ans plus tard, je peux vous assurer que cela valait la peine d'attendre. Même si, à l'époque, il m'a semblé difficile de renoncer à tous ces autres chiots !

D'où vient le chiot ?

Naturellement, l'origine biologique du chiot a de l'importance, mais le type d'environnement d'où il vient a également une incidence sur son comportement futur chez vous. Un chiot venant d'un endroit détendu, tel que la maison d'un particulier ou un centre d'élevage réputé, est généralement plus calme qu'un chiot qui a été brusquement arraché de sa portée ou qui a été négligé, transporté ou mis avec de nombreux autres chiots à un très jeune âge. La raison en est simple : avant l'âge de 12 semaines, le cerveau d'un chiot est encore en développement, et le stress peut avoir une bien plus grande incidence durant cette période.

Éleveurs

Un éleveur élève, vend et souvent expose des chiens d'une race spécifique. Comme dans toutes les professions, vous rencontrerez de bons éleveurs et d'autres qui ne sont pas très bons. Les meilleurs élèvent consciencieusement des chiens issus de bonnes lignées génétiques, et ils testent systématiquement le tempérament de chaque chiot pour lui trouver le foyer idéal. En outre, avant la reproduction, et dans toute la mesure du possible, un éleveur responsable teste chaque parent pour s'assurer qu'il est dépourvu de toute anomalie congénitale. Si vous n'êtes pas familiarisé avec les notions ci-dessus, ne vous inquiétez pas. Voici quelques explications des termes clés à garder à l'esprit quand vous rechercherez des éleveurs et quand vous discuterez avec eux :

» **Anomalies génétiques** : ces anomalies sont transmises d'un parent à un chiot et peuvent entraîner toutes sortes de maladies comme la dysplasie (défectuosité de la hanche) ou des souffles au cœur. En vous informant sur les races envisagées, listez les anomalies possibles et vérifiez que l'éleveur les connaît avant de regarder ses chiots.

» **Développement d'une lignée/développement pour les concours** : les éleveurs de chiens pour les expositions s'appliquent à « créer » des chiots qui, une fois adultes, adhèrent au standard de la race. Mais, ces chiots, qui peuvent devenir des chiens splendides, peuvent aussi présenter des problèmes de comportement.

Astuce

Si vous vous intéressez à un chiot d'exposition, vous pouvez privilégier la beauté et laisser de côté le caractère, mais, si la personnalité est pour vous un point important, excluez un éleveur dont les pedigrees font apparaître trop souvent le même nom de chien. La règle de base est que cinq générations devraient toujours séparer deux membres d'une même famille.

À savoir

En France, le standard d'une race est défini par la Fédération cynologique internationale (FCI) et maintenu par la Société centrale canine. Les caractéristiques spécifiques idéales de chaque race sont listées, depuis la couleur de la robe et la personnalité jusqu'à la posture du squelette et la direction de chaque doigt de pied. Chaque détail est défini avec la plus grande précision, et l'éleveur se destinant aux expositions vise à le reproduire à la perfection. Mais si vous prenez un chiot pour en faire l'animal de compagnie idéal pour toute la famille, une petite tache intempestive ou un ongle pas tout à fait à la bonne place n'auront aucune importance.

» **Élevage pour le caractère** : si un éleveur dit qu'il vise le caractère, vous savez que vous avez affaire à un éleveur digne de confiance. Cela veut dire qu'il vise à produire des chiots qui se comporteront de la meilleure façon tout en ayant belle apparence. Si vous recherchez un animal de compagnie, cet attribut d'un éleveur l'emporte sur tous les autres.

» **Test de caractère** : un test de caractère est une série d'exercices réalisés avec un chiot âgé de 7 semaines ou davantage. Ces exercices permettent d'évaluer de façon relativement précise la personnalité du chiot et l'attitude qui sera la sienne à l'âge adulte, et à le situer sur le spectre allant de dominant et tyrannique à timide et renfermé. Plus loin dans ce chapitre, vous trouverez un test de caractère que vous pouvez utiliser avec tous vos chiots candidats. Cependant, vous constaterez que de nombreux éleveurs réalisent ces tests sur leurs chiots avant de les placer.

À retenir

Un éleveur qui vous aide à comprendre aussi bien les points forts que les points faibles de la race dont il s'occupe vaut son pesant d'or. S'il attache de l'importance au placement de ses chiots, il vous posera toutes sortes de questions. Vous aurez l'impression d'être interrogé encore plus minutieusement que si vous adoptiez un enfant, mais n'en soyez pas choqué, vous obtiendrez un chiot qui a été aimé et dont on a pris grand soin depuis son tout premier souffle de vie.

Astuce

Suivez vos intuitions. Si vous arrivez à un élevage et s'il vous fait une mauvaise impression pour une raison quelconque, comme une propreté douteuse, des manières étranges ou l'impossibilité de voir la mère du chiot (ou son père, s'il est sur place), allez-vous-en. Vous aurez du mal à résister à l'envie de sauver un chiot de cet environnement, mais fiez-vous à votre intuition, car se retrouver avec un chiot maladif ou médiocrement socialisé est une expérience déstabilisante qui finira mal pour vous comme pour votre chiot. En outre, vous pouvez toujours faire appel à l'agence locale de la Société protectrice des animaux (SPA) et lui signaler vos observations, ce qui contribuera à l'élimination de gens qui élèvent des chiens exclusivement dans un but financier.

Éleveur particulier

Les chiots élevés dans la maison d'un particulier peuvent être de race pure ou des bâtards. Ces chiots élevés dans une maison comme les autres proviennent souvent de chiennes qui ont échappé à leurs propriétaires et ont été couvertes par des mâles inconnus. Toutefois, ces chiots viennent parfois de chiens vivant avec des gens qui se sont dit que faire se reproduire deux chiens de race pure serait amusant, contribuerait à l'éducation des enfants ou serait une opération lucrative. Si vous voyez un signe indiquant que des chiots sont à vendre, voici ce que vous devez avoir en tête.

- Si ce sont des chiots de race, demandez si les parents du chiot ont été testés pour vérifier qu'ils sont dénués des anomalies connues pour leur race et si vous pouvez rencontrer leurs parents.
- Si ce sont des chiots issus d'un mélange de races, demandez si ce mélange est connu ou s'il n'est que supposé.
- Demandez quel âge les chiots auront quand ils seront vendus ou donnés.

Attention !

N'adoptez pas un chiot ayant moins de 8 semaines. Sept semaines peuvent être une exception, mais seulement si vous êtes un propriétaire de chien expérimenté. Il faut éviter d'adopter un chiot avant 8 semaines parce que la mère consacre normalement les semaines allant de la 6e à la 8e pour socialiser et éduquer ses chiots. Le résultat de cette éducation et de cette socialisation est un avantage pour vous, car les chiots auront des habitudes d'élimination plus organisées, plus de respect, et seront moins portés à mordre.

Refuge

À retenir

Aller chercher un chiot dans un refuge est une action méritoire. Mais soyez préparé, car vous verrez des visages dont vous vous souviendrez longtemps. Vous serez tenté de tous les ramener chez vous, mais c'est impossible. Vous êtes venu pour trouver un chiot – votre chiot idéal –, et, si vous ne le trouvez pas le premier jour, prévoyez de revenir.

Les chiots des refuges viennent de toutes les circonstances de la vie. Quand vous cherchez votre chiot, parlez avec le personnel du refuge. Voici quelques-unes des questions que vous pouvez leur poser :

- Savez-vous quelque chose sur les antécédents des chiots ?
- Avez-vous passé du temps avec ces chiots ? Que pensez-vous de leurs différentes personnalités ?
- Les chiots ont-ils été présentés à des enfants ou des chats ? Le cas échéant, comment ont-ils réagi ?

Astuce

Si vous avez d'autres animaux ou des enfants, je vous recommande de voir comment un chiot candidat réagit en leur présence. Rien n'est plus décevant que de devoir ramener un chiot.

À retenir

La plupart des chiots que l'on trouve dans un refuge sont de races mélangées. Un membre du personnel du refuge vous donnera son opinion sur ces races, mais si vous avez un(e) ami(e) qui s'y connaît, vous pouvez lui demander de vous accompagner pour avoir un autre avis.

Figure 3-1 Aller dans un refuge est marquant. Avant de ramener un chiot chez vous, demandez-vous bien s'il est votre chiot idéal.

Animaleries

Les animaleries sont des magasins de vente d'animaux de compagnie. Elles ont très mauvaise réputation. Mais vous êtes libre d'y croire ou non. Leur objectif est de vendre des animaux. Quand un magasin a une licence lui permettant d'acheter des chiots pour les revendre, il doit trouver des éleveurs qui acceptent de lui vendre des chiots. Il y a peu de chances qu'un bon éleveur accepte de vendre des chiots à une animalerie. C'est pourquoi l'animalerie contacte des *éleveurs pour la revente*, qui élèvent souvent en même temps de nombreux chiens ou toute une variété de races pour les animaleries. Les éleveurs pour la revente exploitent au maximum les chiens affectés à la reproduction ainsi que leurs installations (parfois appelées *usines à chiots*). Ils ont souvent un personnel insuffisant, et il en résulte que leurs chiots ne reçoivent pas toujours les soins appropriés et qu'ils ne sont pas toujours convenablement socialisés à l'égard des humains. Les souillures ne sont pas toujours nettoyées immédiatement, et l'eau n'est pas changée régulièrement. De plus, les lieux n'étant pas toujours désinfectés, se propagent des maladies infectieuses qui peuvent se transmettre rapidement d'un chiot à un autre.

Astuce

Vous craquez pour un chiot derrière une vitrine, mais vous constatez que le vendeur de l'animalerie ne vous pose aucune question sur les conditions de vie et d'accueil de votre nouveau chiot, ne vous informe pas sur la race que vous voulez acquérir, est incapable de vous conseiller en matière de soin et d'hygiène ; vous remarquez aussi que les poils des chiots sont ternes, que les chiots paraissent tristes ou au contraire hyperactifs ; changez alors d'animalerie ou contactez un éleveur.

Obtenez des documents bien établis sur les vaccins et l'administration de vermifuges, et sur les garanties accordées par l'animalerie en ce qui concerne la santé du chiot.

Astuce

Si vous envisagez l'option animalerie, passez un peu de temps supplémentaire pour en trouver une qui mérite votre confiance. Cette qualité peut se mesurer d'après la gentillesse des membres du personnel envers les chiots, leur connaissance des différentes races, l'intérêt qu'ils portent à votre situation et leur accord pour vous permettre de vous adresser à l'éleveur d'origine.

Observation d'un chiot avec les autres membres de la portée

Vous pouvez comprendre beaucoup de choses sur un chiot de 8 semaines en l'observant avec ses frères et sœurs de la même portée. Ils sont en même temps ses premiers amis. Chaque chiot a un caractère distinct au sein du groupe. Un chiot dominateur s'imposera pour montrer sa position de chiot numéro un aux autres chiots. Un chiot doux et tendre peut être malmené par les autres et voudra rester tout près de sa maman ou des gens. En outre, au sein de la portée, les aptitudes universelles à la communication se manifestent en permanence – vous pourrez faire appel à certaines d'entre elles une fois chez vous. Pour choisir votre nouveau chiot, observez ses rapports à son groupe : prenez-en un qui s'harmonisera avec votre famille – il aura le même comportement quand vous l'amènerez chez vous !

Figure 3-2 Prenez le temps d'observer les interactions entre les chiots de la même portée.

Empêcher de mordre

Les chiots jouent avec leurs bouches. Mordiller fait partie de l'interaction normale, mais chaque chiot a ses limites. Si un chiot se met à jouer avec un autre, il doit respecter son niveau de tolérance – sinon il ne jouera pas. Et se réfugier auprès de la maman pour qu'elle vous protège n'est pas réservé aux seuls enfants des hommes ! Quand un chiot en mord un autre trop fort, l'autre chiot court jusqu'à la mère et crie très fort pour faire connaître son niveau de sensibilité.

Astuce

Vous pouvez reproduire cette communication entre compagnons de la portée en criant « aïe » quand votre chiot vous mord trop fort. S'il n'arrête pas de mordre, prenez son collier ou sa laisse pour l'éloigner de votre corps. Ne le repoussez pas parce que les réactions physiques sont interprétées comme une confrontation ludique. Vous trouverez d'autres conseils au sujet des chiens mordeurs au chapitre 12.

Qui définit les règles ?

Les chiots les plus dominants fixent des règles pour le jeu et l'interaction. En choisissant un chiot, étudiez la portée pour voir qui réclame lorsque de la nourriture ou des jouets sont présentés. Ne remarquez-vous pas que certains chiots font ce qu'ils veulent tandis que d'autres restent à l'écart et se montrent soumis ? Imaginez maintenant l'un de ces chiots dans votre cuisine : voulez-vous un chiot qui défie votre autorité ou un chiot qui vous obéit ? Le chiot que vous choisissez utilisera les mêmes tactiques pour déterminer qui dirige votre ménage.

Une autre façon de déterminer très tôt les rangs au sein d'une portée est l'observation des comportements en matière de *définition spatiale*. Par exemple, celui qui fait un détour autour d'un autre fait montre de respect et de déférence particulière envers la position de chien prédominant.

Astuce

Pour être le chien prédominant dans votre maison, commencez dès votre arrivée. L'ordre « Pardon » (voir chapitre 10) représente une indication très marquée de votre leadership dans tous les domaines.

L'art de sélectionner votre chiot

Dans cette section, je vous montre comment évaluer la personnalité d'un chiot d'après son comportement envers les autres chiots de la portée, et je vous présente un test de tempérament simple mais fondamental dont vous pouvez faire usage pour choisir votre chien.

À retenir

Pour tester un chiot de 8 semaines, souvenez-vous que son cerveau n'est pas entièrement développé tant qu'il n'a pas atteint 12 semaines. Essayez de prévoir votre visite juste avant le repas ou restez quelques heures pour l'observer pendant diverses activités. Testez votre chiot quand il est actif, non quand il est fatigué ou a sommeil.

La bonne attitude pour choisir

Le facteur principal n'est pas l'endroit où vous choisissez votre chiot. Vous pouvez trouver des chiots adorables n'importe où. L'essentiel est d'avoir le bon état d'esprit et de savoir à l'avance ce que vous voulez et quelles questions vous allez poser :

» **Chez l'éleveur ou l'éleveur qui opère chez lui** : souvent, l'éleveur vous dit quand il convient de passer le voir. Sinon, demandez quel est l'horaire du chiot et combien de temps vous pouvez rester. L'idéal est de rendre visite aux chiots quand ils sont éveillés et disposés à jouer. Évitez les visites pendant la sieste ou en fin de soirée. Si possible, demandez à rester quelques heures pour observer la portée et interagir avec elle suffisamment longtemps.

» **Dans un refuge** : quand vous parlez au personnel du refuge, demandez combien de chiots sont prêts à être adoptés et si les races ou mélanges de races en sont connus. Demandez si le refuge a une portée de chiots ou seulement des chiots individuels. Demandez aussi à vos interlocuteurs s'ils savent quand les chiots ont été séparés de leur mère et d'où ils viennent. Le stress précoce peut être néfaste, rendant le chiot nerveux ou impulsif.

Astuce

Déterminez si les chiots ont eu l'occasion d'interagir les uns avec les autres et quand. L'idéal est de pouvoir observer les interactions de votre candidat avec les membres de sa portée ou d'autres chiots pour évaluer sa sociabilité au sein d'un groupe.

» **Dans une animalerie** : les chiots sont souvent livrés dans une animalerie seuls ou avec un ou deux chiots de la même portée. Après leur arrivée, ils sont mis en cage, seuls ou en compagnie d'un chiot d'une autre race. C'est une situation troublante pour un jeune chiot, et du fait du stress qui en résulte, beaucoup de ces chiots peuvent sembler manquer de vitalité. Mais isolé avec lui dans une salle d'accueil, vous serez mieux à même d'en tester la personnalité.

Astuce

Si vous vous intéressez vraiment à un chiot particulier, passez au moins trente minutes avec lui. Vous devez interagir, le tenir, et jouer pour avoir une vue d'ensemble de sa personnalité. En outre, amenez d'autres chiots dans la pièce pour déterminer sa sociabilité envers ses pairs.

Un regard extérieur : les profils de personnalité

Vous sélectionnez un chiot parmi une portée ? Chacun a une personnalité distincte dont vous pouvez juger à partir de 7 semaines. Voici les six profils de personnalité que vous pouvez observer :

» **Tyran** : à première vue, le tyran peut sembler tout à fait sociable et interactif. Vous pouvez vous dire « Bien, il ne manque pas d'énergie. » Mais continuez de l'observer. Vole-t-il les jouets des autres chiots, joue-t-il trop brutalement ? Escalade-t-il le pourtour du parc ou monte-t-il sur le dos de ses congénères comme s'ils n'existaient pas ?

  Ce sont des signes indubitables de détermination, d'intelligence et de volonté, mais vous devez décider si ces caractéristiques s'harmoniseront avec votre vie familiale. Si vous avez le temps de canaliser l'énergie de votre chiot (et de la défier), emmenez-le chez vous ! Toutefois, si d'autres exigences réduisent le temps dont vous disposez et si vous voulez un chiot pour réduire votre stress, oubliez le tyran.

» **Provocateur** : les chiots de ce groupe sont vifs d'esprit, adorent s'amuser, et ils sont séduisants. Ils sont tout autant fascinés que leurs frères dominateurs par les jouets et le jeu, mais ils sont nettement plus sensibles. En fait, le tyran et le provocateur peuvent jouer ensemble, le provocateur acceptant de se soumettre tandis que l'autre fait jouer ses muscles (en termes canins, cela peut se traduire par un retournement ventre en l'air ou une immobilisation de la tête).

  Les provocateurs sont attirants sans être trop entêtés. C'est un tempérament idéal pour une personne active ou une famille avec des enfants pas trop jeunes.

» **Penseur indépendant** : ces chiots tolèrent les rencontres et les interactions ludiques une partie du temps mais sont aussi heureux de s'asseoir et de s'occuper tout seuls avec un jouet. Stoïques et réservés, ces penseurs indépendants semblent être venus au monde avec l'âme d'un être âgé.

  Ces chiots sont parfaits pour une maisonnée structurée, avec des maîtres qui respecteront l'idée qu'ils se font d'eux-mêmes et s'engagent à les éduquer. Ils sont attentifs et éveillés, et leur destination idéale est une famille calme avec des enfants plus âgés, ou sans enfants.

» **Empressé de plaire** : les membres de ce groupe tiennent à vous faire plaisir et ont toujours envie de connaître votre opinion. Cette attitude peut faire d'eux les premiers de la classe ou les conduire à la niche selon la façon dont vous jouez le jeu. Si vous les dirigez et si vous renforcez leurs bonnes manières, ils coopéreront à 100 pour cent. En revanche, si vous essayez de corriger un mauvais comportement du chiot, il verra dans votre réaction une raison de recommencer encore et encore.

  À retenir

  Leur aptitude au dressage fait de ces chiots de merveilleux compagnons, mais le manque de direction peut les pousser vers la médiocrité.

Deux chiots : double amusement ou doubles ennuis ?

La réponse à cette question dépend du temps et de la patience dont vous disposez. Si vous manquez de l'un et de l'autre, n'allez pas au-delà de vos possibilités. Deux chiots, s'ils ne sont pas élevés et éduqués séparément dans votre maison, s'attacheront l'un à l'autre plus qu'à vous-même. Les méfaits prennent des proportions inégalées quand les chiots les préparent ensemble. Apprendre la propreté à deux chiots simultanément est aussi toute une affaire. Si vous tenez à avoir deux chiens, je vous suggère d'en élever un, et après un an, d'amener chez vous votre « second enfant ». Si vous vous sentez capable de relever le défi de deux chiots, vous aurez les meilleures chances de réussite avec un mâle et une femelle ou avec deux mâles (pourvu qu'ils n'aient pas l'un et l'autre des tempéraments forts, dominants). Deux femelles peuvent avoir des humeurs et se révéler difficiles. En outre, en choisissant les personnalités, évitez les extrêmes. Vous obtiendriez des oppositions néfastes – l'un qui tyrannise l'autre et lui fait de l'ombre, l'autre qui tremble dans son coin.

» **Décontracté** : ces chiots détendus alternent de manière équilibrée le jeu, l'interaction et le sommeil – selon leur bon plaisir du moment. Peut-être moins intelligents que leurs congénères plus actifs, ils font simplement ce qu'ils veulent, quand ils en ont envie.

Ils peuvent vous sembler des chiots rêvés, mais dites-vous cependant qu'il faut une certaine créativité pour les motiver. Ils ne conviennent pas à des maîtres exigeants mais sont un bon complément d'une maisonnée détendue, et trouvent magnifiquement leur place dans une famille avec des enfants petits, à condition que leur race soit appropriée (voir chapitre 2 pour la sélection d'une race).

- **Petit trésor** : d'une nature douce et gentille, ces chiots se retrouvent souvent sous la domination des autres chiots qui profitent de leur nature docile. Ils sont également passifs et très désireux de plaire, et leur amabilité est manifeste. Au sein de la portée, ils restent tout près de la mère dont la protection est leur bouclier.

  Cette personnalité convient aux propriétaires de chien qui préfèrent donner à leur chien des soins bienveillants plutôt qu'une éducation rigoureuse. Les chiots dotés d'une telle personnalité sont moins sujets au vagabondage, car leur priorité sera de rester près de la maison.

- **Timide** : les chiens de cette catégorie, qui ne viennent pas au monde avec une haute idée d'eux-mêmes, donnent souvent l'impression d'avoir subi des sévices, mais leur attitude reflète davantage leur caractère perturbé qu'une éducation inappropriée. Quand on les approche, ils se traînent souvent sur le ventre ou arquent le dos en signe de totale soumission.

  Votre cœur peut vous pousser vers des chiots ayant cette personnalité, mais n'en prenez un que si vous avez le temps et la patience nécessaires pour développer sa confiance en lui-même.

À retenir

En dépit de tous les efforts, les chiots timides peuvent toujours se sentir submergés et avoir besoin d'être dirigés, et ne conviennent pas aux familles avec des enfants.

Tests de caractère : emmenez-les avec vous !

Voici dix tests rapides de caractère, dont vous pouvez vous servir pour voir si votre chiot et vous pourrez vivre heureux ensemble. Cette compatibilité est aussi souhaitable pour le chiot que pour vous.

Le carton de notes

La figure 3-3 est le formulaire à apporter avec vous pour tester des chiots. En vous inspirant des remarques qui suivent, notez chaque chiot selon l'échelle de notes ci-après :

A = réaction active N = neutre P = passive

À retenir

Les chiots actifs sont intelligents et interactifs, ce qui entraîne beaucoup de travail mais est aussi très amusant. Pleins d'entrain et de vivacité, les chiots actifs sont très appréciés des propriétaires qui ont le temps et la volonté de les éduquer. Les chiots neutres sont détendus et peu exigeants – les gens sympas de l'espèce chien. Les chiots passifs et timides apprécient l'amour et le soutien mais sont effrayés par tout changement, et donc vivent mieux dans un environnement stable.

Figure 3-3 Formulaire d'évaluation des chiots.

Formulaire d'évaluation des chiots

Nom / numéro du chiot	1. Observer	2. Jouer	3. Bercer	4. Rappeler	5. Bloquer et caresser	6. Se pencher sur lui	7. Baiser sur le nez	8. Pincer entre deux doigts	9. Surprendre par un bruit	10. Test de la chute	11. Soulever

Exécution des tests

Si possible, faites un test du tempérament de tous vos candidats chiots pour déterminer leur personnalité et la confronter avec votre style de vie. Demandez s'il y a un endroit tranquille où vous pourrez vous occuper de chaque chiot individuellement ou utilisez un coin isolé de leur zone de repos.

1. **Observer.**

   Vous pouvez dire beaucoup de choses sur un chiot avant même d'avoir dit bonjour. Observez-le s'il joue avec les autres. Quelle est sa personnalité ? Harcèle-t-il les autres ou est-il harcelé ? Préfère-t-il se précipiter vers les activités du groupe (A), rester au milieu des activités du groupe (N) ou rester en dehors (P) ? Vole-t-il les os (A) ou se soumet-il quand d'autres l'approchent (N ou P) ? Après avoir observé le chiot quelques minutes, donnez-lui une note dans la première colonne.

2. **Jouer.**

   Quand vous prenez un chiot avec vous, jouez avec lui. Est-il hyperactif (A), modérément actif (N) ou veut-il seulement être caressé (P) ? Sortez quelques jouets. Se montre-t-il intéressé ? Vous montre-t-il ce qu'il a (N), cherche-t-il à tirer à la corde (A), ou cherche-t-il à prendre l'objet immédiatement ? Cette attitude signale une tendance précoce à être possessif et peut conduire à l'agression. Demandez-vous ce qui est important pour vous.

3. **Bercer (voir figure 3-4).**

   Tenez le chiot dans les bras. Se détend-il (P), remue-t-il d'abord, pour se détendre ensuite (N), ou se défend-il comme un fou (A) ? Quelle réaction correspond à vos attentes ?

Attention !

Ne choisissez pas un chiot de type A si vous avez des enfants.

Figure 3-4 Test du bercement.

4. **Rappeler.**

   En utilisant un jouet qui couine ou une friandise, appelez le chiot en vous éloignant de lui. Court-il derrière vous en sautant ou en mordillant vos chevilles (A), vous suit-il avec joie (N) ou est il hésitant et a-t-il besoin d'encouragements ?

5. **Bloquer et caresser (voir figure 3-5).**

   Agenouillé sur le sol ou assis sur une chaise, installez le chiot entre vos jambes. Donnez-lui des caresses allongées et douces en le complimentant gentiment. S'agite-t-il pour se dégager en mordillant (A), s'agite-t-il d'abord pour ensuite se détendre (N) ou fond-il sous vos caresses (P) ?

Figure 3-5 Test bloquer et caresser.

6. **Se pencher sur lui.**

   Mettez-vous debout, étirez-vous et détendez-vous. Allez maintenant jusqu'à votre chiot et penchez-vous pour le caresser. Cette action doit lui sembler impressionnante parce que vous êtes si grand et lui si petit ! Saute-t-il à votre visage (A), se recroqueville-t-il avec l'air embarrassé (P) ou se détend-il en vous laissant faire (N) ?

7. **Baiser sur le nez.**

   Prenez le visage du chiot dans vos mains et donnez-lui un baiser sur le nez. Vous mord-il en réaction (A), l'accepte-t-il calmement et réagit-il en vous mordant ou en vous embrassant doucement (N), ou a-t-il un mouvement de recul trahissant la peur ou l'embarras (P) ?

8. **Pincer.**

   Avec cet exercice, vous testez la sensibilité du chiot à l'inconfort. Tandis que vous caressez le chiot, pincez doucement la peau entre ses doigts. Attaque-t-il votre main ? Dans ce cas, il est clairement du type A avec une grande sensibilité. Un chiot neutre peut vous lécher ou vous mordre gentiment, tandis qu'un chiot passif se recroquevillera sous l'effet de la peur.

9. **Surprendre par un bruit.**

   Prenez un trousseau de clés, et au moment où le chiot s'y attend le moins, faites-le sonner en le secouant au-dessus de sa tête. Observez sa réaction : l'attaque des clés dénote un A ; un regard nonchalant, un N ; et une réaction de frayeur consistant à s'abaisser ou fuir, un P.

10. **Test de la chute (voir figure 3-6).**

    Mettez-vous debout et attendez que le chiot ne fasse plus attention à vous. Tout d'un coup tombez à terre comme si vous aviez trébuché et exclamez-vous : « Aïe ! » Le chiot accourt-il et se précipite-t-il sur vous (A), vient-il renifler ou lécher votre visage (N), ou s'abaisse-t-il ou s'enfuit-il en ayant peur (P) ?

Figure 3-6
Test de la chute.

11. **Soulever (voir figure 3-7).**

    Soulevez le chiot de 10 centimètres au-dessus du sol en le saisissant au milieu du corps. Maintenez-le dans cette position au moins cinq secondes. S'agite-t-il et mord-il furieusement (A) ? Se détend-il en regardant autour de lui (N) ? Montre-t-il sa crainte et se contracte-t-il (P) ?

Figure 3-7
Test du soulèvement.

Évaluation des résultats

Après avoir réalisé tous les tests, établissez le score. Ne soyez pas surpris d'obtenir des résultats mélangés. Voici quelques indications pour l'interprétation du score global.

» **Que des A** : ce chiot dominant est brillant et interactif. L'élever demandera de la concentration, de la cohérence et du temps. Son expression favorite : « Qu'est-ce qu'on fait maintenant ? »

» **Que des N** : facile à contenter et raisonnable, ce chiot sera agréable et sûr de lui, bien que peu motivé pour faire ce qui vous convient quand c'est contraire à ses préférences. Son expression favorite : « Est-ce absolument nécessaire ? »

» **Que des P** : ce chiot manque de confiance en lui et a besoin d'être rassuré pour se sentir en sécurité. Faute de leçons appropriées et de socialisation, il sera timide. Son expression favorite : « Cela fait trois minutes, m'aimes-tu encore ? »

» **Mélange de A et N** : ce chiot actif voudra participer à tout ce qui se passe mais maîtrisera mieux ses impulsions quand il est dirigé. Son expression favorite : « Recommençons ! »

» **Mélange de N et P** : ce chiot sûr de lui sera conciliant et doux mais avec plus de confiance en lui-même qu'un chiot totalement passif. Comme il est plus équilibré, il sera le chiot idéal pour une maison calme avec des enfants plus âgés ou sans enfants. Son expression favorite : « Gratte-moi encore le dos s'il te plaît ! »

À retenir

Si vous trouvez un chiot dont le score correspond à ce que vous cherchez, c'est parfait ! Sinon, continuez à chercher. Ne vous découragez pas, et ne vous résignez pas à prendre un chiot qui ne vous convient pas tout à fait, parce que vous avez cherché trop longtemps en vain. J'en ai fait l'expérience – trouver le bon chiot justifie l'attente !

Prendre un chiot plus âgé ?

En décidant d'adopter un chiot plus âgé, vous pouvez espérer vous dispenser de ce qu'implique l'adoption d'un plus jeune, des mordillements à l'apprentissage de la propreté. Si vous tombez sur le bon chiot, vous pourrez éviter une partie de ces inconvénients. Mais rien n'est parfait, et très peu de chiots peuvent entrer dans une nouvelle vie sans quelques récidives. Si votre chiot ou chien plus âgé vient d'un refuge, essayez de savoir pourquoi on l'y a amené – vous pourriez adopter un chien plus âgé qu'il n'était pas possible d'habituer à la propreté ou qui a des réactions d'agression quand il ronge un os.

Principes pour le test de chiots plus âgés

Le test de caractère décrit plus haut est conçu pour des chiots plus jeunes, mais vous pouvez aussi l'appliquer à des chiots plus âgés. Voici quelques règles et quelques tests supplémentaires que je vous suggère pour mieux voir si le chiot plus âgé convient à votre style de vie. Vous devez être assez fort pour ne pas vous laisser conduire par votre cœur. Rien n'est plus triste que de secourir un chien, puis d'être obligé de le rendre parce que le chien ne pouvait pas s'adapter à votre style de vie. Soyez fort – déterminez à l'avance si vous et votre chien êtes faits l'un pour l'autre en effectuant les opérations suivantes :

» **Si vous avez des enfants, ne manquez pas de les présenter au chiot avant de l'emmener chez vous.**

» **Surprenez le chiot.** Jetez votre trousseau de clés sur le sol. Est-il effrayé ou attaque-t-il les clés ? Aucune de ces deux réactions n'est un bon signe. L'idéal est une réaction de surprise, après laquelle le chiot vient s'enquérir de l'objet en le flairant.

» **Si vous avez chez vous toute une ménagerie, assurez-vous que le chiot peut s'accommoder du désordre qui en résulte.** Demandez s'il y a d'autres animaux dans la maison du propriétaire actuel ou si quelqu'un a déjà conditionné le chiot à d'autres créatures.

» **Demandez à l'un des membres du personnel (ou au propriétaire précédent) de soulever le chiot.** Que se passe-t-il ? Un refus ou une peur intense ne serait pas bon signe. Le chiot idéal peut se débattre mais finira par accepter.

» **Apportez une brosse douce et essayez de toiletter le chiot en lui donnant des friandises.**

À retenir

Tenez compte du fait que les chiots plus âgés acceptent moins volontiers les étrangers et les situations inhabituelles que les petits chiots, et donc attendez-vous à un certain degré de nervosité. Mais si vous observez quoi que ce soit de plus extrême, renoncez, surtout si vous observez de l'agression. À moins que vous ne vouliez prévoir un programme d'éducation important, recherchez un chiot qui vous accepte et accepte les opérations décrites dans la liste ci-dessus.

Partie 2

Les soins de votre chiot jour après jour

Dans cette partie...

Je vais vous dévoiler un secret : votre chiot, dès l'instant où il vous rencontre, pensera que vous êtes un autre chien. Vos amis et vos enfants seront eux aussi considérés comme des chiens. Les petits enfants leur sembleront peut-être être d'autres chiots – mais en tout cas des chiens. Dans son esprit, vous partagez tous la même façon de concevoir le monde. Si vous l'élevez convenablement, votre chiot vous adorera en tant que chef, gardien et protecteur de son monde. La première étape consiste à vous en occuper comme l'a fait sa mère – avec autant d'amour, de cohérence et de soins jour après jour.

Dans cette partie, vous découvrirez comment prendre soin de votre chiot jour après jour, satisfaire ses besoins, le socialiser et s'adapter aux changements de l'existence.

DANS CE CHAPITRE

Achat des fournitures nécessaires immédiatement

•

Les colliers de dressage et les laisses à utiliser plus tard

•

Préparation de la maison et de la famille

•

Les présentations

•

La première semaine

Chapitre 4

Home sweet home

Votre maman avait raison une fois de plus : les premières impressions comptent vraiment. Pour que la transition jusqu'à votre maison se passe le mieux possible, vous devez faire certains choix – par exemple savoir où placer son parc et quelles choses acheter au magasin d'articles pour animaux. Dans ce chapitre, je vous guide à travers les opérations qui précèdent le jour du grand événement. En suivant mes conseils, vous pourrez accueillir votre chiot dans un environnement calme, cohérent et encourageant.

Achat des fournitures initiales

À retenir

Faire les courses pour votre chiot peut être une expérience éprouvante. Pour éviter de dépasser votre budget, souvenez-vous que moins veut dire plus, en tout cas pour commencer. Je vous suggère de faire une liste et de vous y tenir.

Gamelles

Votre chiot a besoin de deux gamelles pour commencer : une pour l'eau et une pour la nourriture. L'Inox est idéal parce qu'il ne casse pas. Vous en trouverez des anti-dérapantes, ce qui réduit les risques qu'elles se renversent. La céramique convient aussi, mais elle peut se casser ou s'ébrécher. La matière plastique est une autre possibilité. Mais certains chiots mordillent leurs bols, et d'autres peuvent avoir une réaction qui provoque une décoloration du museau.

Cage de transport

Particulièrement utile au premier stade du dressage, la cage aide le chiot à se sentir en sécurité quand vous vous absentez. Son usage contribue aussi au contrôle de la vessie, parce que les chiots n'aiment pas faire leurs besoins à l'endroit où ils dorment.

Il existe des cages de toutes sortes de tailles, de matériaux et de couleurs. Doit-il y avoir un panneau de séparation ou un espace pour les journaux destinés aux besoins ? Les parois doivent-elles être fermées ou ouvertes pour laisser l'air circuler ? Voici les aspects à considérer :

- » **Les parcs en plastique sont standards pour voyager et peuvent aussi servir pour tous les jours dans un environnement bien ventilé. Si vous prévoyez de voyager, achetez ce type de parc – il donnera à votre chiot une plus grande impression de sécurité quand vous n'êtes pas chez vous.**
- » **Les parcs en tiges métalliques permettent une meilleure circulation de l'air, on en voit mieux l'intérieur, et ils peuvent être enveloppés la nuit d'une couverture pour ressembler davantage à une tanière.**
- » **La cage en osier est plus esthétique. Mais espérez, après l'avoir payée très cher, que votre chiot ne décidera pas de la dévorer pour en sortir.**

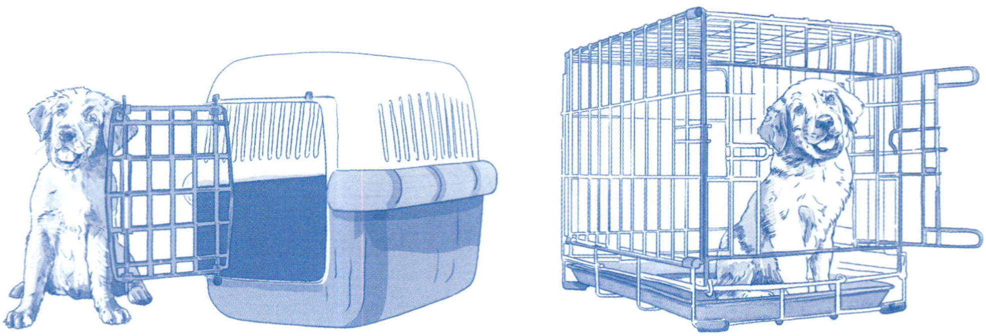

Figure 4-1
Cages de transport.

Attention !

Les cages peuvent être de fantastiques auxiliaires de l'éducation, mais elles peuvent être néfastes sur le plan émotionnel si vous en abusez. Elles conviennent aux situations suivantes :

- » **Si vous laissez votre chiot seul pour une durée qui ne doit pas excéder cinq heures.**
- » **Au cours des heures de sommeil pour des chiots jeunes, qui n'ont pas encore appris la propreté ou qui font des dégâts.**
- » **Comme endroit pour la nourriture si le chiot est facilement distrait.**

» Pour aménager une pause lorsqu'un chiot est trop excité. En pareil cas, n'utilisez pas la cage comme une punition ; conduisez simplement le chiot jusqu'à la cage avec un jouet et mettez-le dedans calmement. Parfois, vous avez autant besoin l'un que l'autre de ne plus être ensemble pendant quelque temps !

La cage présente cependant les inconvénients suivants :

» Elle ne concorde pas avec la notion de leadership.
» Elle vous sépare du chiot quand vous êtes chez vous.
» Elle n'apprend pas au chiot comment se comporter dans la maison.

Astuce

Si l'idée de la cage vous retourne l'estomac ou si vous êtes chez vous toute la journée et pouvez surmonter les difficultés du début sans y recourir, utilisez un enclos pour chien ou une petite pièce que vous pouvez bloquer par une barrière. Si votre chiot est plus âgé, vous pouvez le conduire en laisse pour le garder près de vous de la manière décrite plus loin dans ce chapitre.

Barrière

Les barrières sont pratiques dans les cas suivants :

» Barricader une salle de jeu quand vous êtes disponible pour surveiller le chiot ou jouer avec lui.
» Bloquer des escaliers.
» Empêcher le chiot d'accéder à des pièces dangereuses ou qui lui sont interdites.

Attention !

Certaines personnes ont moins mauvaise conscience s'ils laissent leur chiot dans de grandes pièces fermées par des barrières au lieu d'une petite pièce ou d'un parc. Grave erreur ! Les grandes pièces donnent au chiot l'impression d'être abandonné et seul – l'anxiété peut le pousser à faire ses besoins ou à mordiller. Si votre objectif est que les séparations s'effectuent en paix, mettez le chiot dans un parc ou dans un petit enclos lorsque vous vous absentez plus de quelques minutes. Si vous partez pour plus de cinq heures, envisagez un enclos de jeu, et, si vous habitez en ville, renseignez-vous auprès de votre vétérinaire pour trouver un promeneur pour chiens qui partagera sa journée en deux épisodes. Les enclos de jeu sont décrits dans la section suivante.

Parc à chiot

Un parc à chiot pliant (voir figure 4-2) peut être rangé ou transporté facilement.

Figure 4-2
Le parc à chiot se place n'importe où et le chiot y séjourne en toute sécurité.

Astuce

Cet enclos de jeu peut remplir des fonctions très diverses :

- **Habituer le chiot à d'autres animaux de compagnie**
- **L'enfermer quand vous n'êtes pas auprès de lui**
- **L'empêcher de séjourner dans des lieux de passage**
- **Le dresser à faire ses besoins sur des journaux**
- **Le laisser dehors temporairement sans qu'il s'échappe**

Les jouets, les os et les friandises

Promettez-moi une chose : de ne pas dévaliser le magasin d'articles pour animaux quand vous serez dans le rayon des jouets et des os. Les chiots, comme les enfants, ont des préférences et des aversions particulières, et couvrir votre chiot de jouets peut le perturber. Il grandira en pensant qu'il peut jouer avec tout ce qu'il trouve par terre – y compris ces pantoufles confortables auxquelles vous tenez tant.

À retenir

Votre chiot passera les premiers jours à flairer partout – le jeu interactif apparaîtra seulement au bout de deux à quatre semaines. Même les chiots plus âgés doivent d'abord trouver leurs repères avant de se sentir suffisamment à l'aise pour jouer. En attendant, testez les préférences et les aversions de votre chiot en lui donnant un jouet ou un os à la fois. Après avoir découvert ce qui lui plaît, vous pouvez acheter d'autres articles identiques.

Jouets

Les chiots aiment ce qui rebondit et roule. Certains jouets couinent, d'autres font un autre bruit, et d'autres ont des trous pour y placer des croquettes ou d'autres nourritures. Choisissez-en quelques-uns et découvrez ceux qui plaisent à votre chiot. Vous trouverez aussi des jouets en peluche, la plupart équipés pour couiner, dans le but d'imiter le son émis par les proies. Beaucoup de chiots aiment lancer ces jouets et s'amuser avec. Toutefois, certains tiennent à en arracher tous les membres jusqu'à ce qu'ils aient enlevé le couineur. Ce n'est pas un jouet idéal pour ce genre de chiot : cherchez alors des jouets dont l'emballage porte la mention « indestructible » ou « très résistant ».

Os

En général, vous ne pouvez pas vous tromper en prenant des os en plastique indestructible, mais le problème est que les chiots les trouvent plutôt ennuyeux. Les os pressés en peau de buffle font l'unanimité, mais peuvent poser des difficultés avec les chiens qui mâchouillent de manière obsessive, parce qu'ils les avalent au fur et à mesure.

Astuce

Divers os ou friandises à mâchouiller existent sur le marché, faites vous-même des tests – trouvez un os qui satisfait les envies de votre chiot, qui passe le test système (celui de son système digestif) et achetez-en un paquet ! C'est un des outils indispensables pour l'éducation des chiots.

Figure 4-3
L'os idéal doit plaire au chien mais aussi convenir à son système digestif.

Friandises

Si votre chiot raffole de ses croquettes, utilisez-les pour le récompenser, en les empruntant sur sa ration habituelle. S'il ne montre pas d'enthousiasme pour les croquettes, essayez des friandises petites ou faciles à casser trouvées au magasin d'articles pour chiens. Souvenez-vous que ce n'est pas la dimension de la friandise qui donne l'encouragement désiré, mais votre propre enthousiasme !

Attention !

Si vous optez pour les friandises des magasins d'alimentation, ne choisissez pas des friandises de qualité médiocre, contenant des additifs et colorants qui peuvent provoquer des dérangements intestinaux, des gaz ou d'autres anomalies, ni les friandises sucrées.

Le couchage

Vous trouverez dans les magasins toute une gamme de corbeilles ou couches pour chien adorables et confortables, mais résistez à la tentation d'en acheter une trop luxueuse tant que votre chiot n'a pas appris la propreté et n'est pas sorti de la phase du mordillement ! Il est préférable de plier un vieux couvre-lit ou d'acheter des tapis de couchage qui peuvent être déployés et que votre chiot reconnaîtra comme sa place dans la pièce où il séjourne. Les jouets peuvent être placés sur le tapis, et ses gamelles de nourriture et d'eau peuvent être mises à côté.

Attention !

Si le chiot a fortement tendance à mâchouiller, renoncez aux tapis ou coussins de couchage. L'ingestion du tissu de couvertures ou de serviettes peut provoquer de sérieux problèmes intestinaux.

Astuce

Emportez le tapis du chiot partout où vous allez. Le chiot se sentira en sécurité et chez lui, que vous alliez chez le vétérinaire, que vous l'emmeniez faire un séjour dans un chenil ou une visite familiale. Le tapis de couchage est pour lui un objet familier, rassurant. Pour les premiers mois, préférez les corbeilles en plastique, qui ne sont pas très esthétiques, mais résistantes aux mordillements, peu onéreuses et faciles d'entretien.

Deux laisses

J'évoque les laisses pour l'éducation dans la section « Quand le chiot grandit : laisses et colliers pour l'éducation ». Pour l'instant, voici ce que vous avez besoin d'acheter.

» **Une laisse courte** (1,2 à 1,8 m) en Nylon, légère, que votre chiot peut garder quand vous êtes ensemble à la maison. La laisse courte est utile pour écarter rapidement votre chiot des activités que vous désapprouvez, comme sauter sur les tables de la cuisine, ronger une plante ou mordiller les enfants.

» **Une longe**, qui vous servira pour les jeux à l'extérieur dans des endroits ouverts (à l'écart des rues) et plus tard, pour l'éducation avancée. Les longes (10 mètres et plus) sont parfaites pour permettre au chiot de s'ébattre dans le jardin et l'encourager à rester à distance. En tissu ou en Nylon tressé, elles laissent assez de liberté pour jouer, mais comportent assez de longueur pour que vous puissiez les saisir si le chiot va trop loin.

À savoir

Puces incorporées

Seule, pour l'instant, l'identification par tatouage est obligatoire, mais votre vétérinaire vous suggérera de mettre également une puce à votre chiot. Je recommande vivement ce procédé qui devrait devenir obligatoire d'ici quelques années ! Le vétérinaire insère dans le cou ou l'épaule du chiot une puce d'identification préenregistrée (l'opération n'est pas plus douloureuse qu'une piqûre ordinaire), qui peut être lue facilement par un dispositif informatique. Si votre chiot se perd ou se retrouve dans un refuge, un simple balayage avec ce dispositif permettra de vous restituer immédiatement votre chiot. De nombreux éleveurs procèdent à l'insertion d'une puce avant de placer les chiots. Si votre chiot est seulement tatoué, prenez tout de suite un rendez-vous pour lui en faire mettre une.

Badge d'identification

Bien que vous ne puissiez pas fixer ce badge d'identification sur votre chiot tant qu'il n'est pas habitué à porter un collier, il est bon d'en prévoir un. Certains magasins d'articles pour animaux ont maintenant des machines qui créent très rapidement des badges personnalisés. Je trouve que le meilleur message à inscrire est « Merci de me ramener chez moi [05 55 55 55 55] ». Prévoyez un badge en plus de la puce d'identification, car la plupart des gens ne disposent pas du dispositif approprié pour la lire.

Figure 4-4
Le badge d'identification se place généralement sur un collier à boucle.

À retenir

Je vous suggère de ne pas indiquer le nom du chiot sur le badge d'identification, car il pourrait alors suivre des gens malintentionnés. Vous pouvez aussi ajouter le mot « récompense » si vous êtes prêt à en offrir une.

Quelques autres bricoles

- **Boîte à récompenses** : pour créer une boîte à récompenses, achetez ou récupérez un récipient bon marché en plastique, découpez un petit trou dans le couvercle, et remplissez-le à moitié avec des croquettes ou des petits morceaux de friandises pour chien. En associant le son produit en secouant la boîte avec une récompense, vous pouvez utiliser l'objet pour inciter le chiot à coopérer joyeusement, qu'il s'agisse de l'habituer à son nom, à participer à un jeu ou à rapporter.
- **Sacs de récompenses** : achetez ou trouvez une de ces trousses qui se portent à la ceinture. Mettez-y des croquettes ou des friandises et des sacs pour ramasser les crottes et emmenez-la quand vous sortez avec votre chiot. Les friandises vous serviront à le récompenser quand il revient vers vous ou a fait ses besoins dehors.
- **Clicker** : un clicker est un petit jouet qui émet un bruit très particulier quand on appuie dessus. Si ce bruit est associé à une récompense, votre chiot se donnera beaucoup de mal pour le déclencher. Vous pouvez l'utiliser pour développer des aptitudes élémentaires, l'habituer à la propreté ou lui enseigner la politesse.

Figure 4-5 Le clicker permet de renforcer les bons comportements grâce à l'association clic-récompense.

Quand le chiot grandit : laisses et colliers pour l'éducation

Plus tard, quand le chiot a trouvé sa place dans sa nouvelle demeure et commence à grandir un peu, vous devrez rendre une autre visite au magasin – pour les laisses et colliers de dressage. Cette section est consacrée à divers équipements de cet ordre.

Laisses pour l'éducation

À retenir

Les laisses sont essentielles pour l'éducation. Elles vous aident aussi à assurer la sécurité du chiot. On pense tout de suite aux voitures. Si le terrain où vous êtes n'est pas clos, ne laissez pas le chiot courir librement.

Laisses enrouleuses

Les laisses enrouleuses sont très bien lorsqu'on les utilise à bon escient. Plus elles sont longues, mieux cela vaut. Au début, la laisse est parfaite pour lui faire prendre de l'exercice. Votre chiot peut courir comme un fou pendant que vous restez sur place en lisant le journal du matin. Quand vous progressez jusqu'au travail hors laisse (voir chapitre 11), la laisse enrouleuse est un outil de base. Elle fonctionne comme une canne à pêche, faisant sortir un supplément ou rentrer un excès de longueur. Il faut un peu de coordination pour l'utiliser, mais quand vous y serez habitué, vous ne pourrez probablement plus vivre sans.

Attention !

Vous devez cependant prendre quelques précautions. N'utilisez pas une laisse enrouleuse près des routes ou dans des zones où il y a beaucoup de monde. Si vous sortez avec d'autres personnes, faites attention à leurs jambes. De plus, évitez de libérer de la laisse quand votre chiot tire, vous lui apprendriez rapidement à tirer pour augmenter la longueur de laisse. Attendez qu'il soit calme avant de libérer de la longueur.

Laisse pour l'éducation ou équivalent

Devenu plus mature, votre chiot voudra rester avec vous quand vous êtes à la maison. Le même chiot qui restait lové tranquillement dans la cuisine pendant que vous preniez votre douche finira par protester contre la séparation. La réponse ne consiste pas simplement à supprimer les barrières. Un jeune chiot est déconcerté par trop de liberté, même à l'intérieur de la maison, et donc vous devez le garder en laisse. (N'ayez pas de scrupules à tenir votre chiot en laisse dans la maison ; c'est seulement temporaire.) Pour que les choses restent simples et structurées, vous pouvez utiliser une technique appelée méthode de la laisse d'apprentissage, que j'explique au chapitre 9.

Ceinture de sécurité pour chien

Garder votre chiot sur les genoux ou le laisser sortir la moitié du corps par la fenêtre quand vous conduisez peut vous paraître amusant, mais ce n'est pas vraiment une bonne idée. J'ai peut-être vu trop d'accidents, mais pour moi, les voitures ne sont pas des jouets, et votre chiot est trop précieux pour le perdre dans une collision. Voici ma règle de sécurité : attachez ou enfermez votre chiot quand vous conduisez. Si vous êtes préoccupé par votre chiot, vous ne ferez pas attention à la route, nuisant ainsi à votre sécurité et à celle des autres automobilistes. Vous pouvez utiliser un parc à chien pour bloquer le chiot sur le siège arrière ou dans le coffre à bagages d'une familiale ou d'un 4 x 4, ou encore le fixer avec un système que j'appelle *laisse ceinture de sécurité*, qui protège le chiot de la même façon qu'une ceinture de sécurité protège les personnes.

Astuce

Vous pouvez consulter le site Web (http://www.animalinboutique.fr) qui vous montrera des photos des différentes laisses et les options en matière de collier.

Colliers pour l'éducation

Des colliers réglables en coton, en Nylon ou en cuir s'appellent des *colliers à boucle*. Ces colliers ne glissent pas et n'étranglent pas. Leur but est de porter le badge d'identification de votre chiot. Le but d'un collier pour l'éducation, au contraire, est d'éviter qu'il se précipite en avant et vous tire avec la laisse tandis que vous utilisez un renforcement positif pour l'encourager à rester concentré. Si votre chiot préfère courir après une feuille plutôt que de rester avec vous, vous devez investir dans un collier pour l'éducation.

À retenir

Il est indispensable de trouver le collier pour l'éducation convenant à votre situation. Inapproprié, il peut faire mal à votre chiot tout en contrariant le processus d'apprentissage.

Attention !

Les licols pour chiens et les harnais d'éducation à la marche (évoqués plus loin dans cette section) représentent des options sûres et conditionneront d'emblée le chiot à marcher de façon coopérative, mais évitez, sur un chiot de moins de 16 semaines, de laisser le collier en permanence et sans surveillance, car il peut être mortel s'il s'accroche quelque part. Placez les identifications du chiot sur un collier à boucle.

Préférez les colliers avec une fermeture facile à enclencher ; il sera plus facile et plus rapide de mettre et d'enlever le collier, sans provoquer des mordillements ou des gigotements intempestifs.

Licol pour chien

Les licols pour chien sont pratiques, et vous pouvez les utiliser dès le départ – même sur des chiots de seulement 12 semaines. C'est un outil de conditionnement non contraignant qui encourage la coopération et qui d'emblée incite le chiot à vous suivre.

À retenir

Vous pouvez penser que ce collier ressemble à une muselière quand vous le voyez pour la première fois, mais ce n'est pas le cas. Les chiots peuvent manger, mordiller et jouer avec bonheur quand ils portent leur collier de tête. Son usage s'apparente à celui du licol dans le cas d'un cheval.

Figure 4-6 S'il peut surprendre, le licol pour chien est un outil d'éducation efficace.

Alors, comment marche le licol pour chien ? Suivant le principe « maman ». Quand votre chiot était très jeune, sa maman le corrigeait en attrapant son museau. Le message était : « Eh, petit sauvage, tiens-toi comme il faut ! » Le licol pour chien a le même effet. Porté pendant le jeu, il exerce une pression sur le museau qui décourage les comportements violents et bruyants et l'instinct de mordre. En lui adjoignant une courte laisse quand vous attendez des visiteurs, vous pouvez efficacement faire perdre à votre chiot l'habitude de sauter après eux. Les aboiements frénétiques sont fortement réduits, et le dressage est rendu plus simple tandis que vous guidez le chiot d'un exercice au suivant. Pour ceux d'entre vous qui peuvent faire abstraction de son apparence de muselière, le licol pour chien est un outil d'éducation sûr, efficace et humain, qui vous donne une longueur d'avance dans la correction des comportements négatifs. Un autre avantage est que le guidage du chien par le menton demande un minimum de force physique, de sorte que n'importe qui peut l'utiliser – les enfants également. Voici quelques autres remarques :

» **Quand et combien de temps le mettre**. Votre chiot est le mieux placé pour répondre à cette question. Si le vôtre a des manières relativement bonnes, vous pouvez l'utiliser exclusivement au cours des promenades et des leçons. S'il est du genre mordeur, aboyeur et sauteur, laissez-lui le collier tant que vous êtes auprès de lui. Enlevez-le la nuit ou quand vous n'êtes plus avec lui.

» **Quelle taille**. Les licols pour chien ont une échelle de tailles. Le licol doit s'adapter correctement autour du cou du chiot. S'il est trop lâche, votre chiot peut l'enlever et peut-être le manger. Vous devez fixer à la hauteur des oreilles la lanière qui passe autour du cou, sans la serrer plus qu'un bracelet de montre, en laissant assez de place pour passer deux doigts sous son cou. Vous pouvez avoir à faire un nœud avec la longueur qui reste pour éviter que le collier se desserre.

» **Observez la réaction du chiot**. Au début, les chiots n'aiment pas l'idée du collier de tête. Quand vous le verrez s'agiter comme un poisson hors de l'eau, ne vous affolez pas. Quand il aura compris qu'il ne peut pas enlever le collier, il finira par l'oublier. Certains chiots mettent une heure pour s'adapter à la sensation du collier, d'autres ont besoin d'un jour ou deux. Si vous essayez ce collier, vous devrez tolérer une certaine résistance. Soyez patient, l'idéal étant que vous preniez le temps de faire un apprentissage à la récompense pour que le chiot apprécie le port du licol.

Astuce

Si un collier de tête irrite le museau du chiot, achetez du molleton du Dr Scholl dans une pharmacie et garnissez-en la partie fixée autour du museau. Si ce procédé ne marche pas, enlevez le collier de tête et demandez une pommade à votre vétérinaire.

Attention !

Ne surtout pas donner de saccades quand vous utilisez le licol, l'effet serait désastreux sur ses vertèbres. À toujours manipuler avec précaution et calme.

Harnais d'éducation à la marche et harnais classiques

Il existe sur le marché divers modèles de harnais d'éducation à la marche. Ce sont des harnais qui se différencient des harnais classiques, puisqu'ils sont conçus pour apprendre aux chiens à ne pas tirer, et que j'ai trouvés très efficaces dès l'âge de 8 semaines pour encourager les chiots à suivre. De plus, ce type de harnais est un système idéal pour les races petites ou géantes et il peut être utilisé en toute sécurité si le cou d'un chiot est tout simplement trop fragile pour supporter la résistance d'un licol pour chien (ce que vous constaterez s'il tousse constamment quand il est attaché à un licol). Il permet de corriger la tendance à tirer en réglant sans brutalité la démarche du chiot. Certaines personnes utilisent les harnais classiques. Vous pouvez utiliser le harnais pour de nombreux chiots, mais chez certains animaux, il provoque une réaction consistant à tirer, de sorte que le chien marche devant vous, et non à côté. La meilleure utilisation d'un harnais ordinaire est sa fixation à la ceinture de sécurité de la voiture.

Figure 4-7
Chiot portant un harnais.

Préparer la maison pour l'arrivée du chiot

La préparation de la maison pour l'arrivée du chiot s'apparente à la mise en place d'une nursery. Comme les préparatifs antérieurs à la venue d'un bébé, ceux que vous effectuez avant d'aller chercher votre chiot vous assureront une plus grande tranquillité d'esprit à l'arrivée du jour tant attendu.

Chambre du chiot

À retenir

Votre chiot doit avoir son propre espace pour échapper à l'agitation de la maison. Sachant qu'un chiot fatigué peut devenir hargneux (tout comme vous), affectez-lui un emplacement tranquille qui pourra être mis dans l'obscurité comme une chambre de bébé. Que vous choisissiez un parc à chien ou une pièce fermée par une barrière, rendez l'endroit confortable en y plaçant un tapis et quelques jouets spécial chiot qui l'occuperont quand il sera agité. Évitez les lits moelleux ou les coussins qui encouragent le mordillement et les accidents. Vous pouvez placer une radio à côté, qui jouera de la musique douce quand vous n'êtes pas dans la pièce.

Zones de jeu libre

Désignez une *zone de jeu libre*, qui sera une pièce fermée pour le jeu et l'interaction. L'idéal est un lieu sans moquette – surtout si le chiot n'a pas encore maîtrisé la propreté. Enlevez aussi les tapis éventuels, car les franges et les coins peuvent inciter le chiot à ronger et les textures souples peuvent déclencher l'élimination. Fixez les fils électriques éventuels au sol, éliminez les sièges bas sur lesquels le chiot peut être tenté de s'asseoir, et mettez vos chaussures ailleurs. Vous pouvez aussi créer une station de jeu dans cette pièce (voir section suivante).

Astuce

Si votre zone de jeu empiète sur le domaine d'un autre animal domestique, réorganisez-la bien avant l'arrivée du chiot. Par exemple, si les bols et la boîte de litière de votre chat se trouvent dans la zone dédiée au chiot, trouvez-leur un nouvel emplacement à l'avance, pour éviter que le chat se sente délogé par le nouvel arrivant. Vous trouverez d'autres conseils sur la présentation du chiot aux animaux déjà là sous le titre « Présentation d'autres animaux », plus loin dans ce chapitre.

Stations de jeu

Aidez votre chiot à identifier un coin de la zone de jeu qui sera sa place. Mettez un tapis pour chien, un couvre-lit plié ou une couche pour chien dans un endroit à part. Placez-y les jouets et les os du chiot, et si possible, disposez ses gamelles à côté. Asseyez-vous à côté et donnez-lui une friandise pour qu'il pense que cet endroit est spécial. Si vous en faites le point focal de vos interactions, le chiot s'y attachera rapidement (voir figure 4-8).

Figure 4-8 Établissez des stations de jeu un peu partout dans la maison.

Quand vous admettez le chiot dans d'autres pièces de la maison, apportez la station de jeu ou créez-en une nouvelle pour chaque pièce. Votre chiot doit avoir une station de jeu dans chaque pièce que vous prévoyez de partager avec lui.

Si vous adoptez un chiot plus âgé, créez des stations de jeu dans chaque pièce, et il se sentira toujours bien accueilli.

Zones de nourriture

À retenir

Nourrissez votre chiot près de sa station de jeu dans la zone de jeu libre, ou éventuellement dans son parc. Prévoyez une gamelle pour l'eau et une gamelle pour la nourriture. Présentez les gamelles aux moments appropriés et lavez-les après chaque repas.

L'itinéraire

Que vous lui appreniez à faire ses besoins sur des journaux ou au-dehors, décidez d'un itinéraire à travers les pièces partagées avec lui jusqu'à la porte ou jusqu'à l'endroit couvert de journaux.

Astuce

Placez des journaux dans la zone prévue ou choisissez une porte et un lieu pour faire les besoins qui ne soit pas distant de plus de trois à six mètres de l'entrée de votre maison.

Le voyage jusqu'à la maison

Le jour J est finalement arrivé. Efforcez-vous de préparer le voyage jusque chez vous de telle sorte qu'il soit le moins stressant possible. Si vous le pouvez, prévoyez ce voyage au cours de la sieste du chiot. Envisagez les pires et les meilleures éventualités. Pensez par exemple aux scénarios suivants :

» **Scénario optimiste** : votre chiot dormira pendant tout le trajet jusque chez vous. Modérez-vous et parlez doucement au petit chien s'il se réveille. Une musique douce peut aussi s'avérer efficace.

» **Scénario pessimiste** : votre chiot vomit, hurle ou succombe à un violent accès de diarrhée. Ce scénario est épouvantable, je sais, mais j'en ai fait l'expérience une fois et il peut aussi se produire pour vous. Emportez trois rouleaux de papier cuisine, des sacs en plastique, votre produit préféré pour le nettoyage des tapis, et des serviettes. Quels que soient votre déception, votre dégoût ou votre frustration, ne stressez pas et ne corrigez pas votre chiot.

À retenir

Voici votre liste à cocher pour le voyage :

» Serviettes en papier.

» Une serviette de toilette à placer sous le parc du chiot pour l'empêcher de glisser ou pour nettoyer les accidents.

» Collier léger avec un numéro de téléphone dans l'éventualité d'un accident.

» Quelques friandises à mâcher ou un jouet élastique.

» Une cage de transport que vous placerez à côté de vous.

Vous êtes prêt à partir !

Astuce

Si vous voyagez en voiture ou par avion, placez votre chiot dans une cage de transport en matière plastique de taille appropriée. Dans la voiture, bloquez la cage de transport en la coinçant avec des oreillers ou attachez-la avec des cordes sur une surface horizontale et mettez une musique douce jusqu'à l'arrivée à la maison. Si d'autres personnes voyagent avec vous, demandez-leur de se tenir près de l'ouverture de la cage et de parler doucement au chiot quand il se réveille.

Attention !

Ne placez pas le chiot sur vos genoux en conduisant. Conduire est suffisamment compliqué sans cela, et dans le pire des cas, une légère collision peut suffire à déclencher l'airbag. Votre chiot ne survivrait pas au choc.

Les premières présentations

En préparant la première journée avec votre chiot, choisissez la simplicité. Si vous avez des enfants ou d'autres chiens, fatiguez-les ou utilisez des récompenses pour vous assurer de leur coopération. Ne tolérez pas les disputes ou les manifestations bruyantes – votre chiot est suffisamment inquiet sans cela. Excluez tout stress pendant les 24 heures à venir.

Astuce

Si vous accueillez chez vous un jeune chiot, de 8 à 12 semaines, faites-lui découvrir une seule pièce, telle que la cuisine, au cours de la première semaine. Un chiot plus âgé peut accéder progressivement à d'autres parties de la maison, mais utilisez une laisse, car sinon il peut explorer ou salir des endroits de la maison où vous ne voulez pas qu'il aille. Vous serez forcé d'intervenir, et cela peut susciter un schéma de comportement récurrent, renforcé par l'attention que vous accordez au chiot. En le tirant doucement avec une laisse, vous pouvez le guider vers l'endroit voulu ou vers des jouets et l'aider à adopter des comportements acceptables dès le départ. Si vous prévoyez de laisser votre chiot dormir près de vous la nuit, utilisez à cette fin une grande boîte ou une grande niche comme lit et placez-le dedans après qu'il a fait une dernière fois ses besoins.

Le comité d'accueil

Le jour où votre chiot arrive à la maison peut figurer plus tard sur la liste des « meilleurs souvenirs d'enfance » – tant il suscite d'enthousiasme. Toutefois, vous vous devez d'imposer le calme à vos enfants, car trop de cris et de démonstrations d'amour au cours des cinq premières minutes pourraient perturber votre petit chien.

Astuce

Dites-leur que le chiot peut être triste, replié sur lui-même et ne pas avoir envie d'avoir affaire à qui que ce soit. Bien que cela puisse être une déception, ils doivent respecter le chiot.

Rassemblez tout le monde et formez un large cercle en étendant les jambes de sorte que vos pieds se touchent. Donnez à chacun une poignée des croquettes du chiot et placez-le au centre du cercle. Laissez-le approcher chacun de lui-même et montrez à chacun la façon de le tenir pour qu'il se sente en sécurité et bien accueilli.

Présentation d'autres animaux

Vos animaux actuels ne vont pas se réjouir quand vous entrerez dans la maison avec un nouveau compagnon dans les bras. Les jeunes chiots sont particulièrement agaçants – et les nombreuses attentions qui leur sont accordées par tout un chacun semblent particulièrement déplacées à tout animal de compagnie en place. L'ancien et le nouveau ont besoin d'un peu de temps pour s'habituer l'un à l'autre.

Astuce

Voici quelques trucs contribuant à réduire la tension :

» **Laissez le nouveau chiot dans un endroit fermé.** Si vous utilisez pour lui une pièce (la cuisine par exemple) qui a servi jusqu'ici comme lieu où était nourri un autre animal domestique, prenez des dispositions à l'avance. Une semaine avant l'arrivée du chiot, habituez cet autre animal à prendre désormais ses repas dans un endroit plus calme. Déplacez de même les boîtes à litière et les animaux en cage. Déménagez-les assez longtemps à l'avance pour que la mise en contact se déroule de façon positive.

» **Une fois le chiot dans la maison, faites d'abord découvrir l'odeur de vos animaux actuels à votre chiot.** Puis prenez une couverture du chiot et placez-la près de votre animal actuel.

» **Si l'animal domestique est en cage, amenez le chiot dans sa pièce après un repas et un temps de jeu.** Ces précautions permettront un scénario plus calme. Apportez le tapis et le jouet favori de votre chiot et asseyez-vous près de la cage en caressant votre chiot calmement. Répétez souvent cet exercice.

Privilèges des animaux domestiques antérieurs

Tous les privilèges doivent aller aux animaux domestiques adoptés en premier. Voici quelques conseils sur la façon de les traiter :

» Nourrissez-les en premier (divisez leurs repas en trois fractions si nécessaire).

» Récompensez-les, saluez-les et surtout jouez avec eux.

» Si l'animal domestique en place est un chien, laissez-le passer en premier (dans les escaliers ou sur le seuil d'une porte).

» Si cet animal s'approche tandis que vous ou quelqu'un d'autre est en interaction avec le chiot, détournez-vous du chiot et adressez-vous à lui immédiatement.

À retenir

Si vous suivez ces conseils, je vous assure que votre chiot ne s'en formalisera pas. Il apprendra ainsi à respecter l'autre animal domestique et se comportera envers lui comme il convient. Outre que cette façon de faire montre à l'animal déjà installé que l'arrivée du nouveau venu se traduit pour lui par davantage d'attention et de nourriture, elle renforce le respect dû aux animaux de compagnie adoptés en premier.

Autres chiens

Si vous amenez chez vous un chiot plus âgé, faites les présentations dans un lieu neutre. Sinon, faites sortir votre chien déjà installé de la pièce principale pour lui faire rencontrer le nouveau venu. Quelle que soit sa réaction, gardez votre calme et réservez-lui vos manifestations d'affection. Voici quelques conseils :

» Préparez la présentation, et prévoyez-la à un moment où votre animal actuel est le plus calme.

» Si vous présentez un jeune chiot, demandez à un ami de le tenir (s'il n'est pas encore vacciné, ne le laissez pas s'ébattre dans un espace ouvert) tandis que vous approchez avec votre chien au bout d'une laisse non tendue.

» Donnez des friandises à votre chien et concentrez votre attention sur lui.

» Dès que le chien se montre consentant, invitez votre ami à amener le chiot dans votre maison.

» Si vous craignez les réactions de votre chien, achetez à l'avance un parc ou un enclos de jeu et placez-y le chiot tout en continuant de vous comporter avec le chien comme si le chiot n'était pas là.

» Restez calme pendant leur interaction et continuez de concentrer votre attention sur votre chien. En cas d'altercation, prenez parti pour votre chien. Il est normal qu'il « remette le chiot à sa place » en utilisant des postures spectaculaires. Restez calme et laissez-les se débrouiller entre eux.

» Si vous présentez un chiot plus âgé, placez les deux chiens dans un espace clos et laissez-les se saluer entre eux à leur manière. Si vous êtes anxieux, vous pouvez museler les deux chiens, mais je ne vous le recommande pas. Laissez-les se découvrir mutuellement, puis laissez votre chien résident conduire le nouveau chiot dans la maison.

À retenir

Les grondements des chiens montrant les dents et les immobilisations sont de très bons signes d'une acceptation normale. Le gros chien montre au petit chien qui est le patron. Votre chiot peut effectivement crier, se rouler par terre et faire pipi. Même dans ce cas, n'intervenez pas. Si vous réconfortez le nouveau chiot, vous perdrez l'affection de votre chien actuel et rendrez la relation entre eux plus difficile. Les cris du chiot sont très expressifs et font savoir au gros chien à quel point le petit chien est soumis et sans défense. Tout cela est très bien. Laissez-les se débrouiller entre eux.

Astuce

Si vous craignez vraiment que le chien en place fasse du mal au chiot, muselez-le ou laissez-lui une laisse dont vous pourrez vous saisir facilement en cas de besoin.

Certains chiens plus âgés se retirent complètement, allant jusqu'à se comporter comme s'ils ne vous avaient jamais rencontré. N'en soyez cependant pas contrarié, manifestez-leur encore plus d'amour et d'attention. Si votre petit chien agace et embête votre chien plus ancien pour s'amuser, découragez-le immédiatement en tirant sur sa laisse, ou par une pulvérisation.

Chats

Voici quelques suggestions pour que les présentations se passent le mieux possible :

Figure 4-9 Lorsque vous présentez votre chiot à d'autres animaux, gardez toujours votre calme.

- **Si vous présentez un chat, placez le chiot dans une pièce fermée ou un parc à chien (avec quelque chose à ronger pour l'occuper) et laissez le chat errer selon son bon plaisir dans la pièce**. N'essayez pas de prévenir les réactions du chat ou de les influencer. Si toutefois le chiot commence à s'agiter fortement, intervenez pour le calmer.
- **Quand le chat s'est habitué à la présence du chiot (cela peut prendre du temps, peut-être une semaine), attachez une petite laisse au cou du chiot et mettez-les ensemble dans une petite pièce**. Tenez la laisse du chiot s'il se montre agité et divertissez-le avec un jouet.

Ne soyez pas surpris si le chat gronde ou donne des coups de patte au chiot. Le corriger ne ferait qu'empirer les choses. Le chat définit son espace vital, ce qui est indispensable à la coexistence.

Astuce

Si le chat ne s'y fait pas, gardez-les séparés jusqu'à ce que le chiot soit habitué à une laisse et un collier et puisse comprendre le concept de « Non ».

Autres animaux

Si vous avez d'autres animaux de compagnie tels que des furets, des oiseaux ou des rongeurs, laissez quelques jours au chiot pour s'habituer à vous avant de lui présenter le reste de la ménagerie. Si vous avez peur de la réaction du chiot, mettez-lui une laisse pour modérer sa réaction. Essayez aussi les suggestions suivantes :

» Si vous avez un animal qui se déplace librement dans la maison, présentez-le comme dans le cas d'un chat.

» Si cet animal vit généralement en cage, sortez la cage quand le chiot est calme et quand ses besoins (manger, faire ses besoins, jouer) ont été satisfaits.

» Si votre chiot est impulsif, s'il renifle intensément, mettez-lui un licol pour chien avant d'opérer.

» Servez-vous d'une boîte à friandises pour attirer son attention vers vous tandis que vous restez auprès de lui comme s'il n'y avait pas de cage dans la pièce. S'il regarde l'animal calmement, tout va bien ; s'il devient trop excité, tirez sur la laisse et dites « Non ». Détournez son attention vers autre chose. Répétez l'opération à des intervalles de 10 à 20 minutes jusqu'à ce que votre chiot reste calme en présence de l'autre animal. Vous pouvez utiliser un clicker pour récompenser le bon comportement de votre chiot.

À quoi s'attendre la première semaine

Vous êtes enfin arrivé jusque chez vous ! Même si vous avez envie de vous précipiter pour faire avec votre nouveau pensionnaire un tour complet de la maison, modérez votre enthousiasme. Simplifiez ce premier jour en lui montrant l'endroit principal que vous aurez déjà préparé, et partagez sa curiosité quand il sort de cette pièce.

À retenir

Parlez-lui doucement, ne le corrigez pas et ne réagissez pas s'il a un accident ou se met à mordiller une chose à laquelle il ne devrait pas toucher. Pour l'instant, il est trop désorienté pour pouvoir mémoriser quoi que ce soit, et vous ne feriez que l'effrayer. Détendez-vous. Tout ira bien. Ce n'est que le début.

Survivre aux premières 24 heures

Préparez-vous, vous et votre famille, au fait que le premier jour à la maison avec le chiot peut être un peu étrange. Il peut s'adapter aussitôt, ou il peut rester indifférent pendant plusieurs jours. Vous pouvez en avoir un qui dort sans arrêt toute la nuit, ou qui pleure toute la nuit. Votre chiot peut être brutal, doux, ou distant. Ne pensez pas qu'il a quelque chose contre vous. Cette aventure est entièrement nouvelle pour lui et il essaie de comprendre ce qui se passe.

Astuce

Au début, barricadez-le dans une pièce et contentez-vous d'observer. S'il semble s'intéresser à votre présence, suivez-le, de préférence à quatre pattes. S'il renifle, reniflez aussi. S'il s'intéresse à ce qu'il voit par la fenêtre, faites de même. Suivez calmement ce qui l'intéresse. Si votre chiot veut se reposer, soyez une présence discrète. Quand il se réveille, conduisez-le à l'endroit prévu pour qu'il fasse ses besoins et donnez-lui de l'eau. N'essayez pas de le submerger par ce qui vous intéresse ou par votre affection. Il a besoin de temps pour s'adapter.

Jours 2 à 7

La première semaine est très progressive. Le deuxième ou le troisième jour, vous remarquerez que votre chiot prend conscience de votre présence – il vous observe et s'excite quand vous paraissez sur le seuil de la porte. Vous pouvez être surpris par ses différentes réactions, mais l'émergence de ses différentes réactions est un signe indubitable qu'il se sent en sécurité et bien accueilli. Utilisez le chapitre 5 pour organiser la journée, et restez patient en cas d'accident ou s'il rogne tout ce qu'il trouve à titre exploratoire, surtout s'il est très jeune. Si vous remarquez que votre chiot mordille les meubles ou les fils électriques, ayez recours à des jouets de substitution ou à un spray répulsif pour chien, et badigeonnez de moutarde ou de piment pour le décourager. Évitez les interventions bruyantes ou physiques parce qu'elles ne font que désorienter le chiot et le découragent de s'attacher à vous.

À retenir

À ce stade, les plus importantes leçons sont :

- **Aider votre chiot à apprendre son nom comme indiqué au chapitre 9.**
- **Lui apprendre à faire ses besoins de la manière décrite au chapitre 8.**

Réservez principalement la première semaine à ces leçons et vous serez bien partis pour passer ensemble une vie merveilleuse.

Les moments d'attachement

Quand les chiots sont très jeunes et exposés au stress, ils ne pensent pas beaucoup à vous. Absorbés par leur propre trouble, ils veulent seulement se sentir en sécurité et au calme. La meilleure façon d'établir le premier lien d'affection est de créer un environnement qui satisfasse ces deux besoins. Soyez présent pour votre chiot, mais souvenez-vous que le silence calme davantage qu'un bavardage incessant ou des cris. Si votre chiot est petit, il comprendra mieux que vous prenez soin de lui si vous êtes sur le sol à ses côtés que si vous vous tenez debout au-dessus de lui. Les chiots aiment à se pelotonner, et ils se sentent à l'aise quand ils trouvent un petit nid – votre chiot peut même se blottir sur vos genoux si vous le laissez faire.

Figure 4-10 Les chiots aiment à se pelotonner.

À retenir

La meilleure approche consiste à suivre le rythme du chiot au cours de la première semaine tandis qu'il s'habitue à sa nouvelle demeure et à tous ceux qui y séjournent. Si votre chiot veut dormir, laissez-le faire – mettez-le dans son parc ou sur son tapis de jeu. À l'heure de la nourriture, placez son bol sur son tapis ou à côté et laissez-le seul pendant 15 minutes. Ne vous inquiétez pas s'il ne mange pas. Il est probablement trop énervé. Donnez-lui un peu d'eau et emmenez-le souvent à l'endroit prévu pour ses besoins.

Il est de loin préférable que le chiot dorme la nuit auprès de quelqu'un. Il peut pleurnicher au début, et donc si possible gardez-le près de votre lit et posez la main dans son parc ou par-dessus les bords d'une grande boîte ouverte.

DANS CE CHAPITRE

Satisfaire les besoins fondamentaux du chiot

•

Éduquer le chiot en se plaçant de son point de vue

•

Motiver le chiot en tenant compte de son âge

Chapitre 5

Comprendre la vision du monde du chiot

À mon avis, le plus beau cadeau que vous puissiez faire à votre chiot est de lui aménager une existence dénuée de stress. Structurez le monde du chiot de telle sorte qu'il se sente en sécurité. Pourvoyez à ses besoins, en les prévoyant avant qu'il ne les ressente, et intégrez tous les temps de jeu que vous pouvez dans votre vie quotidienne. Un jeune chiot ne comprend pas le mot « Non » et ne peut contrôler ses impulsions avant 6 à 8 mois.

Vous devez comprendre le monde de son point de vue, il est guidé par la curiosité. Bien que celle-ci puisse engendrer des comportements que vous trouvez insupportables, ne pensez pas qu'ils vous visent personnellement. Se fâcher contre un chiot est aussi idiot et inefficace que de crier après un enfant de 6 mois. Non seulement il ne comprend pas, mais aussi vous l'effrayez. Une telle approche n'a aucun effet formateur et peut empêcher l'attachement à long terme. Il existe de bien meilleurs procédés pour traverser cette période sans encombre.

Les besoins fondamentaux de votre chiot

Parole de chiot

Comme un bébé, votre chiot a des besoins fondamentaux et des instincts le poussant à les satisfaire. Ils ont cinq besoins fondamentaux : manger, boire, dormir, faire leurs besoins, et jouer. Contrairement aux bébés, les chiots ne pleurent pas quand leurs besoins ne sont pas satisfaits, ils commencent à mordre, et s'ils ont appris à le faire, ils peuvent aboyer et s'agiter frénétiquement. Les comportements diffèrent, mais le principe est le même. Le bébé comme le chiot sont facilement débordés quand leur corps exprime des exigences. Si les premiers mordillements sont suivis de punitions sévères, le chiot peut développer des réactions de défense, telles que l'agression ou l'aboiement.

Astuce

Vous pouvez aider le chiot à reconnaître ses besoins en associant des ordres à des pratiques quotidiennes. Un enfant apprend à parler et peut acquérir une façon plus civilisée de faire part de ses besoins, mais un chiot peut aussi acquérir son propre système de communication en commençant à prendre des habitudes.

À retenir

Quiconque satisfait un besoin suscite un grand amour. Il faudra quelque temps à votre chiot pour qu'il vous témoigne en retour son amour et sa dévotion, mais chaque jour qui passe vous rapproche du moment où ce lien sera fermement établi. Un besoin après l'autre, ce lien deviendra de plus en plus fort.

Manger

Les chiots sont parfaitement heureux dès lors qu'une habitude parfaitement prévisible a été établie. Un chiot affamé est naturellement perturbé et peut le montrer en rongeant n'importe quoi – même des choses difficiles à digérer telles que du tissu ou les murs ! Si vous remarquez que votre chiot tend à mordiller ou devient difficile, regardez votre montre. Son comportement peut être dû à la tension provoquée par la faim. Consultez le tableau 5-1 pour voir comment organiser ses horaires pour la nourriture.

Tableau 5-1 Les horaires pour nourrir votre chiot.

Âge	Repas du matin	Repas de midi	Repas de l'après-midi	Repas du soir
8 à 10 semaines	*	*	*	*
10 semaines à 4 mois	*	*	*	
4 à 6 mois	*		*	

Un jeune chiot a un métabolisme rapide et doit manger plus fréquemment. Planifiez trois à quatre repas par jour, et diminuez progressivement le nombre de repas à mesure que le chiot grandit. À un certain stade, après avoir atteint 4 à 6 mois, il sautera spontanément un repas.

À retenir

Quiconque nourrit votre chiot doit respecter la même habitude que vous. Les chiots (comme les enfants) sont d'autant plus heureux qu'ils savent ce qui va se passer maintenant. Par exemple chez moi, quiconque donne à manger à Whoopsie dit « croquettes », soulève sa gamelle, la remplit, et attend qu'elle s'asseye avant de la replacer à l'endroit où elle mange.

Boire

Les chiots ont besoin de beaucoup d'eau, surtout s'il fait chaud ou quand ils ont mordillé et joué. Bien que ce soit important de leur permettre de trouver de l'eau quand leur système en réclame, il est également important de contrôler leurs habitudes en la matière. Les muscles de la vessie sont les derniers à se développer, et ce qui y entre ressort très rapidement ! Désignez un endroit précis où votre chiot se tiendra pour boire, et laissez-y son bol, qu'il soit vide ou plein. Donnez de l'eau au chiot avec ses repas ; après qu'il a joué, mordillé ou dormi ; ou quand vous êtes sur le point de le sortir pour qu'il fasse ses besoins. Si vous avez tendance à oublier, il vaut mieux remplir sa gamelle d'eau et la laisser remplie toute la journée. Cela peut retarder l'apprentissage de la propreté, mais cela vaut mieux que de le laisser avoir soif.

Figure 5-2 Boire est l'un des besoins fondamentaux de votre chiot.

Astuce

Évitez de donner de l'eau après 19 h 30, à moins que vous n'ayez envie de rester debout toute la nuit pour conduire votre chiot dehors. S'il a manifestement besoin de boire, donnez-lui une petite quantité d'eau (pas plus d'un verre pour un grand chien ou 1/4 de verre pour un petit).

Dormir

Nous aimons tous dormir d'un bon sommeil, et il en va de même pour votre chiot. Prévoyez un endroit tranquille où il pourra échapper au brouhaha de l'activité de la journée et rattraper son retard de sommeil chaque fois qu'il en aura besoin. Faites comprendre à votre famille et à vos amis que cet endroit – parc, lit corbeille, cage de transport, pièce ou parc à chiot – est interdit à tout le monde quand le chiot a besoin de faire un somme. Un chiot trop fatigué perd tout contrôle. En fait, si on le pousse, son irritation et sa tendance à mordiller peuvent faire place à l'agression. Ne le corrigez pas, ne le disputez pas. Ayez plutôt pitié de lui. Il est épuisé.

Astuce

Comme les enfants, certains chiots ont du mal à s'endormir, surtout quand leur niveau d'excitation est élevé. Si vous avez des enfants, demandez-leur de rester tranquilles jusqu'à ce qu'il soit endormi. Chaque fois qu'il vous paraît fatigué, escortez-le jusqu'à l'endroit où il se repose et dites un mot qui l'incite à s'y coucher, tel que « dodo ». Il finira par s'y rendre de lui-même quand il est fatigué.

Faire les besoins

Je ne pense pas que l'apprentissage de la propreté puisse être résumé d'une meilleure façon que par la maxime : « Tout ce qui rentre doit obligatoirement sortir. » L'horloge biologique de votre chiot l'amène à éliminer à la demande. Quand sa vessie ou ses intestins sont sous pression, il les relâche, qu'il soit dehors ou sur du journal – ou sur la moquette, si vous ne le surveillez pas. Si votre chiot vient directement de chez sa maman chien, elle peut avoir préparé le terrain pour vous en forçant le chiot à quitter le « nid » pour éliminer. Ce stade d'apprentissage se situe entre la septième et la huitième semaine. Si sa maman était trop peu sévère ou si vous avez recueilli votre chiot avant ce stade, le chiot comptera sur vous pour nettoyer après lui, lui prouvant avec quelle dévotion vous le soignez. Vos objectifs sont d'enseigner à votre chiot où aller et comment vous faire savoir qu'un obstacle (tel qu'une porte) l'empêche d'y aller. Heureusement, vous vous rendrez compte que cette tâche est aisée après vous être plié à une habitude, dans la mesure où vous êtes patient et n'attendez pas non plus des miracles. La tension ou l'expression de votre mécontentement perturbent le chiot : il apprendra moins vite et peut avoir de plus en plus peur de vous. Il a besoin d'un horaire, d'habitudes, d'un schéma cohérent – toutes choses qui sont à votre portée.

Astuce

Si la propreté vous pose des problèmes, reportez-vous au chapitre 8.

Jouer

L'envie de jouer et de s'exprimer énergiquement est l'une des réactions les plus naturelles de votre chiot. Comme dans le cas des enfants, le jeu et les interactions insouciantes sont des moyens d'apprentissage fabuleux, et vous n'aurez guère besoin d'en utiliser d'autres au cours des premiers mois de vie commune.

Figure 5-3
Le jeu est un moment d'apprentissage formidable.

À retenir

La façon dont vous jouez avec votre chiot se répercute sur votre relation à long terme. Des jeux brutaux, mettant l'accent sur la confrontation, tels que lutter ou tirer à la corde, expriment la confrontation, et peuvent nuire à votre relation. Un chiot provoqué aura davantage tendance à vous défier et à ignorer vos ordres. Les sports d'équipe, le jeu consistant à lui lancer alternativement un jouet puis un autre, le football, le jeu consistant à lui apprendre des noms (le sien, celui des autres personnes de la maison), l'incitent à coopérer et à prendre plaisir à jouer – un chiot ainsi traité ne voudra jamais vous quitter !

Les cinq stades du développement du chiot

Au chapitre 10, je fragmente les leçons, les jeux et les activités amusantes pour que vous puissiez en faire bénéficier votre chiot un stade après l'autre. Connaissant les étapes de développement, vous saurez ce sur quoi vous pouvez compter et ce que vous pourrez enseigner à votre chiot, vous pourrez ainsi d'autant mieux définir ce que doivent être vos attentes et consolider les progrès de votre chiot.

La petite enfance (8 à 12 semaines)

La vie d'un jeune chiot est centrée sur les cinq besoins élémentaires : manger, boire, dormir, éliminer et jouer. Bien que votre chiot soit capable d'apprendre, n'en attendez pas trop à ce stade. Vous devez lui donner à manger trois à quatre fois par jour, le sortir fréquemment et le laisser dormir quand il en a envie. Votre chiot fera d'autant plus de progrès que l'enseignement sera intégré aux temps de jeu. Montrez-lui les choses de base : restez auprès de lui, utilisez son nom, et commencez à l'habituer à la laisse. Le corriger ne ferait que l'effrayer et gâterait votre relation : il est tout simplement trop jeune pour comprendre. Amusez-vous et prenez plein de photos parce que votre chiot deviendra adulte avant que vous n'ayez eu le temps de vous en apercevoir !

La période terrible (12 à 16 semaines)

Avec le temps, vous remarquerez que sa personnalité évolue. Il deviendra un peu plus entreprenant et brave, et il sera plus difficile de l'impressionner. À 12 semaines, son cerveau est entièrement développé et il est prêt à apprendre. Il est assez âgé pour comprendre vos ordres et les mémoriser, mais il est aussi trop jeune pour prendre les objets entre ses petites pattes.

À retenir

Les chiots de cet âge commencent à apprendre des choses, qu'ils soient guidés ou non. Si vous n'éduquez pas votre chiot, il vous éduquera.

Le début de l'adolescence (16 à 24 semaines)

Soudain, vous allez remarquer qu'un chien inconnu, ressemblant parfaitement à votre chiot, commence à prendre en main votre maison. C'est le début de l'adolescence. Soyez prêt, et considérez que vous êtes prévenu : vous allez entrer dans la période du garnement. Essayez de ne pas paniquer – tous les comportements bizarres de votre chiot sont normaux. Quelle que soit votre envie de vous cacher derrière le canapé pendant les trois mois suivants, ne le faites pas ! C'est le meilleur moment pour commencer l'éducation. Comme ce stade dure environ huit semaines, les leçons sont organisées à raison d'une pour chaque semaine. Ce découpage permet à votre chiot de goûter pleinement la réussite et lui permet de maîtriser chaque exercice avant de le mettre en pratique dans son monde de tous les jours. Ce principe est voisin de celui qui consiste à enseigner l'alphabet aux petits enfants en attendant qu'ils maîtrisent l'orthographe.

La puberté du chiot (6 à 9 mois)

Les chiots durant cette période subissent une transformation majeure, ils grandissent. Vous souvenez-vous d'avoir grandi, avec toutes les hormones, la rébellion, la désorientation, et la curiosité que cela implique ? Ah, la puberté. Ce n'est jamais très beau. En plus de toutes ces douleurs de la croissance survient l'éveil de tous les instincts de la race, qui disent au conducteur de troupeau de conduire, au chasseur de chasser, au chien de garde de garder, et au chien de traîneau de tirer. Cette époque est une période de chaos complet pour le chien, et c'est en outre celle où percent les nouvelles dents du chiot ! Vous avez donc un chiot/chien plein de débordements hormonaux, d'exubérance et d'anxiété. Il n'est pas surprenant qu'il réagisse par l'équivalent du coup d'œil de l'adolescent têtu quand vous lui donnez un ordre.

La fin pénible de l'adolescence (9 à 12 mois)

Vous avez franchi la première étape, mais ce n'est pas encore la fin. Un chiot à ce stade se calme et se débrouille davantage tout seul. Il mordillera son os tranquillement, fera ses besoins au bon endroit, et vous écoutera la plupart du temps. Bien sûr, parfois il continuera de vous ignorer, mais veuillez le comprendre : les chiots de cet âge souhaitent bien se comporter, mais leurs gènes d'adolescent leur disent constamment de faire une dernière et glorieuse tentative pour acquérir le statut du chien en chef.

À retenir

Ce stade s'accompagne d'une subtile tentative de défi. Vous pourriez penser que s'asseoir n'importe comment, sur le côté, n'a pas grande importance, mais votre chien prend note mentalement chaque fois que vous le laissez faire quoi que ce soit d'anormal sans intervenir. Vous ne pouvez pas encore relâcher vos efforts !

DANS CE CHAPITRE

Calmez votre chiot durant la socialisation

•

Habituez-le à accepter tout le monde

•

Présentez au chiot des bêtes sauvages, des bruits et d'autres objets intéressants

•

Les réactions de méfiance ou de défense du chiot

Chapitre 6
Socialisation et politesse

Votre chiot connaît une période favorable à la socialisation. Cette période dure de la huitième à la douzième semaine, tandis que son cerveau se développe et qu'il est réceptif à de nouvelles expériences. Il vous regarde constamment pour savoir comment interpréter ces nouvelles expériences. C'est le moment de lui présenter tout ce qu'il rencontrera dans sa vie, des objets, des gens et d'autres animaux.

Vos premières sorties seront réduites tant que votre chiot n'aura pas été entièrement vacciné, mais vous devez faire de votre mieux pour l'exposer à une variété de stimulations pour qu'il reste détendu lorsqu'il est confronté à quelque chose de nouveau.

Si votre chiot a plus de 12 semaines, ne désespérez pas. Bien qu'il soit au-delà de la période propice à la socialisation, il reste sensible à votre exemple quand il est débordé par les événements ou quand il est excité. Une réaction visiblement défensive ou de méfiance indique que votre chiot n'a pas le souvenir d'une situation de ce genre et ne sait pas comment agir. En pareil cas, vos réactions face à la situation et au chiot lui-même sont importantes. L'apaiser, le calmer ou le corriger intensifie les réactions du chiot en concentrant son attention sur le comportement inadapté.

Calmer votre chiot selon son âge

Les chiots, comme les enfants, passent par différentes étapes de développement, et chaque étape ouvre une nouvelle perspective. Au début, tout est nouveau, et la confiance que le chiot vous accorde est innocente et totale. Mais avec le temps, il a tendance à mettre votre point de vue en question tout en n'étant pas sûr de ce que lui apporte la vie. Les chiots en train de mûrir, surtout au stade de l'adolescence et de la puberté, ont leurs propres opinions et doivent être persuadés de faire attention à vous. Ce qui suggère de procéder à la socialisation au moyen d'une approche créative.

Acclimatation d'un jeune chiot (8 à 12 semaines)

Parole de chiot

Quand il est très jeune, votre chiot reflète votre réaction dans toute situation nouvelle. Si vous êtes nerveux, il le sera également. Si vous êtes excité, mal à l'aise, ou inquiet, il en ira de même pour lui. Exposez votre chiot à de nouvelles expériences dans un contexte vous permettant d'intervenir en fonction de sa réaction.

Les chiots réagissent en général à une situation nouvelle de quatre manières :

- **Craintivement** : la peur se traduit par la posture du corps, un mouvement de recul ou la fuite pour quitter l'environnement effrayant. Souvent ils grattent le sol pour demander qu'on les tienne ou s'occupe d'eux.
- **Calmement** : ces chiots observent patiemment, ont une posture détendue et manifestent une curiosité modérée.
- **Activement** : très réactifs, ces chiots explorent frénétiquement la source d'une nouvelle stimulation, et il peut être difficile de les calmer ou les rendre de nouveau attentifs.
- **Défensivement** : les chiots qui ont des réactions de défense peuvent se reculer, se tenir immobiles ou courir en avant. Ou ils peuvent effectuer ces trois manœuvres et aboyer ou manifester leur appréhension oralement d'une manière ou d'une autre. Leurs oreilles peuvent être aplaties contre la tête, et ils peuvent se cacher derrière vos jambes ou essayer de grimper dans vos bras ou sur vos genoux.

À retenir

Toute attention accordée au chiot renforce ses réactions, ce qui est bien *seulement et seulement si* votre chiot réagit calmement. Les autres réactions nécessitent votre intervention pour remettre le chiot sur la bonne voie. Continuez à lire pour apprendre comment faire.

Découvrir la zone rouge

En cas de réaction intense de votre chiot (s'il a peur, est trop excité ou sur la défensive) face à une nouvelle situation ou personne, déterminez l'étendue de sa zone rouge : la distance entre lui et le stimulus, telle qu'il puisse rester debout en étant à l'aise.

Placez-vous juste à l'extérieur de cette zone rouge et adressez-vous calmement au chiot avec des ordres ou donnez-lui des jouets ou des friandises pour qu'il reste attentif.

Rendre confiance à un chiot craintif

La peur est une réaction courante, montrant que votre chiot n'aime pas être seul pour interpréter la situation. Votre chiot étant dépendant, les nouvelles situations exigent votre intervention pour le guider et lui dire comment se comporter.

Attention !

Ne réconfortez pas votre chiot s'il a une réaction de frayeur. Votre corps penché vers lui et votre voix aiguë lui transmettent un message disant que vous êtes stressé, vous aussi.

Une meilleure réaction de votre part consiste à vous tenir bien droit, et soit à ignorer le chiot, soit à vous agenouiller auprès de lui. Vous pouvez alors passer le pouce sous son collier et le tenir dans une position assise (figure 6-1). Mais l'essentiel et de rester calme et sûr de vous : votre chiot sera impressionné par votre attitude confiante. Si vous constatez que la peur chez votre chiot augmente jour après jour malgré votre attitude bienveillante, n'attendez pas pour contacter un professionnel et parlez-en à votre vétérinaire (voir annexe Carnet d'adresses).

Figure 6-1
Le maintien assis rassure votre jeune chiot.

Capter l'attention d'un chiot calme

Une attitude détendue est un bon signe, montrant que votre chiot acceptera tout ce qui arrive sans s'émouvoir. Mais certains chiots sont tellement détendus qu'ils ne prennent même pas conscience de la nouveauté que vous leur présentez, qu'il s'agisse des aspérités sur le sol ou d'un agent de police en uniforme. Si vous avez déjà observé ce genre d'attitude, utilisez des friandises pour attirer l'attention du chiot sur la situation en question.

Modérer l'excitation d'un chiot actif

Les chiots appartenant à cette classe énergique aiment la vie. Pour eux, les nouvelles expériences annoncent d'infinies possibilités. Même très jeunes, ils font montre de passion dans tout ce qu'ils font. Votre objectif, dans le contexte d'une situation nouvelle pour eux, ne doit pas être de les rendre encore plus enthousiastes, mais au contraire de modérer leur excitation. Pour ce faire, recourez à des friandises ou à la technique consistant à les maintenir assis.

Dénouer une attitude défensive

Attention !

Une réaction défensive précoce (avant 12 semaines) doit être remarquée et prise très au sérieux. Si les conseils de ce livre ne diminuent pas l'intensité des frayeurs du chiot, faites appel à un professionnel (Voir annexe Carnet d'adresses). Au début de l'adolescence, avec l'apparition des hormones adultes, ces frayeurs s'amplifieront pour faire place à des réactions d'agression. Prenez aussitôt des mesures pour remédier à ce comportement.

En attendant, équipez le chiot d'un licol pour chien (voir chapitre 4), et maintenez-le à vos côtés dans toute situation nouvelle. L'ordre « Pas bouger » doit être répété tandis que le chiot est maintenu assis. Vous devez garder une attitude calme et ne pas donner d'à-coups au licol.

Rattrapage dans le cas d'un chiot plus âgé (12 semaines et au-delà)

Un chiot ayant dépassé l'âge critique pour la socialisation peut avoir des réactions plus prononcées aux situations nouvelles, surtout s'il n'a dans sa mémoire aucune expérience comparable. Par exemple, un chiot plus âgé qui n'a jamais rencontré d'escalier ni de sol couvert d'un plancher peut être terrifié en les découvrant. La façon dont vous agissez en pareil cas détermine son attitude future. Un chien qui a peur de choses spécifiques manifestera de l'appréhension à l'égard de toute situation nouvelle pendant toute sa vie.

Découvrez le langage corporel de votre chiot et prêtez-y la plus grande attention. Regardez ses yeux, la position de son corps, sa queue et sa gueule. Bien qu'il ne puisse vous parler avec des mots, votre chiot peut tout vous dire si vous l'écoutez avec les yeux. Le tableau suivant vous indique tout ce que vous pouvez voir.

Faites de votre chiot inhibé un chiot actif en étant l'exemple que vous voulez qu'il suive. Si la réaction du chiot est intense, vous devez rester très calme. Gardez les yeux braqués sur la situation en question (pas sur le chiot) et entrez en interaction avec le stimulus – que ce soit une personne, une situation ou un objet – de la manière que vous voulez voir imiter par le chiot.

À retenir

Si vous regardez votre chiot ou seulement lui jetez un coup d'œil, votre posture et votre confirmation visuelle peuvent être interprétées à tort comme des signaux d'insécurité. Quand vous lui donnez une instruction, ayez une attitude confiante et focalisez-vous sur la situation à gérer.

Partie du corps	Apeuré	Indécis	Détendu	Actif	Défensif
Yeux	Plissés, jetant des regards apeurés, non focalisés	Regard focalisé ou mouvant	Regard focalisé	Regard attentif	Regard fixe, dur
Corps	Bas, arqué, rétracté et couché	Alternant entre l'avancée et le recul, s'approchant puis évitant la personne	Détendu	Posture confortable, déplacement d'un côté à l'autre	Incliné vers l'avant, rigide, tendu
Queue	Coincée sous le ventre, remuée en position basse	Coincée sous le ventre, légèrement arquée au-dessus du dos, alternant entre les deux	Immobile, se balançant doucement au niveau du corps	Haute, remuée avec enthousiasme	Immobile au-dessus du corps ou arquée au-dessus du dos avec un battement récurrent de faible amplitude
Gueule	Tirée en arrière, souvent dans un demi-sourire	Contractée, tremblante	Normale	Haletante, normale, parfois entrouverte et émettant des sons	Serrée, immobile, éventuellement entrouverte avec un grondement ou d'autres sons

Apeuré

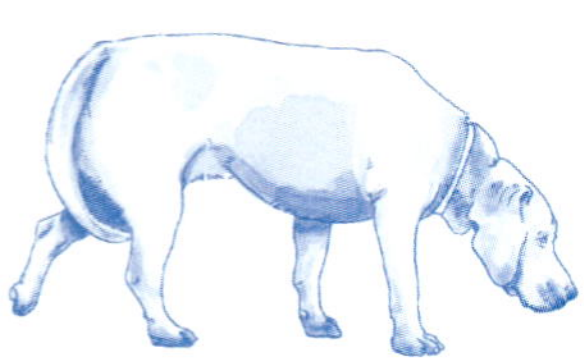

Indécis

Détendu

Actif

Défensif

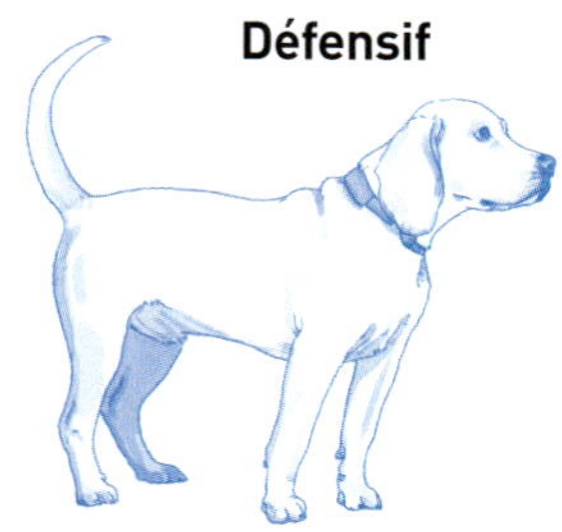

Apprenez à votre chiot à accepter tout le monde

À retenir

Quel que soit l'âge de votre chiot, son aptitude à s'associer à tous ceux qu'il rencontrera sera déterminée par trois paramètres :

» **Les influences de sa race**

» **Ses expériences de socialisation**

» **Votre exemple**

Bien que les instincts de la race de votre chiot soient prédéterminés, vous pouvez influencer fortement son comportement futur en le socialisant et en lui servant de modèle.

Socialisation du jeune chiot (de 8 à 12 semaines)

Parole de chiot

Un jeune chiot vous regarde pour interpréter tout ce qui se passe dans sa vie. La façon dont vous interagissez avec les personnes de toutes sortes et dont vous les saluez est pour lui l'exemple le plus important. Des problèmes surgissent si les rencontres s'accompagnent de trop d'exubérance au moment de dire bonjour. Ils sont dus au fait que le chiot interprète cette exubérance comme un jeu hyperactif, et bien que cela puisse être amusant au début, on s'en lasse vite !

Il vaut beaucoup mieux avoir un plan. Aménagez autant de rencontres que possible entre votre chiot et différentes personnes. Vous devez suivre la même habitude, que la personne ait 9 ans ou 90 ans, qu'elle soit vêtue sobrement, en uniforme ou déguisée.

Les mères ont raison de dire que les bonnes manières commencent chez soi. Saluez votre chiot sans effusion. Même si vous êtes fou de joie de le voir, restez calme et n'interagissez avec lui que s'il est calme.

Astuce

Habituez le chiot à une laisse et un collier, et gardez-les sur lui quand il rencontre de nouvelles personnes. Servez-vous-en pour le guider, comme quand vous tenez un enfant par la main. Si possible, demandez à ces personnes d'ignorer ses réactions extrêmes, telles que l'hyperactivité, la crainte ou une attitude défensive. Tout simplement, en cas de réaction extrême, faites comme si le chiot n'était même pas présent. Au bout de quelques minutes, cette approche produira la désescalade de la réaction extrême et incitera le chiot à observer votre propre réaction pour l'imiter.

Lorsque la présence de la personne est bien établie aux yeux du chiot, ce qui prend d'une à cinq minutes, agenouillez-vous auprès du chiot et maintenez-le assis en passant le pouce au-dessous du collier. Répétez « Dis bonjour » tandis que la personne caresse votre chiot.

Astuce

Si votre chiot est effrayé ou tendu, demandez à la personne d'agiter une boîte de friandises et de lui en donner pour l'inciter à prendre une attitude plus positive. D'une manière générale, pensez à toujours associer la présence ou la rencontre de personnes étrangères à quelque chose d'agréable pour votre chiot (récompenses, friandises, jeu, etc.).

Le cas des chiots plus âgés

Votre chiot plus âgé a-t-il un comportement débridé lors de la rencontre de nouvelles personnes ? Que cela ne vous décourage pas. Il peut devenir hyperactif en entendant la sonnette de la porte d'entrée, avoir une réaction défensive en voyant des hommes en uniforme, ou manifester de la méfiance à l'égard des enfants qui commencent à marcher, mais vous pouvez changer son attitude avec de la patience, un peu d'imagination et un calme systématique.

Attention !

Si l'on n'y remédie pas, de tels comportements peuvent produire un chien qui a régulièrement peur des enfants ou se montre défensif envers tout livreur.

Quelles que soient ses habitudes antérieures, gardez à l'esprit ces trois principes clés chaque fois que votre chiot rencontre de nouvelles personnes ou de nouvelles situations.

- » **Quiconque se trouve devant est celui qui dirige la manœuvre.**
- » **Une attitude corporelle assurée et calme reflète la confiance en soi.**
- » **Toute instruction dite d'une voix ferme sera suivie.**

À retenir

Quel que soit le comportement du chiot, il provient pour une grande part de l'attention que vous lui portez. Les chiots répètent tout ce qui assure l'interaction – ils se moquent de savoir s'il s'agit d'une interaction positive ou négative. Si votre chiot est trop excité, vous allez vraisemblablement essayer de le calmer en mettant la main sur sa fourrure, en le poussant ou en le tenant. Quand une réaction défensive ou de méfiance entraîne une remarque faite avec une voix douce mais sur un ton aigu, comme « ce n'est rien », cette remarque est perçue comme l'expression d'une crainte partagée. Ce dont le chiot a besoin est un exemple de confiance, donné au moyen d'une directive claire et d'une posture corporelle droite et calme.

Pour régler le dilemme des salutations qui se passent mal et rééduquer votre chiot, voici ce que vous pouvez faire :

» **Créez un poste de salutation en vue de la porte où se passent les rencontres, mais au moins à 2 mètres de distance (de la manière décrite au chapitre 9).**

» **Attachez une laisse courte de 50 centimètres à ce poste et répétez « Derrière » en guidant le chiot et en l'attachant avant d'ouvrir la porte.**

» **Ignorez le chien jusqu'à ce qu'il se soit calmé complètement.**

Il peut vous paraître difficile d'ignorer ses manifestations vocales et ses contractions musculaires du début, mais il comprendra vite qu'une posture détendue est récompensée par une attention immédiate. Encouragez tout le monde chez vous à adopter cette approche : personne ne doit faire attention au chiot tant qu'il n'est pas devenu beaucoup plus calme. Vous pouvez laisser un os ou un jouet près de son poste de salutation pour l'aider à surmonter son excitation ou sa frustration.

Si votre chiot adopte une posture défensive ou a peur, faites-lui porter un licol pour chien. Ce collier détend aussitôt le chiot parce que le poids qu'il fait peser sur son museau et derrière ses oreilles stimule les mêmes points de pression qu'utilisait sa mère pour le calmer.

Astuce

En outre, pour l'aider à s'habituer à de nouvelles situations et de nouvelles personnes, sortez avec votre chiot et faites-lui rencontrer autant de personnes différentes que vous le pourrez. Enseignez-lui les ordres « Allons-y », « Pas bouger », « En dessous », « Attends », et « Derrière » décrits au chapitre 10. Voici ce que ces ordres enseignent à votre chiot :

» **Allons-y** : donne à votre chiot l'ordre de marcher derrière vous et d'observer vos directives.

» **Pas bouger** : met l'accent sur le contrôle des impulsions et la focalisation. Faites précéder cet ordre des ordres « Assis » ou « Couché ».

» **En dessous** : donne l'ordre à votre chiot de se coucher sous vos jambes ou sous une table. Ces endroits sûrs soulignent que vous êtes son gardien et son protecteur.

» **Attends** : dit à votre chiot de s'arrêter immédiatement et de vous regarder avant de continuer.

» **Derrière** : dit à votre chiot de se tenir derrière vous et lui rappelle que c'est vous le chef.

Attention !

Si votre chiot se méfie de quelqu'un, demandez à cette personne d'ignorer le chiot et d'éviter tout contact visuel. Le contact visuel est souvent interprété comme annonciateur de la prédation ou de la confrontation et ne fera qu'intensifier la réaction de votre chiot.

Accoutumez votre chiot aux surprises de la vie

Habituer votre chiot à toutes les surprises de la vie a autant d'importance que son éducation au cours de sa première année. Votre chiot peut se comporter parfaitement dans votre salon, mais s'il est désemparé dès qu'il sort de chez vous, vous ne pourrez l'emmener nulle part. En l'exposant à toutes sortes de surprises, vous l'encouragerez à accepter calmement et avec une saine curiosité tout ce qui est nouveau pour lui.

Autres animaux

À retenir

Que votre chiot soit jeune ou plus âgé, il doit apprendre à maîtriser ses impulsions quand il découvre d'autres animaux dans son environnement. Si vous remarquez une bête quelconque avant votre chiot, donnez-lui l'ordre « Derrière » et guidez-le pour le faire se ranger à vos côtés. Puis agenouillez-vous en faisant face à cette bête et utilisez l'ordre « Assis, pas bouger » pour inciter le chiot à la retenue. Si le radar du chiot détecte l'animal en premier, vous le remarquerez à ses oreilles, dressées et immobiles. Il s'orientera dans la direction de l'apparition. À ce moment-là, donnez l'ordre « Derrière » et agenouillez-vous pour le maintenir assis. Puis donnez l'ordre « Pas bouger ».

Figure 6-2 En présence d'animaux, votre chiot doit apprendre la retenue.

Au fur et à mesure que votre chiot réussit mieux à contrôler ses impulsions, encouragez-le à vous suivre en utilisant l'ordre « Suis-moi ». Vous pouvez décourager tout intérêt intempestif en le contrôlant fermement à l'aide de la laisse. Félicitez-le et récompensez-le pour avoir résisté à la tentation.

Le mauvais temps

Le premier orage de votre chiot peut être un événement mémorable. La meilleure chose à faire est précisément de ne rien faire. Les efforts faits pour le rassurer seront compris à tort comme une crainte partagée, et peuvent engendrer une phobie du phénomène en question. En restant calme, en lisant un livre et en adoptant un profil bas, vous donnez l'exemple de la façon de se comporter en cas d'orage. Envisagez aussi d'enregistrer un orage et de l'écouter à un niveau sonore plus faible pendant que le chiot est en train de jouer ou de manger, jusqu'à ce qu'il soit habitué au bruit.

Astuce

Si votre chiot a déjà développé une réaction de frayeur à l'égard des orages, mettez-lui un licol pour chien et promenez-le en laisse chaque fois qu'il y a un orage, en faisant comme s'il ne se passait rien. Si possible, restez au rez-de-chaussée, sans proposer au chiot rien d'autre qu'un os qui a bon goût pour lui. Ne faites attention à lui que s'il est détendu. Ses réactions s'amélioreront avec le temps. Demandez à votre vétérinaire s'il y a lieu de prévoir un remède au cas où la laisse resterait sans effet.

Certains chiots n'aiment pas rester dehors par temps de pluie et d'autres ne veulent pas rentrer à la maison. Il y a peu de chance que votre chiot change d'avis sur la pluie, mais vous pouvez essayer de le laisser à l'intérieur tandis que vous jouez sous la pluie – mais jouez à un endroit où il peut vous voir. Si cela ne marche pas, c'est le moment de prendre un grand parapluie et d'envisager de faire de rapides sorties avec votre chiot.

Figure 6-3 En cas de grand froid, n'hésitez pas à protéger votre chiot à l'aide d'un manteau et/ou de bottes.

À retenir

La neige et le froid soulèvent d'autres problèmes, notamment pour les races petites ou au pelage peu épais. Quand la température chute, les muscles du chiot se contractent. Cette contraction affecte également les muscles de la vessie, ce qui rend l'élimination plus difficile, voire impossible. Envisagez de lui mettre un manteau et – oserai-je le dire – des petites bottes, quand il fait trop froid. Si le chiot est petit, envisagez de l'emmener faire ses besoins aussi, ou même exclusivement, sur des journaux. Si vous n'aimez pas voir ces journaux étalés dans votre intérieur, prévoyez de les placer dans l'entrée ou dans le garage et de ne les utiliser qu'en cas de mauvais temps. Consultez le chapitre 8 pour plus d'informations sur l'accoutumance à l'utilisation des journaux.

Objets

Vous marchez dans la rue, sifflant et flânant gaiement quand vous remarquez soudain trois gigantesques sacs-poubelles s'agitant dans le vent. Vous visualisez la situation et arrivez aussitôt au terme du processus mental vous permettant de savoir ce dont il s'agit. Mais ce n'est pas aussi simple pour votre chiot. Les chiots évaluent les objets avec le museau et ne sont sûrs de rien tant qu'ils n'ont pas flairé un bon coup. Dans la mesure du possible, faites face à la situation comme le ferait un chien adulte. Ce faisant, vous lui donnerez avec la plus grande assurance l'exemple qu'il doit suivre. Laissez la laisse s'allonger si cela ne comporte pas de danger et tenez la poignée en approchant l'objet. Agenouillez-vous ou penchez-vous au niveau du chiot et faites comme si vous flairiez l'objet avec confiance. Attendez patiemment que le chiot prenne la mesure de votre réaction. Quand il s'approche, parlez calmement, caressez-le et placez-le contre votre flanc dès lors qu'il se montre plus à l'aise.

Astuce

Si vous ne pouvez approcher l'objet, agenouillez-vous simplement à côté de votre chiot et maintenez-le en lui disant « Pas bouger » et ensuite « Suis-moi ».

Bruits divers

Ma liste de bruits importants à l'égard desquels j'ai socialisé mon chiot, Whoopsie, incluait les feux d'artifice, les camions, les bruits des sites de construction, les sirènes et les pleurs d'un bébé. Chaque fois que je m'approchais d'un bruit ou que j'en provoquais un, je m'agenouillais et maintenais Whoopsie assise. Si elle était effrayée, je revenais en arrière jusqu'à ce qu'elle soit calmée, puis je répétais le même traitement. Dès qu'elle pouvait supporter le bruit calmement, je lui disais tranquillement « Pas bouger ». Progressivement nous nous approchions, jusqu'à ce que finalement l'ordre « Suis-moi » suffise à la rassurer, parce qu'elle avait inscrit le bruit dans son banc de mémoire réservé aux stimuli. Je vous recommande d'adopter la même procédure avec votre chiot.

À retenir

Si votre chiot a une réaction plus vive ou s'il est plus âgé et ne connaît pas encore un bruit ou une situation, vous avez intérêt à adapter votre approche en limitant l'intensité du bruit ou de la situation. Si votre chiot vous donne l'impression qu'il va attaquer ou se sauver, c'est qu'il est visiblement dans un état de panique. Battez en retraite immédiatement et déterminez quelle est la zone rouge de votre chiot (reportez-vous à l'encadré page 81). Mettez en œuvre des leçons à base de friandises et de jouets, maintenez-le en position assise et rapprochez-vous progressivement de la source de son désarroi.

Astuce

Si un bruit spécifique dérange votre chiot, enregistrez-le. Faites-le-lui entendre à des volumes sonores de plus en plus élevés tandis qu'il joue ou qu'il mange. S'il est toujours perturbé par le bruit, baissez le volume et faites-le lui entendre depuis une pièce éloignée.

Lieux

Il est préférable que votre chiot soit vacciné pour l'emmener loin dehors. Mais dès que le vétérinaire vous donne le feu vert, allez-y ! En dehors de sa demeure, confronté à l'inconnu, votre chiot deviendra brusquement hyperactif, excité, effrayé ou défensif. Chaque réaction vous donne une occasion d'intervenir et de le diriger au moyen de toutes les techniques décrites aux chapitres 12 et 13. Bien que ces techniques demandent un certain temps au début, elles vous apporteront plus tard la liberté d'emmener le chien partout où vous allez ! Quelle que soit la réaction de votre chiot, utilisez les ordres « Allons-y », « Pas bouger » et « Attends » lorsque vous parcourez ensemble de nouveaux lieux. Ce faisant, vos ordres et votre attitude disent à votre chiot : « C'est moi qui décide, suis-moi ! » En outre, apportez un tapis ou un couchage habituel pour l'emmener en voiture et pour qu'il s'y asseye quand vous voulez qu'il se tienne tranquille. Si vous vous rendez à un restaurant où les repas se prennent à l'extérieur, chez le vétérinaire ou à un cours, emportez son tapis avec lui et incitez-le à s'y installer. Le tapis contribuera à le rassurer, et il se sentira heureux et en sécurité.

DANS CE CHAPITRE

Soyez un bon voisin

•

Faites face à l'instinct de poursuite

•

Voyagez en avion ou en voiture

Chapitre 7

Vivre avec le chiot dans le monde tel qu'il est

Oui, la vie au-delà de vos quatre murs recèle d'infinies possibilités, et vous devriez emmener votre chien partout où la vie vous conduit. La clé de la réussite est de diriger votre chiot, afin qu'il soit bien accueilli partout où vous allez. Savoir comment gérer toutes les situations qui peuvent se présenter dans votre vie commune – comme rencontrer par hasard d'autres animaux, devoir maîtriser l'instinct de poursuite –, tel est l'objet de ce chapitre.

Envisagez-vous d'emmener votre chiot pour un voyage d'une journée ou de plus longue durée ? Ce chapitre vous révèle tous les secrets d'une telle entreprise, depuis la préparation des bagages jusqu'à la réservation des billets d'avion.

Vivre avec les voisins

« C'est une journée magnifique dans notre voisinage… » jusqu'au moment, bien sûr, où le calme idyllique est brisé par les aboiements incessants d'un chien ! Je suis très attachée à l'endroit où j'habite, mais, par un jour d'été calme et chaud, mes voisins sont partis à la plage après avoir attaché leur chiot de 3 mois. Toutefois, ce n'était pas la faute du beagle. Après trois heures d'aboiements, je suis allée voir et j'ai constaté que le bol d'eau de la chienne était vide. Je lui ai donné un bol d'eau fraîche et un os à ronger, ce qui a suffi à l'occuper le reste de l'après-midi. J'avais enfin retrouvé la paix.

Cinq signes montrant que vous êtes un mauvais voisin avec un chien

Un voisin a ramené plus d'une fois votre chiot qui s'était échappé. Votre chien aboie constamment dehors (surtout quand vous partez). Votre chien attaque les chiens du voisinage durant les promenades. Votre chiot visite les jardins des voisins pour y remanier les plantations, ramener les journaux et faire ses besoins sur le gazon. Vos voisins semblent avoir peur de votre chiot.

Vous devez penser à beaucoup de choses pour essayer d'être un bon voisin avec chien, et cette section peut vous aider à ne rien oublier.

Respect des voisins

Certains voisins sont tolérants avec leurs chiens. Ils savent quand accepter ces situations auxquelles on ne peut rien. Ils nettoient lorsqu'ils ont sali, et ils sont relativement silencieux. D'autres, en revanche, se fâchent pour des broutilles. Ils salissent, ils font du bruit et sont intimidants.

À retenir

La question est : dans laquelle de ces deux catégories de voisins voulez-vous être classé avec votre chiot ? C'est à vous de choisir, mais si vous voulez être bien vu, suivez les conseils ci-après (reportez-vous au chapitre 10 pour des indications plus détaillées) :

» Donnez l'ordre « Au pied » en vous promenant dans le voisinage et apprenez au chiot à vous suivre.

» Utilisez l'ordre « Attends » pour apprendre à votre chiot à attendre avant de traverser la rue ou à attendre quand vous visitez un magasin ou regardez une vitrine.

» Enseignez-lui l'ordre « Non » pour le décourager de courir après tout ce qui le tente, comme des voitures, des joggeurs, et d'autres animaux. (Vous pouvez l'initier au concept « Non » dès l'âge de 16 semaines.)

Astuce

Si votre chien se précipite au bout de sa laisse pour atteindre ce qui attire son attention, vous arrivez trop tard pour le décourager. Son instinct l'emportera, mais si vous pouvez anticiper ses réactions en surveillant ce qui vous entoure pour y détecter les tentations et le corriger juste avant qu'il ne réagisse, vous pourrez détourner son attention avant qu'il ne cède à son instinct.

» Veillez à ce que votre chiot fasse ses besoins à l'intérieur de votre propriété. En s'approchant de l'âge adulte, les chiots deviennent capables de reconnaître avec leur nez les limites de propriété. Aidez votre chiot à reconnaître à quel endroit se termine son territoire en le tenant attaché très court tandis que vous parcourez le périmètre de votre jardin. Pour remédier à un éventuel accident, ayez un sac avec vous qui vous permettra d'éliminer les souillures du gazon du voisin. Et n'omettez pas de jeter le sac dans un endroit approprié.

Les autres chiens du voisinage

La plupart des chiens aiment à croire qu'ils possèdent tout le voisinage. Le problème est qu'il y a en général plusieurs chiens dans un même groupe de maisons. Livrés à eux-mêmes – s'ils sont libres d'aller où ils veulent, en quelque sorte –, les chiens établissent une hiérarchie et se supportent très bien. Mais quand ils se rencontrent, les chiens du voisinage sont en laisse, ce qui veut dire qu'ils sont retenus. La posture qu'ils prennent pour se libérer de cette contrainte met leur corps dans une attitude de confrontation qui n'est pas naturelle et ne reflète pas leur personnalité.

Un chiot prudent, en revanche, ressent une panique intense quand il est approché par un autre chien. Si personne ne lui fait sentir qu'il est soumis à un leadership, il cède à la panique, souvent avec un mouvement de recul, et se cache dans les jambes de son propriétaire. Ce comportement peut sembler touchant, mais un chiot se cachant derrière vos jambes est comme un enfant s'accrochant à la jupe de sa mère. Ce chiot a besoin d'être éduqué pour apprendre que vous êtes là pour le diriger dans toutes les situations. Un licol pour chien ou un harnais d'éducation à la marche (voir chapitre 4) est idéal pour ce type de personnalité, parce que ces deux outils vous permettent de guider calmement votre chiot sans lui donner l'impression que vous l'étranglez. Des salutations normales entre chiens comportent un mélange d'intérêt excité, de soumission respectueuse ou de jeu de chiots. Les chiots se soumettent normalement à des chiens plus âgés en se couchant sur le dos, en appuyant la tête sur le sol, en levant une patte, en retroussant les babines ou en léchant les lèvres de l'autre chien. Quand deux chiots se rencontrent, ils sont souvent excités et se touchent à maintes reprises avec les pattes et la gueule.

Parole de chiot

Résistez à la tentation de rassurer un chiot effrayé. Vos intentions sont pures, mais comme le chiot perçoit les gestes visant à le rassurer comme des signes de crainte et de soumission, vous ne ferez que renforcer les craintes de votre chiot. Agissez bravement et calmement, et parlez sur un ton directif. Agenouillez-vous et maintenez votre chiot assis de la manière décrite page 81, et utilisez des ordres qui lui sont familiers pour l'aider à maîtriser sa peur.

Quand votre chiot approche un autre chien ou est approché par lui, gardez les points suivants à l'esprit :

- **Ne regardez pas l'autre chien.**
- **Passez devant le chien d'un pas rapide.**
- **Gardez votre chien constamment derrière vous.**

Figure 7-1
Un chiot apprend à croiser les autres chiens du voisinage.

Que faire si vous voulez laisser votre chiot jouer avec sa nouvelle connaissance canine ? Gardez votre chiot à côté de vous en traversant la rue ou tandis que les chiots se rapprochent l'un de l'autre. Puis laissez aller votre chien en détendant la laisse avec un ordre tel que « OK ».

Figure 7-2
Avant de faire connaissance, assurez-vous que le chien en face n'est pas menaçant.

Attention !

Si vous êtes approché avec votre chiot en laisse par un chien menaçant, hors laisse, quittez les lieux rapidement, en empêchant votre chiot de faire face à l'agresseur. Si l'un de vous deux établit un contact visuel avec l'autre chien, vous risquez d'être attaqué. Si votre chiot est assez petit, prenez-le dans vos bras et quittez rapidement l'endroit. Enveloppez doucement de la paume de la main le museau du chiot pour prévenir sa nervosité.

Le chiot seul à la maison

Parole de chiot

Pour être un bon voisin, vous devez faire en sorte que votre chiot garde le silence quand vous le laissez tout seul chez vous. Les chiots n'aiment pas être seuls – ils sont sociables par nature. Ne soyez pas surpris si le vôtre s'invente certaines activités pour passer ces heures de solitude – creuser, mordiller de façon destructive, ou aboyer. Ne vous inquiétez pas. Le fait d'avoir un chien ne vous condamne pas à rester chez vous pendant une dizaine d'années. Vous disposez de nombreuses options quand il vous faut laisser votre chiot seul. Vous pouvez le mettre dehors ou à l'intérieur. Vous pouvez l'enfermer dans une pièce ou le laisser libre d'aller et venir. Vous pouvez l'attacher ou le mettre dans un enclos. Qu'est-ce qui est préférable ? Mettez-vous à la place du chiot. L'extérieur, c'est bien – il aura de l'air frais et du soleil –, mais s'il est obligé de rester à l'extérieur de la maison, il sera stressé parce qu'il a besoin d'un compagnon pour le protéger, interpréter les événements et l'aider à apprécier la vie. La plupart des chiots préfèrent rester à l'intérieur sur une couverture douillette avec un os à ronger.

Astuce

Préparer votre départ présente des avantages durables. Faites les choses suivantes avant de partir :

- **Occupez-vous de votre chiot pendant 10 minutes.**
- **Faites suivre le jeu d'une séance d'éducation de deux minutes.**
- **Laissez quelques jouets qu'il peut ronger et parfumez-les en les frottant dans les paumes de vos mains.**
- **Si vous laissez le chiot à l'intérieur, placez-le dans un espace clos avec une lumière diffuse, sur une vieille chemise ou une couverture, avec une radio jouant de la musique douce.**
- **Si vous le laissez à l'extérieur, il doit avoir accès à un endroit ombragé et à de l'eau fraîche en quantité.**

Si vous vous attendez à du mauvais temps, ne laissez pas votre chiot dehors. Allez avec lui jusqu'à l'endroit où il fait ses besoins et ramenez-le à l'intérieur dès qu'il a fini.

Attention !

Si votre chiot souffre de l'anxiété due à la séparation et s'il dévore des choses auxquelles il ne devrait pas toucher, mettez-le dans son parc à chien ou placez-le dans un espace restreint avec un gros os et sans couchage, car il pourrait le manger s'il se sent désemparé du fait de votre absence.

Ramassez les saletés faites par votre chiot

Prenez l'habitude de nettoyer aussitôt les crottes de votre chiot. Indépendamment de l'aspect sanitaire de la question, quand votre chiot vous voit les ramasser à l'endroit approprié, il est incité à revenir faire ses besoins à ce même endroit. Oui, ramasser les crottes de chien est tout un art. Prenez un sac en plastique vide, mettez la main dedans, attrapez les crottes, retournez le sac et attachez le nœud. Voilà !

Figure 7-3 Dans votre jardin ou dans un lieu public, ramassez toujours les crottes de votre chiot !

L'instinct de poursuite

La poursuite est un comportement instinctif remontant à l'ancêtre canin – le loup – qui devait chasser pour vivre. Bien que les propriétaires de chiens leur offrent tous les luxes de la retraite (sous la forme d'un buffet de croquettes deux fois par jour), beaucoup continuent de penser que poursuivre (n'importe quoi, mais de préférence des chats) est un passe-temps formidable.

Poursuite des chats des voisins

Quand un jeune chiot approche un chat, de deux choses l'une : le chat se sauve, ce qui entraîne – devinez quoi – la poursuite, ou bien il ne cède pas de terrain, parfois crache ou donne des coups de patte au chiot s'il persiste. Quelle que soit la réaction du chat, vous devez rester en dehors de cette interaction. Crier et poursuivre un chiot en proie à ses instincts sauvages ne fait que les renforcer.

Astuce

Si votre chiot a déjà pris l'habitude de poursuivre, ne vous affolez pas. Vous pouvez encore y remédier. Procédez comme suit :

1. **Attachez une laisse en Nylon de deux mètres au collier de votre chiot.**
2. **Surveillez les oreilles du chien tout en marchant (les oreilles qui se dressent signalent qu'une poursuite est imminente).**

   Pour régler le problème de la poursuite, vous devez contrer le processus mental, et non attendre que la poursuite ait commencé. Les oreilles des chiens fonctionnent comme des radars intégrés. Elles peuvent détecter des sons venant de n'importe quelle direction. Malheureusement, si les oreilles du chiot sont à l'écoute de tout ce qui peut le distraire, il ne fait pas attention à vous. Et dans ce cas, le dressage est indispensable.
3. **Si les oreilles du chien se lèvent quand le chat apparaît, tirez la laisse rapidement et dites : « Non ! »**

   Ne regardez ni le chat ni le chiot en faisant ce geste. Le contact visuel trahit un intérêt.
4. **Éloignez-vous du chat avec une allure confiante. Encouragez le chiot à vous suivre avec l'ordre : « Allons-y ! »**
5. **Continuez de tirer sur la laisse et de la relâcher et de dire « Non » jusqu'à ce que le chiot fasse attention à vous.**

   Ne tirez pas sur le chiot pour l'éloigner de l'objet de son attention. Contentez-vous de tirer et de relâcher la laisse, et attendez que votre chiot vienne avec vous de bonne grâce.

Poursuite des voitures du voisinage

La poursuite des voitures est un problème terrifiant. Les jeunes chiots sont généralement intimidés par les voitures jusqu'à leur quatrième ou cinquième mois. Vers cette époque, la crainte fait place à la fascination et les objets mobiles paraissent encore plus excitants s'ils sont poursuivis. Pour étouffer le problème dans l'œuf, vous devez penser quelques étapes avant votre chien. Si votre chiot est très jeune (moins de 12 semaines), prenez un air effrayé quand vous voyez une voiture. Pleurnichez comme un chiot et réfugiez-vous sur le bord de la route ou du trottoir. Quand vous commencerez l'éducation (semaines 16 à 18), procédez comme suit à la vue d'une voiture :

1. **Éduquez votre chien à comprendre l'ordre « Sur le bord » et courez rapidement jusqu'au trottoir.**
2. **Dites « Attends » tandis que la voiture passe, en l'amenant derrière vos talons.**

3. **S'il regarde la voiture, dites « Non ! » très fermement et détournez son regard à l'opposé en vous aidant de votre main d'un geste assuré (figure 7-4).**

Figure 7-4
Ne laissez surtout pas votre chien courir après les voitures.

Astuce

Utilisez cette même technique pour les bicyclettes et les joggeurs. Retenez votre chien à la seconde où il envisage de poursuivre quelque chose. Quand il est en mouvement, c'est trop tard.

Excursions, conseils, voyages

Avoir son chien avec soi en vacances peut être très amusant, mais cela comporte quelques risques. Je vous propose dans cette section quelques règles pratiques pour vous aider à prendre votre décision.

Préparer un sac de voyage

Les objets familiers du chiot ont autant d'importance pour lui qu'une couverture douillette pour conforter un enfant. N'omettez pas d'emporter une valise supplémentaire – pour votre chiot ! Voici une liste pour ne rien oublier :

» Un tapis habituel ou autre couchage.

» La nourriture normale, répartie en doses pour chaque prise, plus un repas ou deux en plus pour le cas où.

- Une sélection des os et des jouets habituels.
- Des gamelles pour la nourriture et l'eau.
- De l'eau, si vous allez dans un lieu où l'eau en bouteille est recommandée pour les humains.

Voyager dans l'Union européenne

Tout chien provenant de l'Union européenne devra, lorsqu'il réalise un déplacement intracommunautaire, être identifié, vacciné contre la rage et être en possession d'un passeport standardisé complété par le vétérinaire. Certains pays exigent un traitement contre l'échinococcose et un traitement antiparasitaire. Les chiens doivent disposer d'un passeport européen. Tout chien voyageant doit être identifié par puce électronique. Le tatouage lisible est encore provisoirement autorisé comme moyen d'identification sauf dans certains pays.

Voyage en avion ou en train avec votre chiot

Je redoute les avions, et vous pouvez imaginer ma nervosité à l'idée d'un chien dans le ventre d'un de ces gros animaux d'acier. Personnellement, j'évite d'emmener n'importe quel animal dans un avion à moins de ne pouvoir faire autrement. Même si seulement un chien sur 90 en meurt, je ne veux pas être celle qui tient la laisse vide. Mais parfois, le voyage en avion est inévitable, et voici donc quelques principes à suivre pour qu'il se déroule dans les meilleures conditions.

Les mesures à prendre avant le vol

Voici quelques conseils à suivre pour que tout aille pour le mieux :

- Choisissez des vols tard dans la soirée ou tôt le matin pour réduire le temps que le chiot passera éveillé dans l'avion. Les zones de bagages où sont mis les animaux de compagnie avant et après les vols ne sont ni chauffées ni refroidies. Respectez les règles des compagnies aériennes si vous voyagez avec votre chien dans une chaleur extrême : la suffocation est le plus gros risque du voyage en avion.
- Faites la réservation pour le chiot en même temps que la vôtre. Les avions n'acceptent qu'un nombre limité de voyageurs à quatre pattes.
- Réservez sur un vol direct dans un grand avion. Les grands avions ont une meilleure circulation d'air que les petits.

Astuce

Les chiens ne dépassant pas un poids de forme de plus de 5 kg peuvent voyager à vos pieds dans un bagage à main homologué par la compagnie aérienne.

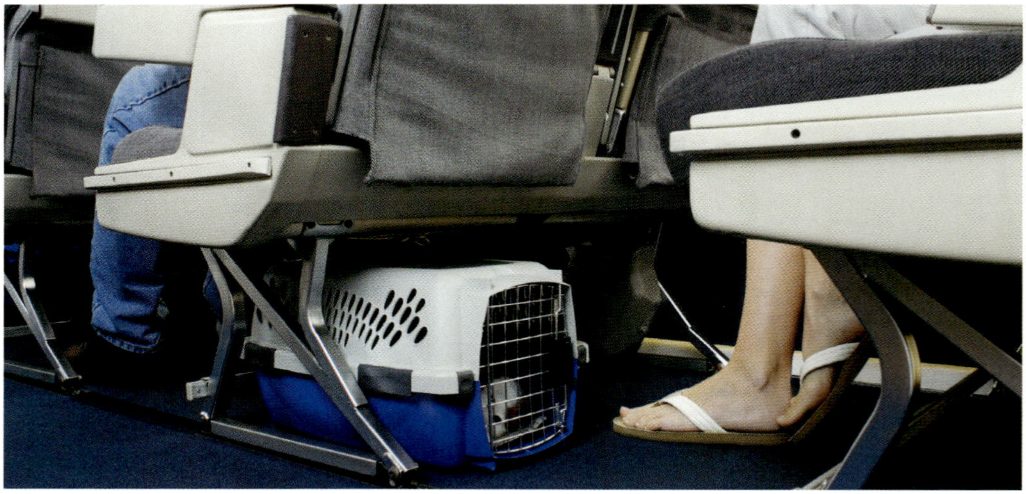

Figure 7-5 Seuls les chiots de moins de 5 kg sont autorisés à voyager avec vous, dans un bagage à main homologué.

- Si vous voyagez souvent, achetez une cage de transport homologuée pour les voyages en soute et profitez-en pour faire un bon apprentissage à la récompense en amont pour que votre chien aime y être enfermé. L'idéal aura été le choix judicieux de ce type de cage comme couchage à la maison, votre chiot s'y sentira en sécurité même dans l'avion.
- Si vous allez avec votre chiot dans un autre pays, renseignez-vous suffisamment à l'avance auprès de l'ambassade de ce pays sur les règles en vigueur et les papiers nécessaires, car il est quelquefois long de réunir tous les papiers administratifs. En outre, consultez les autorités concernées au sujet des règles applicables pour le retour de votre chiot.
- Les compagnies aériennes exigent des certificats de bonne santé et des preuves de vaccination, et vous devez vous les procurer auprès de votre vétérinaire et en fournir immédiatement une copie à la compagnie aérienne. Ayez-en une également le jour du vol, pour le cas où il y aurait une contestation concernant l'acceptation du chien pour le voyage.

À retenir

Renseignez-vous auprès de votre compagnie aérienne, mais suivant votre destination vous ne serez pas autorisé malgré une escale de plusieurs heures à sortir votre chiot si celui-ci voyage en soute. Certaines compagnies aériennes n'acceptent pas les chiens soumis à la loi des chiens dits dangereux appartenant à la catégorie 1 et 2.

Attention !

Pour les voyages en train, sachez que vous devrez être muni d'un titre de transport pour votre chien. Votre chien devra être tenu en laisse et muselé pendant le voyage. Les chiens ne sont pas autorisés à voyager dans l'Eurostar.

Préparer le chiot pour le voyage

Voici ce qu'il faut faire pour que le chiot voyage le plus confortablement possible :

» Achetez une cage de transport solide et adaptée à la taille de votre chiot. Elle doit être seulement assez grande pour qu'il puisse se lever et se tourner à l'intérieur.

» Habituez le chiot à sa cage de transport quelques jours avant le départ.

» Écrivez ANIMAL VIVANT en lettres de 2 centimètres en haut de la cage de transport ainsi que sur les côtés. Collez dessus d'immenses flèches pour indiquer la position verticale.

» Sur le dessus de la cage, en lettres de 1 centimètre, inscrivez la destination du vol, ainsi que votre nom, l'adresse et le numéro de téléphone de la personne à qui vous rendez visite.

» Enlevez tous les colliers. Votre chiot doit porter un collier bien ajusté avec des badges d'identification.

» Ne donnez rien à manger à votre chiot dans les six heures précédant le voyage.

» Aménagez la cage pour l'envol en la garnissant d'un couchage léger et de papier (fixé avec du ruban collant) à l'une de ses extrémités pour absorber les éventuelles déjections. Fixez deux récipients spéciaux (souvent fournis avec la cage de transport) à l'intérieur. Congelez de l'eau dans l'un d'eux pour que votre chiot puisse boire durant le vol.

Attention !

Si votre chiot est un champion du grignotage, vous pouvez être obligé de renoncer au couchage. Certains chiots sont tellement stressés par le voyage en avion qu'ils mangeraient votre chemise s'ils étaient placés à côté de vous. Si vous pensez que votre chiot sera déprimé, demandez un sédatif à votre vétérinaire et offrez-lui un jouet à mâchouiller que vous puissiez farcir de récompenses type Kong (voir annexe Carnet d'adresses).

» Si le vol dure plus de 12 heures, attachez un sac de nourriture avec du ruban collant à l'extérieur du chenil avec des instructions pour l'alimentation du chiot. Ne soyez pas trop déçu si personne n'est disponible pour donner à manger à votre chiot ; tout ce que vous pouvez faire, c'est espérer.

Attention !

» Laissez votre chiot faire ses besoins juste avant de le placer dans la cage. La plupart des chiots ne pouvant pas retenir leur vessie très longtemps, équipez-vous de serviettes en papier et d'eau pour nettoyer la cage quand vous serez enfin réunis.

» Ne cadenassez jamais la cage, si vous ne voulez pas que votre chiot soit pris au piège en cas d'urgence.

À l'arrivée, allez immédiatement à la réception des bagages et insistez pour voir votre chiot. Faites un scandale si nécessaire. Attendre dans les halls de stockage des bagages est stressant pour un jeune chien, et dangereux si c'est un champion de l'évasion. Imaginez votre chiot courant sur la piste de décollage pour essayer d'attraper un jet. Vous aurez beau crier « Médor, reviens ! », ça ne marchera pas.

Voyage en voiture

Je n'ai jamais eu de chien ou de chiot qui n'adore les déplacements en voiture. Je connais certains chiens qui les apprécient beaucoup moins, mais même ceux-là peuvent changer d'avis si on les habitue patiemment à la voiture (voir les détails au chapitre 9).

Prendre quelques précautions

Les voitures peuvent être dangereuses pour les chiens, et vous devez prendre certaines précautions :

» **Ne laissez jamais votre chiot dans la voiture un jour où il fait chaud.** Même en abaissant les vitres, votre voiture chauffera comme un four, et votre chiot sera mal à l'aise ou mourra. Rien ne justifie cela.

Astuce

Placez un jeu supplémentaire de clés dans la boîte à gants en vue d'une situation d'urgence éventuelle. Si vous devez quitter votre chiot, laissez tourner le moteur en ayant mis la climatisation à fond et verrouillez les portes. Emportez le second jeu de clés avec vous pour pouvoir rentrer dans la voiture.

» **Vous avez une camionnette ?** Le chiot doit être avec vous dans la cabine. Qu'il soit ou non en laisse, un chien n'est pas à sa place sur la plateforme d'un camion.

» **Laissez les fenêtres seulement très légèrement entrouvertes.** Certaines personnes pensent que c'est une bonne idée de laisser un chien passer la tête par la fenêtre. En fait, c'est dangereux. Les chiens peuvent être jetés hors de la fenêtre au cours d'un accident ou recevoir des débris dans les yeux, qui peuvent alors être endommagés durablement.

» **Ne permettez jamais à votre chiot de s'installer sur le siège du conducteur.** Non seulement vous et le chiot seriez en danger, mais il en irait de même pour tous ceux que vous rencontrez dans la rue ! Vous ne pouvez pas conduire et tenir le chien en même temps.

Règles pour la route

À retenir

La voiture doit être pour le chiot un endroit soumis à des règles. Sinon, il pensera qu'elle lui appartient, ce qui peut entraîner une cascade de problèmes, dont le moindre est qu'il aboiera à propos de tout ce qui bouge. Vous disposez de plusieurs options :

» **Placez votre chien dans une cage de transport lors des déplacements en voiture.** Les cages de transport sont encombrantes et peuvent prendre un peu trop de place, mais elles maintiennent votre chiot en place pendant que vous conduisez. Achetez une cage solide en maillage métallique ou en plastique dur (en vue d'une bonne aération), adaptée au poids et à la race de votre chiot. Garnissez le fond d'un tapis, d'un tissu ou d'un autre élément de couchage pour fournir une surface dans laquelle le chiot pourra enfoncer ses pattes tandis que vous conduisez.

» **Installez une grille de séparation**. Les grilles de séparation enferment votre chiot dans la partie arrière d'une familiale ou d'un 4 x 4. Elles ne sont pas très esthétiques, et les modèles bon marché cassent facilement, mais un bon modèle peut vous permettre d'enfermer votre chiot en sécurité.

» **Utilisez un harnais de sécurité**. Un harnais se fixe autour du corps du chiot et le maintient attaché (voir figure 7-6). Les seuls inconvénients sont qu'un harnais est difficile à mettre et que le chiot n'apprécie pas tellement d'être enfermé dedans.

» **Attachez votre chiot à la ceinture de sécurité**. Réservez au chiot une place de passager quand vous roulez. Attachez une laisse courte (pas plus de 50 à 90 cm) à l'appui-tête ou à la ceinture de sécurité et attachez-la au harnais de voyage du chien (que vous trouverez dans une boutique pour animaux de compagnie). Agrémentez son espace d'un tapis et de jouets pour qu'il soit à l'aise et occupé pendant le trajet. Cette simple organisation ne prend que quelques minutes à mettre en place et vous permettra de voyager l'esprit en paix, car votre chiot sera en sécurité tandis que vous conduirez.

Figure 7-6
Ce chiot est en sécurité et prêt pour la route.

Principes à suivre pour les longs voyages

Prévoyez-vous un long voyage ? Voyager avec un chiot peut être une joie ou un cauchemar ; cela dépend en grande partie de la façon dont vous organisez l'aventure. Voici quelques conseils pour vous permettre d'arriver agréablement à bon port :

» **Vérifiez que le collier de votre chiot comporte bien des badges d'identification à jour**. Si vous prévoyez un séjour prolongé, rajoutez un badge temporaire avec votre adresse et votre numéro temporaire. La plupart des magasins pour animaux de compagnie ont des machines qui fabriquent immédiatement des badges d'un prix abordable.

- **Ne changez pas le régime et les horaires alimentaires de votre chiot**. Un changement peut bouleverser son système – un problème facile à éviter.
- **Évitez de voyager par une chaleur extrême à moins d'avoir une climatisation**. S'il fait très chaud, prévoyez de voyager de nuit ou tôt le matin.
- **Ne laissez jamais le chiot seul dans la voiture**. En cas de températures extrêmes (s'il fait très chaud ou très froid), ayez un jeu de clés supplémentaires pour faire marcher la climatisation ou le chauffage tandis que vous faites ce que vous vouliez faire après avoir verrouillé la voiture.

Attention !

- **Gardez votre chiot en laisse à *chaque* arrêt**. En voyage, le système permettant au chiot de retrouver son chemin jusqu'à vous cesse de fonctionner. S'il s'éloigne ou est momentanément distrait, il peut avoir du mal à vous retrouver. La circulation est aussi un danger, et donc soyez prudent.
- **Donnez de l'eau à votre chiot et faites-lui prendre de l'exercice à chaque aire de repos où vous vous arrêtez**. Donnez-lui à manger avant de le promener, et laissez-lui 10 minutes pour digérer avant de reprendre la route.
- **Si vous prévoyez un séjour à l'hôtel, renseignez-vous sur le type d'accueil réservé aux chiens en faisant vos réservations.**
- **Aidez votre chiot à s'adapter à votre nouvel environnement en lui passant une laisse et en l'installant la nuit sur une couverture bien connue avec un bon vieil os habituel.**

En arrivant à destination

Restez calme jusqu'à ce que votre chiot se soit habitué au nouvel environnement. Prenez à l'avance des dispositions appropriées si vous savez que votre chiot rencontrera un autre chien ou d'autres animaux de compagnie à son arrivée. Décidez où se feront les présentations (les présentations entre chiens sont traitées plus haut dans ce chapitre). En entrant dans un nouveau logement, veillez à ce que le chiot s'arrête à la porte et vous laisse entrer le premier. Donnez-lui quelques minutes pour flairer le nouvel espace. Ne soyez pas trop surpris si votre chiot élimine. C'est sa manière de dire : « J'urine, donc je suis. » Ne faites pas un drame et nettoyez discrètement. Surveillez-le attentivement, et s'il continue d'éliminer à l'intérieur, limitez sa liberté et revoyez les habitudes que vous aviez mises en place chez vous.

À retenir

Si au terme de votre voyage, vous avez affaire à un climat inhabituel, soyez patient. Votre chiot peut réagir de manière imprévisible : la neige peut remettre en cause les progrès réalisés en matière de propreté, et la pluie éliminer tout espoir d'aventure en plein air. Si vous confrontez votre chiot à des activités dans la neige ou dans l'eau, gardez-le en laisse pour pouvoir le diriger calmement. En criant ou en courant après votre chiot, ou en intervenant physiquement dans une situation inhabituelle, vous pourriez le déstabiliser à un point tel qu'il prenne la fuite, au risque de se perdre.

Partie 3

Éducation de votre chiot

Dans cette partie...

Commencez-vous à penser que votre chiot vous donne autant de travail qu'un enfant ? Vous avez raison. L'un comme l'autre ont besoin d'éducation et de structure. L'un et l'autre ont besoin d'aide pour maîtriser leurs mauvais instincts. Quant à vous, vous avez besoin d'aide pour que tout se passe bien.

Dans cette partie, vous apprenez tout sur les leçons d'éducation – depuis celles visant à donner à votre chiot un minimum de contrôle et de politesse jusqu'à l'apprentissage des ordres de base. Vous y trouverez aussi des suggestions en vue de la résolution de certains problèmes, ainsi que des indications sur la façon de trouver une assistance supplémentaire si nécessaire.

DANS CE CHAPITRE

Diriger et non corriger pour réussir l'apprentissage de la propreté

•

Importance de l'habitude pour l'apprentissage de la propreté

•

Différences entre les besoins faits sur les journaux ou à l'extérieur

Chapitre 8
La propreté

J'aimerais recevoir un euro chaque fois que j'entends : « Il sait qu'il a fait quelque chose de mal ! Regarde ses yeux – la culpabilité est inscrite sur son visage ! » Curieusement, bien que les chiots sachent quand vous êtes en colère, ils ne peuvent pas relier votre réaction à leurs propres actions, même si elles ont eu lieu seulement quelques secondes avant.

Certes, vous voulez que votre chiot respecte votre maison et les règles d'hygiène, mais certaines approches visant à inspirer le respect sont frustrantes pour lui et créent encore davantage de tension. Pour être efficace, vous devez simplement comprendre le dilemme de votre chiot et faire preuve d'empathie à son égard. Ensuite, vous devez vous employer à conditionner des habitudes qui riment avec ses instincts en matière de propreté (ou leur inexistence).

Comprendre les impulsions naturelles de votre chiot en matière d'élimination

Les activités d'élimination de votre chiot sont conformes à un schéma. Par exemple, les jeunes chiots font leurs besoins régulièrement après les activités suivantes : manger, boire, se reposer ou sortir d'une période d'isolement, jouer, grignoter.

Ma suggestion de sortir le chiot après chaque activité peut sembler excessive, mais un très jeune chiot (de 8 à 10 semaines) ne peut contrôler ses impulsions. Toutefois, en établissant une habitude dès le début, il est possible de lui inculquer la compréhension du concept « se retenir » jusqu'à ce qu'il soit parvenu à l'endroit prévu.

Sachez que le muscle de la vessie de votre chiot est le dernier à se développer : très mince et petit, il se remplit très vite, et jusqu'à la maturité sociale (vers l'âge de 5 mois), il faut le vider souvent. Demander au chiot « attends seulement une seconde » pendant que vous lacez vos chaussures peut tout simplement ne pas marcher.

Parole de chiot

Votre chiot vous fera souvent savoir qu'il a besoin de sortir avant d'éliminer. Comme un enfant, il est poussé à communiquer son inconfort physique, mais au lieu de pleurer pour attirer l'attention, il mordillera à l'excès et deviendra agité. Le corriger pour qu'il cesse de mordre ne fera que le perturber. Envisagez plutôt une course jusqu'à l'endroit réservé à l'élimination s'il devient hargneux, et pensez toujours à le diriger avec des mots familiers.

Attention !

Si vous constatez que votre chiot ne peut absolument pas retenir son urine – il se laisse aller même dans son parc à chiot ou quand il est à sa place –, il se peut qu'il souffre d'une infection de l'urètre. Si vous pensez que ce peut être le cas, demandez l'avis de votre vétérinaire.

Direction par opposition à correction

Corriger un chiot après un accident aboutit en général à un échec total en matière d'apprentissage de la propreté. Votre chiot ne comprend vraiment pas vos objectifs. Il n'adoptera une habitude que si elle lui est présentée d'une manière claire et pratique.

Astuce

Avez-vous un petit chiot et une grande maison ? Si vous ne réduisez pas son espace de liberté, il peut prendre l'habitude de courir jusqu'à un endroit inoccupé pour faire ses besoins au lieu de vous interrompre. Oui, c'est pour lui un comportement poli, mais ce n'est évidemment pas agréable. Pour l'en empêcher, limitez sa liberté et soyez patient jusqu'à ce que des habitudes appropriées soient fermement établies.

Si vous avez du mal à trouver le temps de respecter une habitude cohérente, votre chiot aura du mal à se concentrer sur votre plan. L'apprentissage de la propreté demande du temps, des directives, et de la régularité. En utilisant ces trois ingrédients, vous irez loin.

Du temps

À retenir

Si vous n'avez jamais appris la propreté à un enfant ou à un chiot, vous serez surpris : cela prend du temps. Dans le cas du chiot, il faut du temps pour trouver une laisse et aller jusqu'à l'endroit voulu. Puis il faut attendre que la petite lumière de l'élimination s'allume dans sa tête. Renoncez à tout espoir de succès à court terme, parce que l'apprentissage de la propreté peut prendre des jours, des semaines ou des mois.

De l'incitation

Votre chiot n'arrivera pas chez vous en sachant où aller faire ses besoins. Même s'il a appris la propreté, vous devez lui faire comprendre où aller. Choisissez un endroit dehors ou à l'intérieur, et engagez-le à s'y rendre avec un mot spécifique chaque fois que vous l'y emmenez. Dirigez-le à l'aide de cet ordre de façon répétitive, et aidez en outre votre chiot en associant l'acte d'élimination à un autre ordre particulier tel que « Fais tes besoins », que vous donnez pendant qu'il s'exécute. Bientôt il saura quand et où aller, simplement en entendant ces ordres. N'est-ce pas commode ?

Établissez une association avec le clicker

Pour accélérer l'apprentissage de la propreté, utilisez un clicker. Le clicker souligne le moment où votre chiot coopère par l'émission d'une sorte de craquement, que vous faites suivre de la remise d'une friandise. Par exemple, trouvez un biscuit pour chien dont votre chiot raffole, et récompensez le après le clic au moment où il élimine au bon endroit.

Astuce

Choisissez un petit endroit discret, soit proche de la maison, soit dans une pièce calme et retirée. Tout comme les gens, les chiens n'aiment pas faire leurs besoins dans un espace découvert, et il ne faut pas leur apprendre à errer pour éliminer. L'élimination mettant les chiots dans une position vulnérable, il vaut mieux choisir un endroit privé.

De la régularité

À retenir

La régularité est le fondement de toute habitude – notamment celle de la propreté ! Faites comprendre à votre famille et à vos amis les points ci-après :

» Où emmener votre chiot faire ses besoins

» Quand l'emmener faire ses besoins

» Quels sont les signes comportementaux (va-et-vient, sorties brusques, mordillements) annonçant son envie

» Votre itinéraire jusqu'à l'endroit désigné, accompagné de rituels sonores et/ou d'un ordre verbal ou gestuel

» Vos paroles rituelles pendant l'élimination, telles que « Fais tes besoins »

L'établissement d'une structure et d'une routine

Vous pouvez éduquer certains chiots en quelques jours. Mais pour d'autres, cet apprentissage peut prendre des mois. Voici comment vous pouvez instituer une routine cohérente :

» **Régularisez l'attention et les promenades**. Le plus important est de comprendre l'intérêt des reconnexions différées. Quand votre chiot s'éveille d'un petit somme (à n'importe quel moment de la journée), ne le saluez pas, ne le caressez pas, ne lui parlez pas. Dirigez-le simplement avec l'ordre approprié, tel que « Dehors », « Ascenseur » (si vous habitez dans un immeuble), ou « Journaux ». Renouez tendrement avec lui dès qu'il a fait ses besoins.

» **Établissez un itinéraire**. Suivez toujours le même chemin jusqu'à l'endroit approprié. Insistez pour que tout le monde utilise ce même itinéraire. Sortez toujours par la même porte jusqu'à ce que le chiot soit complètement habitué à la propreté. Ne le portez pas jusqu'à l'endroit où il fait ses besoins. Faites-le marcher pour qu'il apprenne à faire le parcours de lui-même.

» **Pas de vagabondage**. Une fois arrivé sur place, ignorez votre chiot jusqu'à ce qu'il élimine. Ne marchez pas un peu partout en le laissant renifler ou faire ses besoins aux abords de la maison du voisin.

» **Gravez la mémoire comportementale**. Tandis que votre chiot élimine, utilisez un second ordre tel que : « Fais tes besoins ! » Après avoir entendu cette expression pendant un mois, votre chiot devrait être en mesure de s'exécuter sur ordre.

» **Ne soyez pas avare d'éloges**. Quand votre chiot a fait, saluez, complimentez, et promenez-le comme d'habitude.

Figure 8-1 Pour réussir l'apprentissage de la propreté, établissez une routine.

L'adoption d'un horaire pour les besoins

Combien de pauses pour les besoins sont-elles nécessaires à votre chiot ? Cela dépend. Les très jeunes chiots – moins de 12 semaines – peuvent avoir besoin de sortir chaque heure ou toutes les deux heures. Les chiots plus âgés peuvent se retenir nettement plus longtemps.

À retenir

Respectez les ordres de grandeur suivants :

Âge du chiot	Nombre de sorties par jour
6 à 14 semaines	8 à 10
14 à 20 semaines	6 à 8
20 à 30 semaines	4 à 6
30 semaines à l'âge adulte	3 à 4

Les chiens de tous âges ont besoin d'interaction, donc n'oubliez pas que les temps de jeu sont extrêmement importants toute la journée. Si vous travaillez en dehors de chez vous, essayez de rentrer chez vous pour déjeuner ou faites appel à un promeneur de chiens pour partager en deux la journée de votre chien. S'il a la possibilité de bien courir à midi, votre chien devrait pouvoir supporter d'être enfermé pendant que vous êtes hors de chez vous.

À retenir

Si vous travaillez hors de chez vous, faites attention : si vous attendez que votre chiot retienne sa vessie tandis que vous êtes absent dans la journée, vous serez déçu. Les muscles de la vessie des chiots ne sont pas à la hauteur d'un pareil exploit. Si vous devez abandonner votre chiot toute la journée, préparez un espace qui lui permet de s'étendre confortablement, et qui comporte un endroit pour ses besoins. Cependant, pensez que votre chiot ne comprendra plus très bien pourquoi vous lui demanderez de sortir pour faire ses besoins quand vous êtes chez vous.

Astuce

Si possible, planifiez l'accueil du nouveau chiot de telle sorte qu'il coïncide avec vos vacances. Cette période initiale d'attachement réciproque et d'éducation est une manière idéale de commencer votre vie commune !

Changer les habitudes

Cessez progressivement de l'escorter jusqu'à l'endroit des besoins en laissant d'abord tomber la laisse en cours de route. Pour commencer, marchez à côté de lui, et arrêtez-vous aux trois quarts du chemin, puis à mi-chemin, puis à un quart du chemin, avant de cesser de l'accompagner et de lui permettre d'aller de lui-même jusqu'à son emplacement pour les besoins.

Aidez votre chiot à communiquer son besoin de sortir

Les besoins d'un jeune chiot peuvent le perturber. Juste avant d'éliminer, il sait que quelque chose se passe en bas dans la région de la vessie, mais il ne sait pas vraiment quoi. Après tout, il vient d'être mis au monde.

Parole de chiot

Dans le cas d'un besoin pressant, un jeune chiot se met souvent à gémir, à tourner en rond, ou à mordre. Mordre est la réaction la plus courante – considérez cela comme une façon saine de solliciter votre aide. Même si vous souhaitez lui enseigner plus tard un signal plus civilisé, pour l'instant, songez que les mordillements d'un jeune chiot peuvent souligner son envie de faire ses besoins. Dirigez-le par les mots « Dehors ! » ou « Journaux ! » Quoi que vous fassiez, ne le corrigez pas.

En grandissant, votre chiot acquerra un meilleur contrôle de sa vessie et deviendra capable d'identifier un besoin pressant.

Utiliser des journaux plutôt que de sortir

Vous pouvez décider que vous allez apprendre à votre chiot à faire ses besoins sur des journaux. Autrement dit, vous voulez qu'il aille faire ses besoins à un endroit à l'intérieur de la maison au lieu de lui apprendre à sortir.

Astuce

Apprendre à faire les besoins sur des journaux est une solution appropriée si vous avez un petit chiot, si vous habitez dans un appartement, si vous avez un handicap physique ou si vous n'aimez pas sortir. Cet apprentissage a plusieurs points communs avec l'éducation à la propreté à l'extérieur :

» Utilisez systématiquement le même endroit pour les besoins.
» Utilisez un mot ou une expression – comme « Journaux » – en conduisant votre chiot à l'endroit choisi.
» Après avoir amené le chiot à l'endroit voulu, ignorez-le jusqu'à ce qu'il élimine.
» Au moment où votre chiot est en train d'éliminer, utilisez un mot ou une expression comme « Fais tes besoins ».
» N'utilisez pas l'endroit comme zone d'interaction ou de jeu.

À retenir

L'apprentissage de la propreté avec des journaux reste cependant différent puisque les journaux sont à l'intérieur de la maison. Si vous choisissez les journaux, gardez-les loin des bols de nourriture et d'eau du chiot et des endroits où il dort. Placez-les dans un endroit retiré, comme un coin de la cuisine ou de la salle de bains, sur une surface non absorbante (carrelage, linoléum ou bois imperméabilisé), qui soit aisément accessible pour votre chiot, même si vous n'êtes pas chez vous.

Apprentissage mixte : aller dehors ou à l'intérieur pour faire ses besoins

À retenir

Ce scénario est idéal pour les gens qui travaillent ou pour les régions subissant des conditions météorologiques extrêmes. Cette approche mixte est un peu plus difficile à faire comprendre à votre chiot, mais on peut faire adopter n'importe quelle habitude à condition d'être cohérent. Il vous suffit d'indiquer clairement ce que vous attendez – qu'il élimine sur du papier quand vous n'êtes pas là ou en cas d'intempéries extrêmes, dehors dans tous les autres cas – et il finira par suivre les habitudes. Voici quelques suggestions :

» Établissez l'habitude de sortir quand vous êtes chez vous et par tous les temps, sauf intempéries extrêmes.
» Quand vous n'êtes pas chez vous, placez votre chiot dans une petite pièce ou un parc de jeu avec des journaux ou une autre matière absorbante. Nettoyez-les devant votre chiot (pour renforcer l'élimination au bon endroit) calmement en rentrant chez vous et vaquez à vos occupations habituelles. Gardez votre chiot près de vous s'il essaie de s'aventurer pour aller faire ses besoins ailleurs dans la maison.
» En cas de sérieuses intempéries, placez les journaux dans un lieu retiré à l'intérieur de la maison, de préférence dans le garage ou une buanderie, dans l'entrée ou près de la porte de sortie. En approchant de cet endroit, criez « Journaux ! » et mettez-les en place.

Si votre chiot n'élimine pas dans les cinq minutes, emmenez-le, mettez-le dans son parc, en laisse, ou maintenez-le tranquille d'une autre manière pendant 5 à 15 minutes avant d'essayer de nouveau. Non seulement vous éviterez ainsi un accident, mais aussi vous aiderez le chiot à renforcer les muscles de sa vessie et son aptitude à « se retenir ».

Pour réussir l'apprentissage de la propreté

Si vous définissez votre rituel et l'expliquez à toutes les personnes participant à l'opération, votre chiot apprendra la propreté beaucoup plus vite !

» **Commencez par un petit espace isolé.** La plupart des chiens jeunes ou non éduqués ne souillent pas la surface qui les entoure immédiatement, c'est pourquoi vous avez intérêt à confiner votre chiot. Mettez-le dans sa cage de transport pour la nuit, quand vous êtes sorti, ou attachez-le à son emplacement de la manière indiquée au chapitre 4. Lorsqu'il a appris les règles, vous pouvez lui accorder plus de liberté, mais de manière graduelle.

» **Nettoyez discrètement après tout accident.** Ne laissez pas votre chiot vous voir en train de nettoyer les saletés qu'il a faites. Il y verrait une acceptation soulignée par votre dévouement, et une invitation à recommencer. Isolez votre chiot dans une autre pièce ou en compagnie d'un membre de la famille pendant que vous nettoyez.

» **Neutralisez l'odeur.** Votre chiot a un nez très sensible. Il retournera automatiquement aux endroits où son odeur est concentrée. Utilisez une formule que vous trouverez dans un magasin pour animaux de compagnie ou un mélange moitié vinaigre et moitié eau pour éliminer l'odeur.

À retenir

» **Savoir quand les corrections ont un effet.** Si vous découvrez votre chiot en train d'éliminer, surprenez-le. Tapez dans vos mains en disant : « Hep, hep, hep ! » Après avoir interrompu votre chiot, adoptez une posture plus calme et dirigez-le tranquillement vers l'endroit approprié comme si rien n'était arrivé. Quand il a fini, félicitez-le.

» **Si votre chiot fait ses besoins dans la maison, éliminez les friandises.** Si vous lui donnez à manger de façon sporadique dans la journée, ses besoins d'élimination deviendront aléatoires.

Attention !

» **Surveillez son absorption d'eau.** Les chiots, surtout très jeunes, boivent trop d'eau s'ils s'ennuient ou sont énervés. Si vous avez des problèmes de propreté avec votre chiot, contrôlez ce qu'il boit en lui donnant accès à son bol d'eau à l'heure des repas et avant de l'emmener à l'endroit prévu pour éliminer.

» **Veillez à ne pas déshydrater votre chiot.** S'il halète ou devient léthargique, donnez-lui un bol d'eau.

DANS CE CHAPITRE

Préparez votre chiot à la liberté complète

Habituez votre chiot à vos allées et venues

Les déplacements en voiture

Emmenez votre chiot en public

Apprenez à votre chiot à dire bonjour poliment

Chapitre 9

Enseigner l'art de bien se tenir tous les jours

Un chiot bien élevé est un invité accueilli avec plaisir, un compagnon quand vous regardez un défilé ou participez à un pique-nique, et un fan supplémentaire à l'occasion d'un match après l'école. Malheureusement, votre chiot n'apprendra pas tout seul les bonnes manières, et il sera influencé (en bien ou en mal) par toutes les personnes qui l'entourent.

La clé de l'apprentissage de l'étiquette à un chiot est de bien fixer les objectifs et d'en faire part à vos proches et vos amis – et même à des inconnus. Considérez ce chapitre comme une façon d'envoyer votre chiot suivre un cours à « L'école d'étiquette de miss Sarah », laquelle dispense un enseignement à court terme assurant à long terme des libertés et des récompenses.

Éduquez votre chiot une pièce après l'autre

Accorder à votre chiot une liberté complète de mouvement avant qu'il ne soit éduqué peut être une grave erreur ! Vous obtiendrez les meilleurs résultats en l'éduquant une pièce après l'autre. À moins que vous ne vouliez que votre chiot considère votre demeure comme un immense terrain de jeu, préparez pour lui un emplacement dans chaque pièce et consacrez quelques jours pour lui faire comprendre pas à pas ce que sont vos attentes.

Faites-le en le tenant en laisse, pour qu'il ne cède pas à la tentation de partir comme une flèche. Accordez-lui progressivement plus de liberté, quand vous lui aurez d'abord permis de se déplacer avec une laisse qui traîne depuis son collier (voir chapitre 4).

À retenir

Bien que les premiers jours de leçons d'étiquette impliquent de garder votre chiot en laisse, considérez que cette approche vise moins à le contrôler qu'à le guider en le tenant par la patte. Ces techniques lui apprendront à contenir ses impulsions et le feront accéder sans à-coups à la liberté de mouvement dans la maison.

La laisse

Le principe de la laisse consiste à guider votre chiot dans la maison en le tenant en laisse. Vous pouvez attacher la laisse à votre taille ou la tenir confortablement dans la main, en utilisant des ordres spécifiques tandis que vous vous déplacez ensemble. J'appelle ces ordres répétés souvent des *ordres fondamentaux*. Finalement, votre chiot réagira à ces ordres sans la laisse. D'ici là, vous devez le conduire.

À retenir

Plus tôt vous habituerez votre chiot à votre maison, plus vite il deviendra mature. Comme les enfants, les chiots s'adaptent plus facilement à de nouvelles expériences quand ils sont jeunes.

La liste suivante vous indique ce qu'il faut faire pour commencer immédiatement l'apprentissage de l'étiquette :

1. **Assurez-vous que vous disposez du bon collier.**

   Astuce

   Si vous ne savez pas quel collier convient à votre chiot, examinez les options disponibles, en consultant le chapitre 4 ou en rendant visite au site http://www.animalinboutique.fr. Jusqu'à ce que votre chiot atteigne l'âge de 16 semaines, utilisez un collier normal à boucle, ou un harnais d'éducation à la marche et un licol pour chien si nécessaire.

2. **Tenez la laisse ou attachez-la à votre taille comme une ceinture.**

   Disposez la laisse de sorte que la partie reliée au chiot aboutisse à la hanche gauche si vous voulez qu'il marche à votre gauche, ou à la hanche droite si vous voulez qu'il marche à votre droite. Prévenez vos amis et vos proches qu'ils doivent faire comme vous pour éviter un manque de cohérence qui troublerait votre chiot.

3. **Pour enseigner à votre chiot des manières convenables lorsqu'il est en laisse, emmenez-le dans un couloir ou une pièce dégagée. Mettez-vous à marcher.**

4. **Dès l'instant où le chiot passe devant vous, appelez-le par son nom et tournez dans l'autre direction.**

   Félicitez-le, même si vous ressentez une secousse.

5 **Continuez de vous éloigner de lui jusqu'à ce qu'il fasse attention à son nom et cesse d'essayer de se précipiter devant.**

N'oubliez pas que vous enseignez à votre chiot de vous suivre, et en cas de conflit (s'il veut tourner à droite quand vous voulez aller à gauche), prenez toujours la direction que vous avez choisie et encouragez-le à vous suivre.

Attention !

Si le chien prend la laisse dans sa gueule, tirez-la vers *l'intérieur* de sa gueule et ignorez-le. Accordez-lui votre attention et complimentez-le quand il coopère.

6 **Tout en promenant votre chiot un peu partout, commencez à utiliser vos ordres fondamentaux (voir la section suivante « Enseigner les ordres fondamentaux en conduisant »). Encouragez tout le monde à utiliser ces mêmes ordres.**

À retenir

Pour donner des ordres, parlez clairement, ne donnez les ordres qu'une fois, et articulez les syllabes parce que les chiots comprennent les sons, non les mots.

Enseigner les ordres fondamentaux en conduisant

Voici six ordres fondamentaux par lesquels vous pouvez commencer :

» **« < Son Nom >, suis-moi. »**. Donnez cet ordre chaque fois que vous commencez à marcher ou que vous changez de direction. Quand vous tournez, gardez la tête droite et ne regardez pas votre chiot jusqu'à ce qu'il tourne avec vous.

Si votre chien ou chiot n'est pas entraîné à porter une laisse, mettez des biscuits dans une tasse, mettez le chien en laisse, et secouez la boîte de récompenses en marchant d'un endroit à l'autre, en l'encourageant à vous suivre par les mots : « < Son Nom >, suis-moi ! » Puis ramassez la laisse et continuez à marcher avec la tasse. Arrêtez-vous environ tous les 6 mètres et donnez une friandise au chien.

Figure 9-1 La boîte de récompenses peut être très utile lors des séances d'apprentissage.

Dire s'il te plaît (en quelque sorte)

Non, vous ne pouvez pas apprendre à votre chiot à dire littéralement « S'il te plaît », mais il peut signaler par un geste qu'il veut quelque chose. Si vous incitez systématiquement votre chiot à se mettre « Assis » quand vous lui offrez une chose perçue comme positive, il s'assiéra quand il veut quelque chose, aussi normalement que la plupart des chiens sautent en pareil cas. Voici quelques situations où vous voulez que votre chiot dise « S'il te plaît » :

» En recevant un repas, des friandises, et de l'eau.

» Avant le lancement d'une balle ou l'offre d'un jouet.

» Avant l'ouverture d'une porte pour entrer ou sortir.

» Si votre chiot veut une chose posée sur un comptoir ou une table.

» Avant d'entrer dans la voiture ou d'en sortir.

» Au cours de toutes les salutations.

» Lors de la présentation à des enfants ou des adultes.

Si votre chiot ne s'assied pas automatiquement, positionnez-le simplement selon la technique décrite sous la section « Enseigner les ordres fondamentaux en conduisant ».

» **« Assis »**. Utilisez cet ordre chaque fois que vous offrez à votre chien quelque chose de positif comme de la nourriture, un éloge, un jouet ou une tape amicale. Donnez l'ordre une fois seulement parce que les chiots comprennent les sons et non les mots, de sorte que « Assis-Assis-Assis » paraît très différent de « Assis ».

Astuce

Votre chiot est-il seulement en train d'apprendre « Assis » ? Pour le positionner convenablement, évitez d'appuyer sur sa colonne vertébrale. Avec la main droite, levez doucement son menton ou tirez vers le haut avec le collier, en même temps que vous pincez gentiment sa taille entre votre pouce et votre index gauches. Ce point de pression lui fait prendre la position convenable sans appuyer sur son squelette.

Figure 9-2
Le bon geste pour inciter votre chiot à s'asseoir.

- **« Attends » et « C'est bon »**. Chaque fois que vous passez un seuil ou que vous traversez une zone où la circulation est intense, donnez-lui l'ordre « Attends », et amenez le chien derrière vous avec sa laisse. Il peut s'exciter, et donc attendez qu'il se calme avant de lui dire : « C'est bon. » Veillez à ce que vos pieds franchissent le seuil en premier.
- **« Pardon »**. Utilisez cet ordre chaque fois que votre chiot traverse devant vous ou derrière vous. Servez-vous-en également s'il se presse contre vous ou vous bloque le passage. En disant : « Pardon », repoussez doucement votre chiot en dehors de votre chemin avec le pied ou le genou (les mains sont perçues comme interactives).
- **« À ta place »**. Apprendre à votre chien à se coucher tranquillement dans un nouvel environnement n'est pas une tâche aisée. Lisez la section suivante sur « l'ancrage » et « le stationnement », et bientôt votre chien se calmera à la demande.

Remédier aux résistances pendant la conduite

Certains chiens aiment à imiter les mules et enfoncent les talons dans le sol pour tenter de stopper le mouvement quand ils sont en laisse. Ce comportement vient soit de l'insécurité provoquée par la laisse (traitée plus loin dans ce chapitre), soit d'une forme de résistance passive. Votre chiot espère vous voir vous retourner et lui accorder beaucoup d'attention, mais n'en faites rien. Voici deux approches possibles pour lutter contre cette habitude – selon le chiot et la situation :

» **Continuez d'avancer**. Ne vous retournez pas. Sautillez, sautez et vantez la qualité de l'air devant vous tout en marchant un peu plus vite : votre chiot résistera au début mais ensuite se mettra à courir pour vous rattraper. Quand il vous rattrape, complimentez-le avec joie et continuez. Cette méthode marche bien avec les grandes races qui ont la réputation d'être têtues.

» **Agenouillez-vous vers l'avant**. Si vous avez affaire à une race plus délicate ou à un chiot au tempérament timide, agenouillez-vous devant votre chiot (en vous tournant vers l'avant) quand il se met à freiner. Tapotez le sol ou secouez une tasse de friandises et encouragez-le à vous suivre. Quand il vous suit, félicitez-le chaleureusement. Puis allez jusqu'au bout de la laisse et recommencez. Il vous rattrapera bientôt.

À retenir

N'accordez jamais d'attention à votre chiot en cas d'arrêt entêté, et ne le prenez surtout jamais dans les bras.

L'ancrage

Quand vous conduisez votre chiot ici et là, vous pouvez avoir besoin de vous asseoir pour parler au téléphone, travailler sur l'ordinateur ou accueillir des visiteurs. Si vous libérez votre chiot, obsédé par le désir d'attirer votre attention, il peut déchaîner une tempête. Voici comment faire :

Astuce

1. **Le chiot étant attaché sur votre côté, faites passer le mousqueton de la laisse à la hauteur de votre coccyx et asseyez-vous sur la partie libre de la laisse.**
2. **Laissez assez de longueur pour que votre chien se couche confortablement derrière vos pieds et offrez-lui un jouet favori à mâchouiller.**
3. **Donnez l'ordre « À ta place » et caressez et félicitez le chiot quand il s'exécute.**

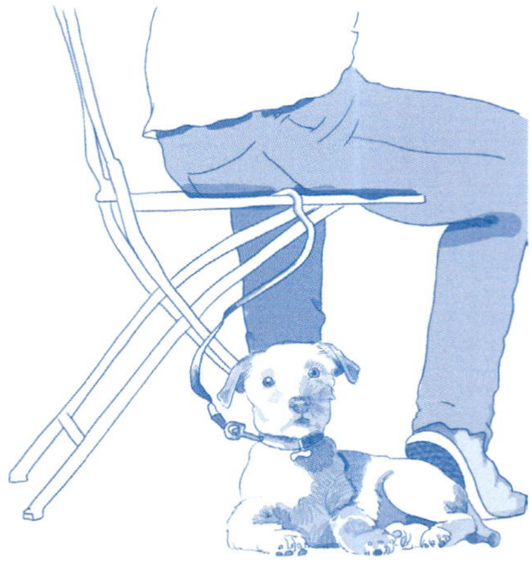

Figure 9-3
Apprenez à votre chiot l'ancrage.

Le stationnement

Dans la mesure du possible, utilisez la technique du stationnement pour garder le chiot avec vous, lui apprendre comment se comporter dans chaque pièce, et être sûr qu'il peut communiquer avec vous s'il a besoin de sortir.

Attention !

Votre chiot doit être âgé d'au moins 12 semaines pour que vous puissiez commencer le stationnement. En attendant, la surveillance, le séjour dans le parc à chiot, et la liberté dans une pièce sûre sont les meilleures solutions. Les jeunes chiots sont curieux, impulsifs et... maladroits. Ils peuvent se mettre dans des situations dont ils ne peuvent plus se sortir.

À retenir

Pour déterminer le temps pendant lequel vous pouvez faire rester en place votre chiot, vous devez prendre en compte son âge et son état d'esprit. Si votre chiot, après être resté endormi à son emplacement pendant une heure, se lève brusquement et devient agité, il a probablement besoin d'aller faire ses besoins. S'il ronge un os pendant 15 minutes, puis commence à sauter comme un kangourou, c'est probablement qu'il déborde d'énergie et a besoin de jouer.

Pour apprendre à votre chiot à rester en place, vous devez d'abord sélectionner vos emplacements. Allez dans chaque pièce où vous voulez que votre chiot se comporte correctement et choisissez un emplacement où il pourra s'installer – peut-être près du canapé dans la pièce où vous regardez la télévision, mais à l'écart de la table de la salle à manger. Placez-y un coussin ou une couverture confortables et un jouet qu'il aime mâchouiller. Grâce à quoi votre chiot reconnaîtra l'endroit comme sa place réservée, sa « station ». Les chiots aiment avoir un endroit à eux.

Attention !

Les chiots s'agitent, et vous devez penser à les installer loin des escaliers, des fils et des prises électriques et d'autres entraves. Soyez sûr que l'objet auquel vous attachez votre chiot soit inamovible, robuste et ne puisse pas se renverser. S'il n'y a pas d'objet où vous puissiez attacher la laisse, fixez un piton dans le mur pour l'y accrocher.

Quand vous attachez votre chiot, limitez sa liberté de mouvement à un peu moins d'un mètre pour l'encourager à rester calme et l'empêcher de faire des dégâts ou de souiller la pièce. La raison d'être de la station, comme celle du parc à chiot, est d'apprendre à votre chiot à rester tranquille ou à mâchonner ses jouets. S'il grignote sa laisse, utilisez un spray répulsif pour chien, ou encore une laisse faite de chaînons métalliques.

Votre chiot finira par aller naturellement jusqu'à son emplacement. Mais au début vous devrez l'y attacher, jusqu'à ce qu'il ait appris à s'y rendre. Attachez-le toujours par son collier. Si vous utilisez une laisse d'apprentissage, passez la laisse autour d'un objet inamovible et rattachez le mousqueton terminal à l'autre extrémité de la laisse.

Quand vous commencerez à pratiquer la procédure de stationnement, conduisez le chiot à son emplacement en le montrant du doigt et en donnant l'ordre « À ta place ». Au début de l'apprentissage, restez avec votre chien. Veillez à son confort et encouragez-le à ronger son os. Ne le quittez que lorsqu'il est occupé à mâchouiller un jouet ou se repose.

Quand vous quittez le chiot, faites-le tranquillement et donnez l'ordre « Attends ». Les brèves absences sont utiles parce qu'elles habituent le chiot à rester seul tout en lui montrant que vous ne l'abandonnez pas. Si votre chiot s'excite quand vous revenez, ignorez-le pour ne pas renforcer ce comportement. Lorsqu'il est calmé, vous pouvez lui accorder votre attention.

Attention !

Certains chiens paniquent au début quand on les fait rester en place. Si c'est le cas de votre chiot, déterminez si sa réaction est une véritable attaque de panique ou simplement une protestation énergique. Vous pourrez le voir parce que des chiens en état de panique ne se focalisent pas sur vous. Au contraire, un chien qui proteste se focalise fortement sur vous et généralement aboie. Ignorez le chien qui proteste. Si votre chiot est vraiment dans un état de panique, ne le laissez à sa place pour commencer que si vous pouvez rester auprès de lui. Encouragez le grignotage d'un os et ne commencez à le quitter que lorsqu'il dort. Il s'habituera bientôt au stationnement.

À retenir

Ignorez bravement tout gémissement ou aboiement, à moins que votre chiot ne veuille vous faire comprendre un besoin (par exemple, vous avez sauté un repas, une sortie ou une session de jeu). S'il aboie et si vous le réconfortez, vous lui apprenez une leçon qu'il retiendra aussitôt et que vous aurez du mal à lui faire oublier. Dans le même ordre d'idées, ne libérez le chiot d'un emplacement que s'il est calme et silencieux. Vous risquez autrement de renforcer un comportement négatif.

Ding dong ! Comportement courtois envers des visiteurs

Pour commencer, soyez rigoureux dans la mise en œuvre de la nouvelle approche, et ferme avec ceux qui vous entourent. Demandez-leur de vous aider à enseigner à votre chiot la règle « des quatre pattes » pour qu'il dise bonjour sans sauter : votre chiot doit garder ses quatre pattes en contact avec le sol. Après avoir éduqué les humains, suivez les suggestions ci-après pour apprendre à votre chiot comment se comporter quand on sonne à la porte :

» **Aménagez un poste d'accueil.** Désignez un emplacement près de la porte, où vous enverrez votre chiot à l'arrivée de visiteurs. Attachez une laisse à cet endroit et placez-y un jouet ou un os favori du chiot. Réalisez les mises en scène décrites au paragraphe suivant et attachez le chiot à cet emplacement quand la sonnette retentit.

À retenir

Règle pour toute la maison : chacun doit ignorer le chiot jusqu'à ce qu'il soit calme – même si cela prend une heure.

» **Pratiquez des exercices de sonnette**. Placez quelqu'un à la porte et demandez-lui de faire marcher la sonnette 10 fois à des intervalles de 10 secondes ; dites au visiteur que vous ouvrirez la porte à la dixième sonnerie. Entre la première et la dixième sonnerie, promenez votre chiot dans la maison comme s'il ne se passait rien. Puis emmenez-le au poste d'accueil quand vous allez ouvrir la porte. Pratiquez ces exercices deux fois par jour jusqu'à ce que votre chien modère sa réaction.

Astuce

Si votre chien est vraiment très excité, augmentez son envie de modérer son comportement à l'aide d'un clicker en cliquant dès qu'il s'apaise et en le récompensant avec une friandise très appétissante ; recommencez plusieurs fois.

» **Procédez à la contre-réaction**. Attachez une laisse de 1,20 m au collier en Nylon de votre chiot. Faites un nœud à cette laisse, à 10 centimètres de l'endroit où elle passe au niveau des pieds de votre chien. Avant d'ouvrir la porte, marchez sur le nœud. Votre chiot sautera, mais ce dispositif le tirera vers le bas. Incitez vos visiteurs à ne faire attention au chien que s'il est calme.

» **Prévoyez un jouet de salutation**. Si votre chiot est fanatique de la balle de tennis (ou de tout autre jouet), privez-le de ce jouet jusqu'au moment où vous avez des visiteurs. Chaque fois que vous rentrez chez vous ou que des visiteurs se présentent, attendez que le chiot soit calmé, et quand il est calme, donnez-lui le jouet en disant « Jouet ». Il finira par aller chercher le jouet dès qu'il remarquera une arrivée.

Apprenez à votre chiot à vivre tranquillement les départs et les arrivées

À retenir

Quand votre chiot est seul, il y a des risques pour qu'il éprouve une anxiété due à la solitude. Votre chiot s'en remettra, à condition que vous restiez calme et que vous le traitiez de manière cohérente chaque fois que vous partez et que vous revenez.

Le départ : pas de drame, s'il vous plaît

Quand vous quittez votre chiot, restez impassible. Si vous avez du mal à capturer votre chiot à la dernière minute, faites-lui traîner une laisse de 1,20 m avant votre départ. Quand arrive le moment de vous en aller, allez tranquillement au bout de la laisse, conduisez-le calmement à son espace clos, et n'oubliez pas de détacher la laisse avant de partir.

Astuce

Si vous remarquez que le fait de prendre vos clés ou votre manteau déclenche son anxiété, mettez fréquemment en scène un départ, mais restez chez vous et jouez avec votre chiot au lieu de vous en aller. Bientôt le bruit des clés prendra d'autres significations, et l'anxiété ne sera plus la seule chose qui occupera son esprit. Quand vous partez pour de bon, donnez-lui un jouet favori qui l'occupera tandis que vous gagnez la porte.

Quand vous partez, dites quelque chose comme « Je reviens » tout en conduisant tranquillement le chien à l'endroit où il vous attendra. Vous pouvez lui donner quelques friandises ou le caresser tendrement, mais évitez toute manifestation d'émotion ! Je sais, les chiots peuvent réellement vous émouvoir avec leurs aboiements frénétiques, leurs pleurs incessants, et leurs yeux qui vous fixent avec une douceur angélique. Mais votre attitude calme sera contagieuse et préparera l'évolution au terme de laquelle vous pourrez laisser à votre chiot une complète liberté de mouvement dans la maison pendant vos absences.

Le retour : restez cool

Bon, vous êtes parti une heure, ou deux, ou peut-être trois. Votre chiot ne peut mesurer le temps qui passe aussi bien que vous, mais une vessie pleine ou un estomac affamé peuvent effectivement faire pression sur lui. Selon toute vraisemblance, il a fait un somme reposant et sera ravi de vous voir.

À retenir

Si votre chiot est excité à votre retour, ignorez-le purement et simplement. S'il est derrière une barrière (dehors ou dedans), il s'appuiera vraisemblablement dessus ou la griffera. Ne le regardez pas, ne lui parlez pas, ne le touchez pas. Oui, il sera extrêmement troublé – surtout si vous avez provoqué ce comportement en le libérant immédiatement. Mais les choses changeront rapidement : en quelques jours ou semaines. Quand votre chiot s'est suffisamment calmé, relâchez-le, mais restez calme et posé. Toute manifestation d'excitation de votre part déclencherait une crise. Agenouillez-vous près de votre chiot, caressez-le ou jetez-lui un jouet. Si vous le retrouvez de la manière dont vous aimeriez être accueilli en vous éveillant après un petit somme, vous en ferez un chien par lequel tout le monde aimerait être accueilli en rentrant chez soi.

Les chiens autour de la table

Astuce

Lors de vos propres repas, réservez un emplacement à votre chiot, à un ou deux mètres de la table, où il pourra rester assis ou jouer tandis que vous et votre famille prenez vos repas. Si vous avez déjà encouragé des interruptions, il est certain qu'il ne restera pas tranquille dès le début. Vous devez alors l'attacher à cet endroit, de la manière décrite plus haut dans ce chapitre. S'il a toujours du mal à se tenir tranquille, faites-lui prendre de l'exercice et jouez avec lui juste avant vos repas, et mettez de côté pour lui un jouet spécial ou quelque chose à ronger que vous lui donnerez seulement pendant vos repas.

À retenir

Regarder votre chiot revient à l'inviter à participer au festin. Pour encourager les bonnes manières canines, ignorez-le pendant que vous mangez. Je sais que cela vous paraît dur, mais vous devez lui apprendre que c'est le moment de somnoler ou de rattraper tranquillement son retard de grignotage.

En ce qui concerne les repas de votre chiot, apprenez-lui à s'asseoir et à attendre tandis que vous préparez sa nourriture. S'il ne partage pas vos idées sur ce point, marchez sur sa laisse – en lui laissant juste assez de liberté de mouvement pour rester assis ou debout. Ignorez son excitation et ne posez sa nourriture par terre que lorsqu'il est calmé.

Figure 9-4 Attendez que votre chiot soit assis et calme pour poser sa gamelle.

Des déplacements en voiture calmes et heureux

Parole de chiot

Mettez-vous à la place de votre chiot. Pour lui, votre automobile est une vitrine sur roues. Pour vous, dépasser des voitures, vous arrêter pour laisser passer des bicyclettes et freiner pour ne pas écraser un écureuil sont autant d'actions ordinaires, alors qu'elles exacerbent les instincts de poursuite et de territoire de votre chiot. Quand il aboie ou se précipite, les proies (les voitures, les bicyclettes et les écureuils) se sauvent et disparaissent. Il pense donc être chaque fois victorieux, un champion ! Non seulement les proies s'en vont, mais elles s'enfuient à toute vitesse. Si votre intention est de l'emmener faire une promenade réussie, l'apprentissage des bonnes manières doit commencer au cours du trajet jusqu'à la promenade. Attachez votre chiot à l'intérieur de la voiture, distrayez-le avec un os ou un jouet qu'il mâchouillera, et vous arriverez l'un et l'autre en bonne forme à destination.

Installer le chiot dans la voiture

Appliquez cette méthode chaque fois que vous allez en voiture avec votre chiot :

1. **Conduisez votre chiot jusqu'à la voiture au moyen des ordres « Au pied » et « Suis-moi ».**
2. **Ouvrez la porte de la voiture et dites « Attends », puis arrêtez-vous.**
3. **Dites « À ta place » et dirigez le chiot jusqu'à un emplacement préparé pour lui dans la voiture ou dans une cage de transport.**

   Un emplacement dans une voiture est comme tout emplacement aménagé pour le chiot dans la maison. Marquez-le par un tapis et des jouets, et attachez une laisse à un collier pour empêcher le chiot de trop bouger et de s'agiter pendant que vous conduisez. Pensez à utiliser le harnais de sécurité.
4. **Attachez votre chiot (voir les options décrites au chapitre 7), montrez-lui un jouet et dites-lui « Pas bouger ».**

   Vous pouvez maintenant vous rendre à votre destination. Les choses se passent toujours mieux quand elles sont organisées.

À retenir

Si votre chiot aboie dans la voiture, restreindre ses mouvements diminuera la tension et vous permettra un trajet plus calme.

Astuce

Et si votre chien refuse de sauter dans la voiture ? S'il est tout petit, sa répugnance est compréhensible. Si en revanche, il s'agit d'un danois de 55 kg, c'est que vous le lui aurez appris. Vous devez réagir et surtout ne plus jamais le soulever pour le mettre dans la voiture. Si vous le faites, vous le mettez dans un état d'incapacité volontaire. Conduisez-le jusqu'à la voiture, en emmenant certaines de ses friandises ou personnes préférées, et essayez de le faire entrer en l'appâtant. S'il ne se laisse pas convaincre, allez dans la voiture, et tout en lui offrant une friandise, tirez-le doucement vers vous. Vous n'y arrivez toujours pas ? Faites intervenir un ami, passez-lui la laisse dans la voiture, et demandez-lui de tirer tandis que vous encouragez le chien à avancer. S'il résiste encore, entrez physiquement chaque membre dans la voiture, l'un après l'autre, mais vous ne devez absolument pas le soulever.

Faire sortir le chiot de la voiture

Parole de chiot

Vous arrivez enfin à votre destination, et le moment est venu de faire sortir votre chiot de la voiture. Ici encore, du point de vue du chiot, la situation est assez excitante – nouvelles choses à voir, nouvelles odeurs, nouveaux visages. S'il ne fait pas attention à vous ou n'écoute pas vos ordres, ne prenez pas la chose en mauvaise part. Votre défi est de retenir son attention. Voici comment faire :

1. **Avant d'ouvrir la porte pour qu'il sorte, donnez-lui l'ordre « Attends ».**

Figure 9-5
Utilisez l'ordre « Attends » pour que votre chiot ne se précipite pas à l'ouverture de la portière.

2. **S'il s'élance, attrapez la laisse de la voiture, dites « Non » et tirez-le en arrière.**
3. **Redonnez l'ordre « Attends » et attendez qu'il se calme.**
4. **Attachez-le à une laisse et dites « C'est bon » en le laissant sortir.**
5. **Donnez-lui l'ordre « Au pied » ou « Suis-moi » tandis que vous l'emmenez à vos côtés, puis poursuivez votre aventure.**

Le mal de voiture et la peur

À retenir

Certains chiens ont vraiment peur en voiture. La cause remonte généralement à des transports effectués lorsqu'ils étaient tout petits, mais leur frayeur peut aussi se déclencher plus tard dans leur vie. Si votre chiot a peur de la voiture, évitez de le rassurer ou d'intervenir trop fermement. Ces deux réactions renforcent la peur. Si vous devez l'emmener quelque part, prenez-le dans vos bras, si possible, ou emmenez-le à la voiture tandis qu'il fait un petit somme. Parlez-lui ou chantez doucement en le plaçant dans la voiture. Ayez préparé la voiture un peu à l'avance et allumé la radio avec de la musique classique. Équipez son emplacement d'une couverture habituelle et placez-y un jouet favori.

Certains chiens n'aiment pas la voiture parce que le mouvement dérange leur oreille interne, et, comme les chats, préfèrent rester à la maison. Mais, comme rester tout le temps à la maison est rarement envisageable, vous devez habituer progressivement votre chien aux trajets en voiture. Voici ce que vous pouvez faire :

1. **Réservez et aménagez un emplacement pour votre chiot sur le siège arrière ou dans la partie destinée aux bagages.**

   Une cage de transport est utile si le trajet en voiture rend votre chien anxieux et si votre voiture est assez grande. Mettez toujours un tapis dans la cage de transport pour qu'elle soit plus confortable et pour que le chien ne glisse pas.

2. **Sortez la voiture dans un espace dégagé, et toutes ses portes étant ouvertes, utilisez-la comme terrain de jeu.**

   Montez dans la voiture et descendez-en avec votre chiot tout en suscitant son intérêt au moyen de jouets et de friandises.

3. **Après avoir bien joué, faites une pause dans la voiture, en donnant de l'eau et de la nourriture si c'est l'heure du repas.**
4. **Jouez avec votre chiot au jeu « Trouve la voiture ».**

   Dites à votre chiot « Trouve la voiture » tandis que vous courez jusqu'à la voiture. Récompensez votre chiot s'il vous suit. Continuez avec ce jeu jusqu'à ce qu'il aime bien se trouver près de la voiture.

5. **Après avoir mis le moteur en marche, répétez les étapes précédentes.**
6. **Après un temps de jeu, placez votre chiot à l'intérieur de la voiture dans son parc, ou attachez-le avec sa laisse à son emplacement, et emmenez-le pour un tout petit trajet (par exemple en allant au bout de l'allée de votre propriété et en revenant aussitôt).**

   Répétez cette opération jusqu'à ce que votre chiot la tolère bien.

7. **Faites progressivement des trajets plus longs et envisagez de vous arrêter quelque part pour une joyeuse partie de balle ou une promenade en cours de route, afin d'inciter votre chiot à considérer le trajet en voiture comme une activité désirable.**

Attention !

Si vous devez faire participer votre chiot à un trajet assez long, ne lui donnez pas grand-chose à manger ou à boire dans les deux heures précédant le départ pour qu'il ne se remplisse pas l'estomac ni la vessie. Faites-lui prendre de l'exercice avant de partir et déployez des serviettes à son emplacement. Vous pouvez prier pour qu'il n'ait pas d'accident, mais à votre place j'emporterais des serviettes en papier pour le cas où...

Aller dans la rue : soignez l'image de votre chiot en public

Sortir en public requiert quelque effort, mais avant de commencer, ayez en tête quelques règles universelles :

» **Gardez-le en laisse.** La laisse de votre chiot vous permet de le diriger tranquillement. Ne lui enlevez sa laisse en public pour quelque raison que ce soit. Il y a trop de dangers.

Figure 9-6
Lorsque vous sortez dans la rue avec votre chiot, il doit garder sa laisse en permanence.

» **Ne ménagez pas les encouragements.** La gaieté est contagieuse.

» **Gardez toujours ses pattes derrière vos talons**. Souvenez-vous, vous dirigez, et il suit.

» **Maintenez en permanence la communication**. Les ordres fournissent à votre chiot une structure et une sensation de sécurité.

» **Pas d'élimination en public**. Veillez à ce que l'élimination s'opère chez vous. (Mais apportez un sac pour remédier à un éventuel accident.)

» **Sachez quand dire « Non »**. Vous direz « Non » à votre chiot et à d'autres personnes.

Astuce

Avant d'aller dans les rues pour de bon, vous pouvez vous entraîner dans des endroits où vous pouvez concentrer toute votre attention sur votre chiot. Au bout d'un certain temps, être en public ne vous demandera plus aucun effort, et vous serez bien accueilli partout. Toutefois, votre première apparition en public peut vous exposer à des difficultés inattendues. Vous pouvez penser : « Si sortir en public peut tourner au cauchemar, pourquoi s'en donner la peine ? » Voici trois raisons pour lesquelles vous devez dresser votre chiot à sortir en public :

» C'est de plus en plus facile.

» Il est amusant de partager avec d'autres un chiot bien élevé.

» Être à l'extérieur développe l'attention de votre chiot. C'est vous qui regarderez avec confiance des territoires nouveaux, inexplorés.

À retenir

Quand vous êtes parvenu à votre destination, les cinq premières minutes sont les trois quarts de la bataille. Quel que soit le lieu choisi – un jardin public, une ville, la maison d'un ami, ou un bâtiment –, les premières impressions seront déterminantes. Si vous prenez le contrôle immédiatement et donnez des ordres compréhensibles, le reste n'est plus qu'un battement de la queue.

Supposons par exemple que vous veniez de mettre votre chiot au pied après avoir fermé la porte de la voiture. Sur-le-champ, votre chiot aura l'une des deux réactions suivantes : il deviendra tout fou ou sera terrifié. Continuez à lire pour savoir comment opérer dans chacune de ces deux hypothèses.

Souvenirs des premières sorties

La première sortie en ville avec votre nouveau chiot peut tourner à la catastrophe, mais ne vous découragez pas. Même moi, j'ai eu des mésaventures avec mon chiot, Whoopsie. Elle était un chiot têtu, vif, et joueur qui ne pouvait pas se contrôler. Pire, elle n'avait aucune sensibilité à la laisse, ce qui veut dire que j'avais beau tirer, elle tirait dans l'autre sens. Elle m'a tirée dans des flaques d'eau, par-dessus un banc, et à travers les plates-bandes de fleurs de quelqu'un d'autre, et tout cela lui paraissait parfaitement normal. Lorsque des gens l'entouraient pour la caresser ou quand un autre chien s'approchait, elle m'oubliait complètement. Mais cette première sortie est passée et Whoopsie a appris qu'on attendait d'elle un bon comportement n'importe où, qu'il s'agisse de saluer tante Caroline à la porte ou de rencontrer dix écoliers dans le parc. Les compliments qui m'ont été adressés sur les bonnes manières de Whoopsie m'ont fait oublier mon embarras initial, mais mes débuts étaient loin de la perfection, et les vôtres le seront probablement aussi.

Contrôler le chiot surexcité

Si votre chiot est du genre tout fou, son nez va se contracter à toute allure, il va pivoter vers chaque nouvelle stimulation et il tirera sur la laisse pour examiner chaque brin d'herbe. Il est utile d'avoir recours au harnais d'éducation à la marche, qui l'empêchera de vous tirer vers l'endroit désiré.

- **Dirigez-le sur vos talons (au moyen de l'ordre « Au pied » ou « Suis-moi »).** Maintenez ses pattes derrière vos chevilles.
- **Dites aux inconnus de rester à distance tant que votre chiot n'est pas dressé.** C'est embarrassant, je sais, mais il le faut. Vous ne voulez pas que votre chiot saute et griffe quelqu'un, même si c'est involontaire.

Attention !

Figure 9-7 Demandez aux passants de rester à distance tant que votre chiot n'est pas calme.

- **Renforcez vos demandes.** Si vous demandez « Assis, pas bouger », obtenez « Assis, pas bouger ». Repositionnez régulièrement votre chiot, gardez-le immobile au moyen du maintien en position assise (comme je l'explique plus loin dans ce chapitre).
- **N'en attendez pas trop.** Votre chiot pouvant avoir du mal à se concentrer, remettez-le en place quand il n'écoute pas (même si tout se passe très bien quand il est chez vous).

Donner confiance au poltron

Si vous avez un chiot passif ou peureux, il peut être terrifié en arrivant dans un nouvel endroit. Sa queue peut disparaître (entre ses pattes), son corps peut s'affaisser, et quand il est stimulé, il peut essayer de se cacher derrière vous ou faire pipi sans le savoir. Souvenez-vous seulement qu'en vous penchant pour rassurer votre poltron, vous renforcez sa réaction de peur. Je sais, il est tentant de le rassurer. Toutefois, continuez de vous répéter : « Rassurer augmente la peur. Rassurer augmente la peur. » Au lieu de le rassurer, essayez l'approche suivante :

- **Ayez un air confiant et tenez-vous droit.** Confronté à de nouvelles situations, il se mettra bientôt à vous imiter.
- **Apportez des friandises et un jouet favori – quelque chose sur quoi il puisse fixer son attention.** Lui retirer ces objets à la maison peut rendre la nouvelle aventure vraiment excitante.
- **Utilisez souvent les ordres « Au pied » et « Pas bouger ».** Les sons familiers apaisent l'anxiété.
- **Veillez à maintenir un environnement calme et sûr.** Écartez les admirateurs éventuels jusqu'à ce qu'il se sente en sécurité.

Astuce

Sortez-le avec un harnais d'éducation à la marche, qui a un effet apaisant.

Dessous et derrière : des ordres commodes quand vous allez n'importe où

Avez-vous observé avec admiration un chien couché patiemment sous la table ou sous des jambes humaines ? Pour obtenir ce résultat, apprenez à votre chiot l'ordre « Dessous », qui le calme et l'aide à se sentir en sécurité quand vous êtes avec d'autres personnes :

1. **Asseyez-vous au bord d'une chaise avec les jambes repliées devant vous.**
2. **Agitez une friandise pour attirer votre chiot.**
3. **Dirigez-le sous vos jambes.**

   Si nécessaire, utilisez les points de pression pour l'encourager à prendre la position « Couché » (voir le chapitre suivant).

Astuce

4. **Dites-lui « Attends » s'il est familiarisé avec cet ordre, et donnez-lui un os ou un jouet pour l'occuper. Si votre chiot est jeune et n'a pas encore appris l'ordre « Attends », guidez-le doucement pour qu'il prenne la position et distrayez-le avec un os ou un jouet.**

Figure 9-8 Ce chiot est calme et serein et attend patiemment que son maître ait fini son repas.

Un autre ordre, « Derrière », apprend à votre chiot à reculer et à se placer derrière vos pieds. Cet ordre est idéal pour les sorties et les rencontres en société où son enthousiasme peut diminuer son attention. Pour l'encourager avec une friandise, ramenez-la directement sous son menton et appuyez doucement sur sa poitrine en guidant son corps derrière vous. S'il s'assied ou se couche, maintenez son corps en hauteur en glissant la paume de la main sous son ventre.

Présentation de votre chiot à des gens

La rencontre avec des personnes ne doit pas être une expérience épouvantable. Si votre chiot se comporte bien en laisse, comprend ses ordres, et est amical, vous avez tout ce qu'il faut pour le présenter à des inconnus.

À retenir

Avant de vous aventurer sur la scène des rapports sociaux, lisez les recommandations suivantes. Si vous vous reconnaissez dans l'une d'elles, suivez mes instructions spécifiques et sautez le reste de la section.

- Si votre chiot est agressif, la seule personne à qui vous devez le présenter pour l'instant est un éducateur de chien ou un comportementaliste spécialisé dans la rééducation des chiens agressifs. Comment trouver un tel expert ? Demandez à votre vétérinaire. Il vaut mieux prendre ses précautions que d'avoir un procès.
- Si vous remarquez que votre chiot est nerveux ou tendu en présence de personnes qu'il ne connaît pas, inscrivez-vous à un cours ou travaillez sous la direction d'un spécialiste. Ne réglez pas la question tout seul.
- Si vous ne pensez pas avoir les talents requis pour éduquer votre chiot, vous ne l'éduquerez pas. La confiance est contagieuse, mais il en va de même du manque de confiance. Faites appel à une aide extérieure si vous en avez besoin.

Les cinq règles clés

Voici cinq règles à suivre au cours des débuts de votre chiot en société :

- **Règle n° 1**. Assurez-vous que votre chiot est familiarisé avec les lieux et s'y trouve à l'aise avant de le présenter à qui que ce soit. Ne le présentez à personne le jour de votre première sortie.
- **Règle n° 2**. Les pieds humains doivent toujours précéder les pattes de chien. Tirez-le doucement en arrière s'il oublie, et remettez-le en place s'il tente de se précipiter en avant.
- **Règle n° 3**. Dites aux admirateurs : « Nous sommes en pleine éducation », pour qu'ils respectent vos efforts et modèrent leur propre enthousiasme (espérons qu'ils le feront).
- **Règle n° 4**. Focalisez-vous plus sur votre chiot que sur son admirateur. Tirez-le en arrière pour le remettre à sa place s'il tente de partir ou maintenez-le en position assise selon le procédé décrit dans la section suivante.
- **Règle n° 5**. Ayez foi dans vos propres connaissances. Le fait que chacun ait son opinion ne veut pas dire qu'il a raison. « Cela ne me dérange pas qu'il saute » est absurde. Cela vous dérange, ne cédez pas.

Présentation du chiot exalté

La façon de présenter votre chiot ne dépend de rien d'autre que de votre chiot. Si votre chiot est excessivement enthousiaste et exalté, vous devez modérer son expressivité. La clé est de fixer son attention sur vous.

Astuce

Demandez aux gens d'attendre que votre chiot surexcité soit calmé avant de l'approcher. Obligez-le à « Assis, pas bouger », en gardant vos pieds devant ses pattes. Mettez-le en position assise en plaçant votre main gauche, doigts vers le bas, autour de sa taille et au-dessous des côtes, et votre pouce droit accroché autour du collier, tourné vers le bas. Maintenez-le dans cette position pour éviter qu'il saute. Si la personne le désire, elle peut caresser votre chiot. Rappelez-lui l'ordre « Pas bouger » et ne relâchez pas votre surveillance jusqu'à ce que la personne soit partie. Ouf ! Quel travail.

Présentation du poltron

Pour présenter un poltron, demandez à votre comparse d'attendre que vous et votre chiot soyez prêts. Faites comprendre à votre chiot l'ordre « Derrière » pour lui faire savoir que vous êtes responsable des opérations et placez-le dans la position « Assis, pas bouger ». Agenouillez-vous à ses côtés, et si vous avez une main libre, prenez la main de la personne. Laissez votre chiot renifler les deux mains ensemble. S'il ne veut pas relever la tête, soulevez-la en lui frottant doucement la poitrine.

Astuce

Si votre chiot est un peu hésitant quand des gens s'approchent de lui, placez dans votre poche avant de partir des friandises qu'un admirateur pourra lui tendre.

DANS CE CHAPITRE

Leçons de base pour les chiots nouveau-nés

•

Les exercices de l'âge difficile

•

L'éducation au début de l'adolescence

•

L'éducation durant la puberté

•

Les leçons avant l'âge adulte

Chapitre 10

Leçons en fonction des phases de développement du chiot

Bienvenue à l'école. L'école des chiots bien sûr ! Ce chapitre porte sur tous les ordres que tous les chiots doivent apprendre pour se sentir totalement intégrés dans votre monde à vous. La compréhension réciproque fait plus que créer des chiens qui acceptent des ordres – elle établit un lien de communication sans pareil.

Je vous suggère de pratiquer chaque exercice cinq à dix minutes par jour. Vous remarquerez que votre chiot apprend certains ordres rapidement, mais que d'autres prennent plus de temps. Ne vous inquiétez pas. C'est un phénomène habituel. Après tout, pensez à ce que vous aurez réussi : vous apprenez votre langage à une autre espèce. Je vous conseille de rester patient au cours des nombreuses phases de l'apprentissage, car un chiot apprend d'autant plus vite que son professeur se montre plus compréhensif.

Leçons pour nouveau-nés : 8 à 12 semaines

N'attendez pas trop des chiots de ce groupe d'âge. Bien qu'un chiot de cet âge soit capable d'apprendre, son cerveau ne finit de se développer qu'à 12 semaines. Il apprend bien mieux quand l'enseignement est incorporé dans son temps de jeu. Restez près de lui, utilisez son nom en lui offrant de bonnes choses (comme des jouets et des friandises), et habituez-le à la laisse – des choses assez élémentaires. Commencez l'apprentissage de la propreté à cet âge-là, mais n'espérez pas obtenir un chiot totalement propre en quatre semaines.

À retenir

Oubliez la discipline à ce stade, votre chiot étant trop jeune pour la comprendre. Vous ne réussiriez qu'à l'effrayer et à compromettre votre relation.

Utilisez le nom de votre chiot

Choisissez un petit nom ou un surnom qui établira une association et une attention joyeuses. Utilisez-le chaque fois que vous offrez au chiot quelque chose de positif, comme de la nourriture ou un compliment. Quand vous appelez votre chiot, parler avec un ton net et ferme connotant la camaraderie et la direction. Évitez les tons chantants qui, interprétés comme des pleurnichements, éveillent la pitié ou sont ignorés. Vous trouverez une façon amusante d'utiliser le nom de votre chiot au chapitre 18, qui décrit le jeu du nom et de la boîte à récompenses.

Commencez l'apprentissage de la laisse

Mettez immédiatement un collier à votre chiot. Il protestera au début, mais ne vous inquiétez pas – il finira par s'y habituer. Ensuite, attachez une laisse légère à ce collier et laissez-le la traîner derrière lui. Après un jour, ramassez la laisse et suivez-le en le tenant. Quand il sera habitué à être suivi par vous, commencez à dire son nom et à l'encourager à vous suivre. Faites toutes sortes de choses étranges pour éveiller son intérêt. Quand il commence à vous suivre, félicitez-le chaleureusement. Dites « Suis-moi ! » et agenouillez-vous souvent pour le serrer dans vos bras. S'il résiste fortement, ne courez pas vers lui ; vous renforceriez sa résistance. Tirez sur la laisse doucement, et penchez-vous vers lui en le félicitant.

À retenir

Les chiots grandissant vite, jetez un coup d'œil à la taille du collier et desserrez-le quand c'est nécessaire.

Travaillez « Assis » et « C'est bon »

Dites « Assis » en positionnant votre chiot. Pour lui faire prendre la position, mettez la main droite sous son menton et utilisez la main gauche pour presser les muscles de la taille au-dessous des côtes.

Astuce

Servez-vous du mot d'encouragement « C'est bon » pour donner au chiot une permission. Dites « C'est bon » quand vous lui donnez des choses qu'il aime : un repas, une petite tape amicale, un jouet, et ainsi de suite.

Les escaliers

L'escalier peut être un obstacle formidable pour les chiots. Certaines races petites peuvent tout simplement ne pas être assez hautes pour franchir les marches, et doivent être portées à la montée ou à la descente. Ce n'est pas gênant, car bientôt, les chiots en question monteront et descendront les escaliers à toute allure comme les grands chiens. Certains chiens de races plus grandes sont assez hauts pour utiliser les escaliers, mais ils ont peur, car leur perception de la profondeur n'est pas encore complètement développée.

Astuce

Si votre chiot a la phobie des escaliers, aidez-le à se déplacer dans les escaliers en mettant la main sous son ventre et en guidant ses pattes (figure 10-1). Si possible, demandez à quelqu'un de s'accroupir quelques marches plus loin et de l'encourager. Vous pouvez également cliquer dès que votre chien franchit une marche et s'applique à faire attention à ce qu'il fait.

Figure 10-1 Pour aider votre chiot à monter les escaliers, mettez la main sous son ventre et guidez ses pattes.

Attention !

Portez une attention toute particulière aux hanches et aplombs des chiens quand ils descendent les marches. Certains éleveurs déconseillent fortement de faire monter et descendre les marches à un chiot avant l'âge de 6 mois. Soyez prudent et soyez toujours présent pour que votre chiot ne tombe pas dans les escaliers.

Travailler les manipulations et la socialisation

Quand vous tenez le chiot dans vos mains, vous lui enseignez que le contact humain est bon. Faute de contacts manuels fréquents et doux, votre chiot deviendra un chien qui se méfiera des gens. En outre, les chiots qui ne sont pas socialisés développent souvent une crainte des situations et des personnes inconnues. En touchant et en socialisant votre chiot, vous l'aidez à grandir en devenant un chien bien adapté, gentil, à l'aise avec les gens et les situations nouvelles.

Manipulation

Astuce

Quand vous caressez tranquillement votre chiot, jouez de temps à autre au vétérinaire ou au toiletteur. Regardez dans ses oreilles et regardez ce qui se passe dans sa gueule et dans ses yeux. Appuyez doucement sur son estomac et manipulez la base de sa queue. Prenez ses pattes comme pour lui faire les ongles. Pour qu'il n'ait pas peur quand vous le manipulez, félicitez-le gentiment ou donnez-lui une friandise. En habituant votre chiot à se laisser manipuler et en associant cela à quelque chose d'agréable, vous vous rendez service à vous-même ainsi qu'à votre vétérinaire, qui apprécie toujours un bon patient.

Socialisation

Les chiots de cet âge sont trop jeunes pour pouvoir être emmenés en ville, mais l'âge de 8 à 12 semaines est celui qui convient le mieux pour le mettre en contact avec de nouvelles personnes et d'autres chiens. Pour socialiser votre chiot, invitez vos voisins et vos amis à venir vous voir, empruntez un groupe d'enfants très actif, ou organisez une rencontre pour le faire jouer avec un autre chiot en bonne santé.

Dans cette phase de socialisation, tenez-le toujours en laisse si vous êtes près d'une route, ou laissez-lui traîner une longe (voir chapitre 4) si vous lui permettez de jouer librement dans un grand jardin. Si des gens s'approchent pour le caresser, encouragez-le à s'asseoir en plaçant les mains sur lui de la manière appropriée pour lui faire adopter la position « Assis ». Gardez-le à vos côtés ou juste derrière vous de façon qu'il soit conscient de votre présence. Demandez aux gens de lui offrir des friandises et de le caresser pour qu'il soit à l'aise aussi avec les autres.

La nourriture et les jouets

Les chiots ont tendance à protéger leur nourriture et leurs jouets – ils les gardent instinctivement contre les autres chiens, et peuvent avoir les mêmes réactions défensives quand vous approchez d'eux. Pour les empêcher d'adopter cette attitude envers vous : allez tous les deux jours jusqu'à votre chiot pendant l'un de ses repas. Offrez-lui un biscuit et donnez-lui une petite tape en disant : « Bon chien ! » Une autre fois, s'il s'est attendu à recevoir un biscuit, enlevez le bol tandis qu'il mange le biscuit, puis remettez-le en place et partez. À ce stade, si vous avez des enfants dans la maison, faites-les venir et recommencez le processus depuis le début.

Le conditionnement précoce avec le bol de nourriture empêche votre chiot de garder farouchement sa nourriture dans la suite de son développement.

Corriger les attitudes malveillantes

Astuce

Si votre chiot est brutal ou s'il saute quand vous jouez avec lui, attachez une courte laisse à son collier. S'il se conduit mal, prenez la laisse et tirez-le pour l'éloigner de la personne après laquelle il saute. L'utilisation de vos mains pourrait provoquer une escalade, vos mains étant considérées comme interactives, et dans l'esprit de votre chiot, l'interaction est ce qu'il y a de mieux dans le monde.

Parole de chiot

Si votre chiot est attaché à une laisse, vous pouvez contrôler tout mauvais comportement sans interaction physique. Par exemple, si un chiot met sa patte sur mes genoux et si je le repousse avec mes mains, je l'encourage à recommencer, parce que dans son esprit, une poussée est interactive. Si au lieu de le pousser, j'attrape la laisse et l'éloigne de mes genoux, puis l'ignore jusqu'à ce qu'il soit calme, il apprend que les chiots calmes reçoivent des caresses.

Leçons pour l'âge difficile : 12 à 16 semaines

Au cours de cette phase, votre chiot commence à reconnaître les comportements qui attirent votre attention, les jeux qui semblent durer le plus longtemps (et qui ne sont pas nécessairement ceux auxquels vous voulez jouer), et qui est l'initiateur (et à ses yeux, ce peut ne pas être vous). Bien qu'il se comporte avec une certaine assurance au cours de cette phase, il a toujours besoin d'être dirigé par vous. Les conseils de cette section vous aideront à guider votre chiot pour qu'il traverse avec succès cette phase de l'âge difficile.

Gardez le contrôle

Quand vous êtes chez vous, sachez toujours où se trouve votre chiot. Si vous lui donnez une liberté totale, il fera des bêtises et vous les paierez – de plusieurs façons. Sans surveillance, un chiot peut refaire le rangement de vos placards, manger les ordures, et dévorer les fauteuils.

À retenir

Vous avez toujours affaire à un jeune chiot. Gardez-le près de vous de l'une des façons suivantes :

» Au moyen des concepts de la conduite et du stationnement (décrits au chapitre 9).
» En l'observant dans un espace clos, tel qu'une cuisine fermée par une barrière.
» En le mettant dans une cage de transport.
» En vous assurant qu'il est toujours avec vous lors de vos déplacements dans la maison. (Attachez-le à une laisse qui traîne par terre, reliée à son collier à boucle.)

Quand il est enfermé, veillez à ce qu'il ne fasse pas de bêtises.

Travaillez dix ordres fondamentaux

Votre chiot est encore très jeune. Bien qu'il puisse apprendre beaucoup de choses, il est encore très sensible et impressionnable. Restez calme. La frustration et l'énervement ne font que l'effrayer et le rendre moins réactif à votre égard.

Astuce

Voici quelques suggestions pour réussir son éducation dans cette phase :

» Vos leçons doivent être concises et brèves, ne jamais excéder quelques minutes.
» Donnez vos ordres clairement et énoncez bien les syllabes. Ne dites un ordre qu'une fois, parce que des ordres répétés semblent très différents des ordres uniques (« AssisAssisAssisAllonsAssieds-toiS'ilteplaît » est indéchiffrable).
» Continuez d'utiliser les ordres pendant les périodes de jeu.
» Servez-vous des signes de la main pour attirer l'attention visuelle. Utilisez aussi des friandises avec certains ordres. Cependant, une fois l'ordre assimilé, les récompenses sous forme de nourriture doivent être éliminées progressivement pour éviter la dépendance.

Que vous le croyiez ou non, votre chiot peut posséder un vocabulaire de dix mots à l'âge de 4 mois. Il connaît déjà son nom, et vous pouvez déjà cocher un mot sur cette liste de dix. Continuez à lire pour voir les neuf autres ordres que vous pouvez apprendre à votre jeune chiot.

Regarde

Ce jeu apprend à votre chiot à réagir à son nom et à se focaliser sur vous. Tenez-vous debout au-dessus de lui et dites son nom en levant un jouet ou une friandise de ses yeux jusqu'aux vôtres. Variez le temps pendant lequel il doit vous fixer pour recevoir sa récompense. Bon chien !

SEPHORA

Suis-moi

Utilisez l'ordre « Suis-moi » chaque fois que vous promenez votre chiot en laisse ou que vous l'encouragez à vous suivre. S'il ne s'intéresse pas à vous, commencez à lui enseigner cet ordre en secouant une tasse à récompenses remplie de friandises ou de croquettes et en le récompensant en cours de route. Augmentez progressivement la distance qu'il parcourt entre deux récompenses.

Si votre chiot s'arrête net en apprenant à suivre, ne le traînez pas. Vous pourriez non seulement lui faire mal, mais aussi l'effrayer. Vous vous demandez sans doute : « Que faire alors ? » Soyez inventif. Vous pouvez secouer des boîtes à récompenses, vous mettre à sauter en l'air, faire couiner un jouet ou vous agenouiller pour l'encourager. Cependant, vous devez faire tout cela sans le regarder. Récompensez-le et regardez-le une fois qu'il est de nouveau près de vous, et il restera près de vous.

À retenir

L'obéissance à l'ordre « Suis-moi » n'est pas facultative. Si votre chiot ne veut pas venir et si vous vous arrêtez pour le cajoler, vous renforcerez sa résistance. Donnez l'ordre sur un ton optimiste et puis sautillez, sautez ou foncez devant – faites votre possible pour susciter une participation rapide et spontanée.

Assis

Apprendre à votre chiot à s'asseoir, c'est un peu comme apprendre à un enfant à dire s'il te plaît. C'est une bonne manière qui durera toute sa vie, et comme dans le cas des enfants, c'est à la maison que votre chiot apprend les bonnes manières ! Pratiquez l'exercice suivant deux fois par jour pendant quatre jours :

1. **Prenez votre chiot à part avec une poignée de friandises.**
2. **Prenez une friandise entre le pouce et l'index et dites « Assis » en amenant la friandise légèrement au-dessus du nez du chiot (voir figure 10-2a).**
3. **Quand il s'assied, donnez-lui la friandise, dites « C'est bon », et félicitez-le (figure 10-2b).**

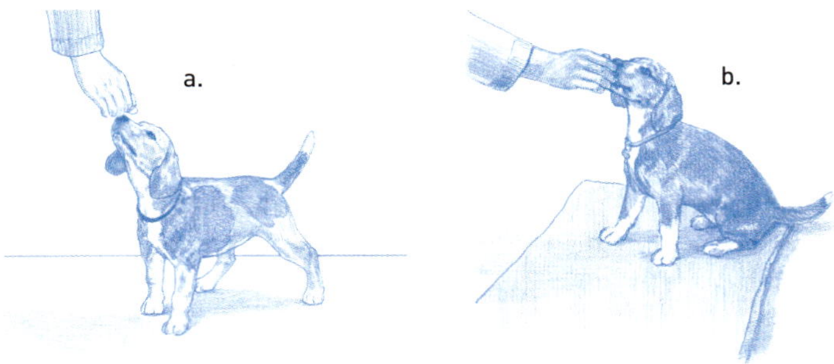

Figure 10-2 Utilisez des friandises et beaucoup d'éloges pour apprendre à votre chiot à s'asseoir.

Pour qu'il n'oublie pas, pratiquez l'exercice souvent en limitant les répétitions à trois ou quatre par session. Après quelque temps, vous pouvez commencer à utiliser des signes de la main, comme lever votre index au-dessus du nez du chien, pour l'inciter à s'asseoir. Au bout de quelques jours, si votre chiot semble avoir compris, essayez de donner l'ordre et le signal en dehors d'une heure de leçon et sans friandise. Après environ quatre jours, abandonnez progressivement les friandises et cessez d'utiliser l'ordre dans des leçons. Continuez d'utiliser l'ordre et le signal dans le courant de la journée.

Astuce

Les points de pression du chiot

Si vous avez du mal à obtenir que votre chiot fasse ce que vous voulez qu'il fasse, utilisez des points de pression sur son corps, qui, lorsqu'on appuie doucement dessus, le guident jusqu'à la position voulue. Voici ceux que j'utilise couramment pour différents ordres :

» **Assis :** avec l'index et le pouce, appuyez doucement sur les muscles des hanches du chiot, situés derrière sa dernière côte (de part et d'autre de sa colonne vertébrale).

» **Couché :** le point de pression pour cet ordre est situé entre les omoplates. Avec le plat du pouce, appuyez régulièrement tout en soulevant l'une de ses pattes (si nécessaire) pour créer un effet de tripode.

» **Debout :** pour encourager votre chiot à se mettre debout, glissez la main entre sa cuisse et son ventre. Chatouillez son ventre avec le bout du doigt s'il reste couché.

» **Avance :** pour encourager votre chiot à avancer, placez sa queue entre ses pattes et guidez doucement sa tête vers l'avant.

» **Derrière :** faites reculer votre chiot en appuyant sur les muscles de part et d'autre des vertèbres du cou (au-dessous du cou). Si ce procédé le fait s'asseoir, glissez la main le long de sa cuisse pour le faire se lever.

» **À côté :** servez-vous du côté de la main et appuyez sur son flanc pour le faire aller à gauche ou à droite.

Couché

Quand votre chiot maîtrise l'ordre « Assis », commencez à l'utiliser en cours de journée et amorcez l'apprentissage de l'ordre « Couché » de la façon suivante :

1. **Prenez votre chiot à part avec une poignée de friandises.**
2. **En tenant une friandise entre les doigts, dites-lui « Assis ». Cependant, avant de lâcher la friandise, laissez tomber la main entre les pattes du chiot et dites « Couché ».**

3. **Votre chiot peut ne pas savoir quoi faire, et donc, tandis qu'il regarde en bas, appuyez doucement entre ses omoplates avec le pouce gauche et faites-lui prendre ainsi la position couchée.**
4. **Lâchez la friandise quand ses coudes touchent le sol, félicitez-le et dites « C'est bon » pour lui rendre sa liberté.**
5. **Répétez les étapes 2 à 4 cinq fois.**

Figure 10-3 Enseignez l'ordre « Couché » en appuyant sur les épaules du chiot et en le guidant doucement jusqu'à la bonne position.

Le signe de la main à utiliser pour finir consiste à pointer vers le sol. Après quatre jours, cessez progressivement de cacher une friandise dans la main qui fait signe et commencez à l'obliger à exécuter l'ordre en le mettant en place vous-même doucement.

Debout

L'ordre « Debout » est pratique pour nettoyer des pattes boueuses, et au cours des sessions de toilettage général. Deux fois par jour pendant quatre jours, prenez votre chiot à part en ayant avec vous des friandises et procédez comme suit :

1. **Prenez une friandise entre les doigts et dites « Debout » en tirant sur un fil imaginaire allant du nez du chiot vers une position plus avant.**
2. **Quand votre chiot se lève, arrêtez le mouvement des doigts et passez la main sous son ventre en répétant « Debout ».**
3. **Marquez une pause, puis lâchez-le avec « C'est bon » en permettant à votre chiot de prendre la friandise.**

Votre chiot peut essayer de prendre la friandise précocement, mais tenez-la fermement, découragez-le en disant « Hep, hep » et ne la lâchez pas tant qu'il n'est pas debout.

4. **Répétez cet exercice cinq fois.**

Le signe de la main à utiliser finalement consiste à pointer brièvement du doigt en avant de son nez. Après quatre jours, cessez progressivement de lui donner des friandises et arrêtez l'utilisation de cet ordre pendant les leçons. Continuez de l'utiliser, ainsi que le signal, dans le courant de la journée.

Donne

La plupart des chiots aiment s'occuper avec des jouets, mais comme les jeunes enfants, ils n'aiment pas l'idée de les partager un moment. Pour aider votre chiot à donner, jouez au jeu suivant. Commencez par le chiot en laisse et des friandises ou un clicker dans la poche. Emmenez le chiot dans une petite pièce calme avec une balle favorite ou un jouet couineur et procédez comme suit :

1. **Agenouillez-vous sur le sol et félicitez-le chaleureusement pendant à peu près une minute avant de sortir le jouet.**
2. **Quand vous sortez le jouet, lancez-le en l'air (et attrapez-le) pour susciter son intérêt et jetez-le près de lui.**
3. **S'il prend le jouet, laissez-le-lui quelque temps.**

   Vous voulez qu'il comprenne que vous n'êtes pas ici pour le défier en ce qui concerne la possession du jouet.
4. **Sortez maintenant la friandise (et le clicker si vous en utilisez un). Quand vous lui donnez la friandise, il doit lâcher le jouet. Quand il le fait, dites « Donne » et cliquez et récompensez ou récompensez en le félicitant.**
5. **Redonnez-lui l'objet aussitôt.**

   Cette action souligne vos bonnes intentions qui sont de jouer et non de voler son jouet.
6. **Continuez les étapes 2 et 3 jusqu'à ce que vous remarquiez qu'il vous regarde dès qu'il a pris le jouet.**
7. **Encouragez-le à venir vers vous avec le jouet en vous sauvant et en disant « Apporte ».**

   Astuce

   Votre chiot devrait relâcher rapidement le jouet, mais s'il ne le fait pas, vous pouvez l'encourager à le faire en pressant la partie supérieure du museau juste derrière les canines (voir figure 10-4). Félicitez-le dès qu'il relâche le jouet.

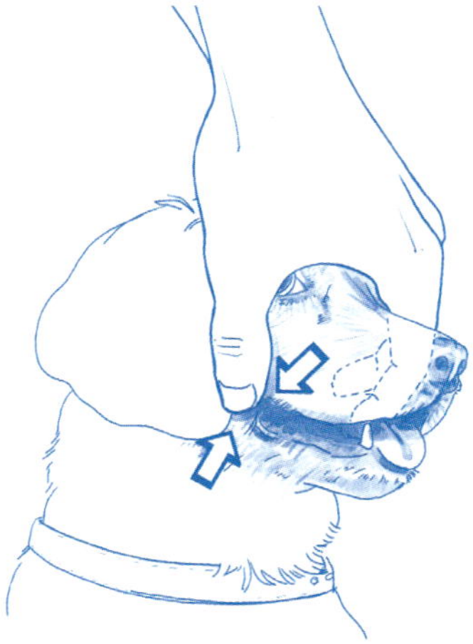

Figure 10-4
Comment encourager votre chiot à relâcher un jouet.

8. **Répétez ces manœuvres cinq fois et félicitez-le chaleureusement quand le jeu est terminé.**

Pratiquez ces ordres à l'intérieur d'une petite pièce pendant cinq jours, puis utilisez-les dans des endroits de la maison où il peut y avoir d'autres personnes. Supprimez progressivement les friandises.

À ta place

À retenir

Dans chaque pièce, votre chiot doit avoir un coin particulier ou un espace équipé avec un lit et un os à ronger. Votre but est de réussir à envoyer votre chiot à cet endroit sur ordre – une tactique particulièrement utile à vos propres heures de repas, ou quand vous avez des visiteurs.

Pour lui apprendre ce principe, aménagez des emplacements dans chaque pièce, puis, avec votre chiot en laisse, dites « À ta place » et pointez sur l'emplacement avec votre main libre. Comme il aura probablement besoin d'être escorté, conduisez-le jusque-là. S'il est hésitant, restez avec lui, et finissez par l'attacher avec une courte laisse. Restez avec lui jusqu'à ce qu'il soit très occupé à ronger un jouet ou qu'il se repose paisiblement. Le plaisir d'avoir son emplacement à lui et de s'y rendre pour y trouver des jouets et de l'attention l'incitera à coopérer. Bientôt il ira de lui-même à sa place quand il sera fatigué.

Attention !

Votre chiot doit être complètement habitué à la laisse et avoir plus de 12 semaines avant d'être attaché, pour qu'il n'ait pas l'impression, courante chez les jeunes chiots, d'être pris dans un piège. Avant de commencer à enseigner cet ordre, soyez sûr d'avoir bien compris le concept du stationnement, décrit en détail au chapitre 9.

Attends et C'est bon

En approchant des portes ou des escaliers, utilisez l'ordre « Attends » et amenez le chiot derrière vos pieds. La meilleure façon de réussir cette manœuvre est de mettre la laisse derrière le dos. Arrêtez-vous quelques secondes et dites « C'est bon » en avançant le premier.

Pardon

Les chiots aiment bien se mettre en travers de vos mouvements. Votre chiot vous bloque pour attirer votre attention, mais aussi vous place dans une position de subordonné, et ce peut être dangereux si vous trébuchez ou marchez sur lui. Chaque fois que votre chiot vous fait trébucher, passe du mauvais côté de la laisse, s'appuie contre vous ou simplement vous gêne, dites « Pardon » et déplacez-le avec la laisse ou en le repoussant après avoir passé un pied sous son corps. Ne criez pas après lui et ne lui donnez pas un coup de pied, et n'utilisez pas les mains (il interpréterait ces actions comme des invitations à jouer). Remerciez-le de vous respecter, et bientôt il se déplacera en remuant la queue.

Figure 10-5 N'utilisez pas vos mains pour repousser votre chiot, ce qui serait pour lui une invitation à jouer.

Continuez de travailler la manipulation et la socialisation

Continuez de manipuler et de toucher les pattes, les oreilles, les yeux, le ventre et la queue comme si vous le toilettiez ou lui donniez des médicaments. Si votre chiot doit être avec des enfants, faites en sorte qu'il puisse les supporter. Agissez comme un enfant : tirez doucement son pelage, poussez des cris, et faites des mouvements brusques. Félicitez votre chiot et donnez-lui des friandises pendant ces opérations. Et n'oubliez pas la socialisation, parce que votre chiot adore la compagnie. Il adore les amis à quatre pattes et les amis à deux jambes. S'il est trop jeune pour que vous le sortiez (demandez à votre vétérinaire), invitez des gens chez vous – y compris des enfants. Lorsque votre vétérinaire a terminé les vaccins, commencez à emmener votre chiot en ville et à le présenter à tous ceux que vous rencontrez. Emmenez-le dans trois nouveaux endroits chaque semaine.

Astuce

Renseignez-vous pour l'inscrire dans une classe pour chiots, qui est un bon moyen pour rencontrer d'autres chiots et d'autres personnes.

La différence entre caresser et féliciter

Quand votre chiot apprend quelque chose de nouveau, c'est très excitant pour tout le monde. Mais essayez de vous modérer. Quand vous vous excitez, votre chiot en fait autant. Apprendre demande beaucoup de concentration, et un chiot excité n'apprend pas grand-chose. En pratiquant les exercices, souvenez-vous qu'il y a une différence entre les compliments et les caresses. Les caresses viennent de votre main – elles excitent votre chiot et communiquent une intention de jouer. Les compliments viennent de votre voix et de vos yeux et sont émis depuis une position droite, et ils exprimant votre leadership. Souvenez-vous de ce principe : « les compliments entre les exercices ; les caresses après les exercices ».

À retenir

Une socialisation poussée ne produit pas un chien qui ne protégera pas sa maison et sa famille. La socialisation encourage simplement votre chiot à avoir confiance dans votre jugement sur les gens. En revanche, l'absence de socialisation produit un chien excessivement attaché à sa famille et qui ne tolère pas les visiteurs. Selon sa race et son tempérament, ce chien peut devenir méfiant et défensif à l'égard des gens, aussi bien à l'intérieur qu'à l'extérieur de votre propriété. De tels chiens sont difficiles à gérer et sont un souci constant en présence d'autres personnes. Évitez-vous ce cauchemar et socialisez votre chiot.

Le début de l'adolescence : semaines 16 à 24

À l'amorce de l'adolescence, certains jours sont vivables, mais d'autres jours, vous pouvez avoir envie de déménager. Votre chiot n'écoute pas ou ne réagit pas à des ordres qu'il connaît. Il fonce tout d'un coup, poursuit, et se met à mordre tout ce qui bouge. Il exige votre attention et aboie ou vous monte dessus quand il n'obtient pas ce qu'il veut. Il insiste pour être le centre de l'attention à chaque moment de la journée.

N'oubliez pas que cette phase est normale. J'y ai survécu, et vous ferez de même. Au cours de cette phase, vous devez prévoir un programme de dressage systématique. Vos sessions de dressage doivent être brèves et animées, et vous ne devez utiliser chaque nouvel ordre au cours des leçons que dans la première semaine ; après quoi, vous pouvez essayer de l'utiliser à d'autres moments de la journée.

À retenir

Cette approche assure la réussite de votre chiot : il maîtrisera chaque ordre avant qu'il ne s'applique dans le contexte de tous les jours – les enfants apprennent à faire des additions à l'école, bien avant qu'on envisage de leur confier des opérations comptables.

Accordez progressivement une plus grande liberté de mouvement dans la maison

Continuez à faire porter une laisse à votre chiot durant ses moments de liberté dans la maison, à moins que vous ne puissiez lui accorder une attention constante dans un endroit fermé.

S'il commence à bien obéir de lui-même, attachez à son collier une laisse de 1,20 m qu'il traînera avec lui, et accordez-lui une liberté de mouvement progressivement de plus en plus étendue. Mais n'allez pas trop vite. S'il se comporte bien dans l'ensemble mais si tout déraille quand arrivent des visiteurs, tenez-le en laisse en présence de visiteurs.

Poursuivez l'apprentissage des bonnes manières

Continuez à utiliser l'ordre « Assis » toute la journée. Utilisez-le avant de le caresser, de placer par terre son bol de nourriture, ou de lui offrir une friandise. Servez-vous-en avant de le laisser sortir de la voiture ou de la maison ou avant que ses admirateurs l'approchent.

À retenir

Donnez l'ordre « Assis » une fois seulement. Si votre chiot vous regarde comme s'il ne vous connaissait pas, tirez sur sa laisse et dites « Non », ou simplement, faites-lui prendre la position. Ne prenez pas l'habitude de répéter les ordres, il pourrait ne plus jamais obéir !

Ajoutez un mot par semaine

À retenir

Tandis que votre chiot se développe, physiquement et mentalement, vous devez commencer à lui apprendre ces ordres très utiles : Au pied, Non, Pas bouger, Viens, et Debout, pas bouger. L'application du principe « un mot par semaine » vous permettra de faire mûrir plus vite votre chiot tant en ce qui concerne sa compréhension que ses manières !

Au pied

Un chiot arrêté debout tranquillement à côté de son maître, se mettant en mouvement en même temps que lui, et s'asseyant quand il s'arrête, est un magnifique spectacle. Oui, vous pouvez obtenir ce degré de contrôle vous aussi, en étant patient.

Le simple cercle

Pratiquez cet exercice au pied dans un lieu dégagé, calme (à l'intérieur ou dehors). Faites de la place pour pouvoir marcher sur un cercle. Placez le chiot à côté de vous sur la gauche, la tête dans la même direction que la vôtre, les pattes du chiot alignées avec votre pied (voir figure 10-6). Vous êtes prêt à faire les manœuvres suivantes :

1. **Laissez tomber vos bras, en gardant le pouce gauche derrière la couture du pantalon. Tirez la laisse vers l'arrière chaque fois que le chiot tire pour quitter votre côté.**
2. **Instruisez votre chiot en disant « < Son Nom >, au pied » en commençant à marcher en cercle dans le sens contraire des aiguilles d'une montre (le chiot à l'intérieur).**

Figure 10-6 Préparation du simple exercice au pied, en cercle.

   Ayez une démarche joyeuse, la tête droite et les épaules en arrière pour donner l'exemple de la bonne attitude.

3. **Félicitez votre chiot de marcher avec vous.**

   Si vous voulez, utilisez le clic et une friandise pour le remercier de sa coopération. Remettez-le en bonne position si son attention commence à se relâcher.

4. **Arrêtez-vous après chaque cercle en ralentissant et en lui rappelant l'ordre « Au pied ».**
5. **Mettez votre chiot en position assise.**

   Astuce

   Pour mettre votre chiot en position assise, attrapez avec la main droite la base de la laisse (à l'endroit où elle s'attache au collier) et utilisez la main gauche pour appuyer sur son point de pression au niveau de la taille.

6 Parcourez cinq cercles deux fois par jour.

Attention !

Si votre chien se tourne vers vous pour vous regarder, devinez quoi ? Il vous fait face en vue du jeu, de la confrontation ou pour prendre une autre direction. Pour décourager ce mouvement, vous pouvez soit tenir sa taille pour le maintenir dans la bonne position en vous arrêtant, soit vous mettre le long d'un mur ou d'une barrière pour qu'il ne puisse pas changer sa position.

Tirer correctement sur la laisse ne devrait pas mettre en jeu des muscles des doigts, des épaules ou de la poitrine. Imaginez que votre coude est une charnière. Sans la laisse, balancez votre coude d'arrière en avant. Imaginez maintenant que je tiens ma main derrière votre dos. Donnez-moi une claque sur la main sans rien faire d'autre que contracter votre triceps en pliant légèrement le coude. Maintenant prenez la laisse. En tenant la laisse derrière le dos, servez-vous de votre coude. Faites comme si ma main était là et comme si vous vouliez la frapper.

Annoncez la fin

Astuce

Quand vous vous préparez à vous arrêter, ralentissez légèrement l'allure, levez le pied gauche en l'air (comme si vous étiez en train de défiler), puis laissez-le tomber légèrement sur le sol. Cette action donne à votre chiot une indication supplémentaire pour l'inciter à s'arrêter et s'asseoir.

Changez d'allure

Pour changer d'allure, gardez la main qui tient la laisse souple derrière la couture du pantalon. Déplacez-vous plus vite en trottant. Ralentissez l'allure tout en faisant des pas plus longs. Changez de vitesse en douceur et prévenez des changements en disant « clk, clk » ou « ch... » Souvenez-vous que votre chiot est un canin, pas une Porsche.

Faites un changement de direction

En marchant à vitesse normale, dites « Au pied » et pivotez sur la droite. Pour permettre au chiot de rester à votre niveau, ralentissez en tournant. Faites un claquement de langue, pliez les genoux ou tapez sur votre jambe pour qu'il aille avec vous. Marchez six pas, stoppez et faites-lui prendre la position assise, puis serrez votre chiot dans vos bras pour avoir si bien travaillé. (Pensez à ne pas l'étrangler en tournant trop brusquement.)

Conseils pour l'entraînement « Au pied »

Vous savez que votre chiot est prêt à exécuter l'ordre « Au pied » dans des situations de tous les jours quand il réagit sans pression sur son collier. Utilisez cet ordre partout :

- **Gardez une laisse courte attachée au collier de votre chiot dans la maison**. Prenez la laisse de temps à autre et dites « Au pied » en marchant d'une pièce à une autre.
- **Utilisez l'ordre « Au pied » durant vos promenades**. Si votre chiot est jeune ou commence seulement à apprendre, mettez-le au pied pendant un quart de la promenade. Augmentez la distance parcourue au pied pendant tout le mois suivant jusqu'à ce que votre chiot marche toujours à vos côtés.
- **Pratiquez le déplacement « Au pied » dans un parking ou dans d'autres lieux où il y a du monde (mais pas trop)**. Ne permettez pas qu'il flaire les autres chiens du voisinage ou se précipite vers eux et surveillez votre chiot, quelles que soient les choses qui risquent de le distraire.

Attention !

Restez calme si vous perdez le contrôle des opérations quand vous êtes en public. Si vous criez « Au pied, au pied, au pied » et si vous tirez sur votre pauvre chiot dans tous les sens, il sera encore plus excité. Si vous rencontrez ce problème, demandez-vous si vous n'en exigez pas trop, trop tôt. Peut-être votre chiot a-t-il besoin de plus d'exercices avant de pratiquer cette manœuvre en public.

À retenir

Veillez à ce que votre main soit toujours derrière vous – le bras gauche détendu et derrière le dos (voir figure 10-7). Si votre main gauche est devant votre cuisse, c'est votre chiot qui vous indique la direction, pas vous.

Figure 10-7 La bonne façon de tenir la laisse pour la position au pied.

Astuce

Votre chiot est-il trop fort pour que vous puissiez le manœuvrer ? Essayez la *poussée de la fesse*, qui transfère la tension de la laisse de vos bras à tout votre corps. Voici comment faire : faites passer la laisse derrière vous et saisissez-la dans les deux mains. Faites glisser vos pouces l'un contre l'autre et reposez-les sur la fesse gauche. Tenez vos bras tendus et souples, et quand votre chiot se précipite en avant, poussez dans l'autre sens avec la fesse.

N'hésitez pas à vous munir d'un harnais d'éducation à la marche pour ce type d'exercice, cet accessoire vous facilitera l'apprentissage.

Non

Il y a quelques anomalies dans la façon dont les gens utilisent ce petit mot, laissant les chiots perplexes quant à sa signification.

» **Les gens ont l'habitude de le crier**. Crier après un chiot est perçu comme un aboiement. L'aboiement provoque-t-il plus d'excitation ou incite-t-il au calme ?

» **Ils l'utilisent avec le nom de leur chiot**. (En fait, de nombreux chiots pensent que Non est la deuxième partie de leur nom : « Bibi Non ! ») Vous ne devriez utiliser le nom de votre chiot que quand vous êtes heureux, pas quand vous êtes en colère.

» **Ils l'utilisent après l'action qu'ils veulent interdire**. Si je crie après vous après que vous avez mangé un bol de soupe, comprenez-vous que je suis en colère parce que vous avez ouvert la boîte qui la contenait ? Dit au mauvais moment, « Non » ne communique rien.

» **Ils l'utilisent de façon répétitive**. « Non, non, non » ne ressemble pas à « Non ».

Que doit faire un propriétaire de chiot pour l'empêcher de faire des choses dangereuses ou des bêtises ? Heureusement, j'ai la réponse. D'abord, vous devez enseigner à votre chiot le concept de Non en mettant en scène des situations où vous pouvez bloquer le processus mental. Pour entraîner votre chiot à comprendre Non, travaillez d'abord à l'intérieur, puis dehors. À l'intérieur, mettez le chiot en laisse et demandez à quelqu'un de placer un morceau de fromage dans une pièce voisine (c'est votre appât). Faites les opérations suivantes en faisant attention au timing.

1. **Placez votre chiot dans la position au pied et marchez comme si de rien n'était vers le fromage.**
2. **La seconde où le chiot remarque le fromage, arrêtez-vous net et dites : « Non ! »**

   Astuce

   Votre chiot dispose d'un système d'antennes intégrées : ses oreilles. Si ses oreilles se dressent, votre chiot est en alerte. Pour lui apprendre Non, surveillez ses oreilles.
3. **Continuez de marcher comme si rien ne s'était passé.**

   Souvenez-vous : vous devez être déterminé. Non veut dire non.
4. **Passez devant le fromage plusieurs fois pour vous assurer que votre chiot a bien reçu le message.**

Astuce

Si vous avez utilisé « Hep, hep » avec votre chiot, conservez « Non » pour des infractions majeures comme voler de la nourriture sur le comptoir ou poursuivre les chats ou des enfants. Vous pouvez continuer d'utiliser « Hep, hep » si vous observez votre chiot en train de flairer quelque chose dans la rue ou s'il s'apprête à faire une bêtise.

Après le dressage à l'intérieur, mettez « Non » en pratique pendant une promenade. Quand votre chiot remarque un joggeur qui passe, une voiture, un autre chien ou deux écureuils grimpant à un arbre, dites « Non » comme vous l'avez fait pour le fromage. Résistez à la tentation de souligner votre désapprobation. Continuez à dire non chaque fois que vous voyez se lever les antennes que sont ses oreilles. Félicitez votre chiot quand il se focalise sur vous au lieu de son système de radar.

Pas bouger

Si « Pas bouger » est votre ordre de rêve, vous n'êtes pas le seul. Je ne sais pas bien pourquoi les gens ont tant de mal à enseigner cet ordre. Une hypothèse est que peut-être ils veulent aller trop vite. Enseigné progressivement, cet ordre est formidable.

À retenir

Voici quelques règles à suivre pour enseigner l'ordre « Pas bouger » :

» **Regardez au-dessus de la tête de votre chiot en utilisant cet ordre ; ne le regardez jamais dans les yeux. C'est trop menaçant pour lui.**

» **Tenez-vous droit. Quand vous vous penchez, vous donnez l'impression de vouloir jouer.**

» **Restez près de votre chiot au début. Il doit y avoir 15 centimètres de vos doigts de pied à sa patte. Une trop grande distance trop tôt peut effrayer votre chiot.**

» **En faisant cet exercice, tenez la laisse directement au-dessus de la tête de votre chiot. Ainsi, s'il confond « Pas bouger » avec « On y va », vous pouvez corriger immédiatement.**

» **Quand vous revenez sur le côté de votre chiot à la fin de chaque exercice, variez la longueur de la pause avant de le libérer en disant : « C'est bon ! » Ceci l'empêchera de deviner à l'avance l'enchaînement des deux indications et l'incitera à faire davantage attention à ce que vous dites.**

» **Résistez à la tentation de caresser votre chiot jusqu'à ce que vous ayez fini de lui apprendre les étapes de l'ordre « Pas bouger ». Trop de caresses nuisent à sa concentration.**

Pratiquez la séquence simplifiée ci-après deux fois par jour jusqu'à ce que votre chiot soit fier de ce qu'il réussit à faire. Pour préparer la première leçon :

1. **Emmenez le chiot dans une pièce tranquille.**

   Pas de télé. Pas d'enfant. Pas de chat. Seulement vous deux.

2. **Remontez le collier très haut près de la tête et centrez-le entre ses oreilles.**
3. **Pliez la laisse dans la main gauche au niveau de la hanche.**
4. **Placez le chiot derrière vos talons.**

Vous êtes maintenant prêt à donner à votre chiot sa première leçon. Vous faites six séquences, ni plus, ni moins.

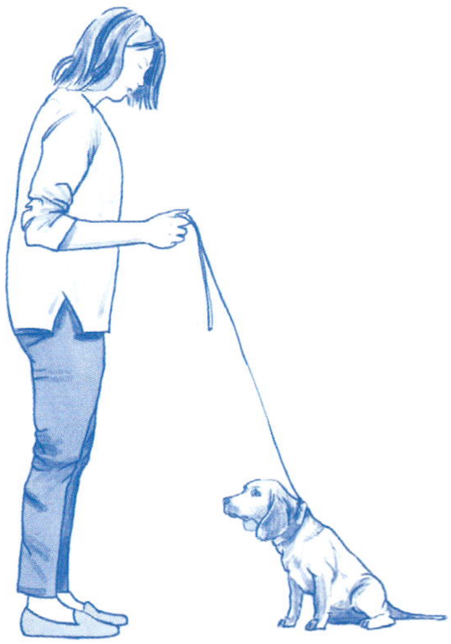

Figure 10-8
« Pas bouger » : avant d'aller plus loin, assurez-vous que vous avez bien compris les règles de base.

Pour enseigner l'ordre « Pas bouger », tenez-vous près de votre chiot pour commencer (voir les étapes précédentes) et faites les manœuvres suivantes :

1. **Donnez l'ordre « Assis » et alignez le chiot avec vos chevilles.**
2. **Donnez l'ordre « Pas bouger » en plaçant la main devant le nez de votre chien. Enlevez le signal de la main et attendez cinq secondes.**
3. **Dites « C'est bon » en lançant le bras en avant et en changeant de position.**
4. **Une fois de plus, dites « Assis, pas bouger ». Cette fois, pivotez pour regarder dans une direction opposée à votre chiot et faites une pause de 10 secondes. Revenez à votre position de départ et libérez-le en disant : « C'est bon ! »**
5. **Remettez-vous à la position de départ. Dites « Pas bouger ». Pivotez devant votre chiot. Attendez. Maintenant marchez au pas pour créer une distraction physique qui apprendra à votre chiot à se retenir.**

   Oui, j'ai dit « marchez au pas », comme à la parade ! Marchez lentement au début, comme un somnambule. Votre chiot étant resté tranquille malgré cela, augmentez progressivement vos mouvements physiques.
6. **Dites « Pas bouger », et pivotez et marquez une pause. Essayez maintenant de sauter et d'agiter les bras.**

   Allez-y doucement pour commencer. Maintenant faites du bruit.
7. **Pivotez, marquez une pause, puis stimulez votre chiot en sautant, en bougeant un peu plus. Puis revenez, arrêtez-vous, et libérez-le.**

À retenir

Ne fixez pas le chiot des yeux. Continuez de regarder au-dessus de sa tête. Ajoutez le bruit stimulant de son jouet préféré si vous pensez qu'il peut y résister.

8. **Depuis votre position de départ, dites « Pas bouger », pivotez devant lui, et faites une pause de 30 secondes.**

   Tenez-vous droit, relâchez les épaules, et gardez la laisse au-dessus de la tête du chiot, pour le cas où il serait tenté de bouger.

9. **Quand le temps est écoulé, revenez à ses côtés, faites une pause et libérez-le par « C'est bon ! »**

10. **Maintenant vous pouvez serrer dans vos bras ce chiot bien élevé !**

À retenir

Certains chiots ont un temps d'attention réduit et peuvent au début ne pas pouvoir rester tranquilles longtemps. Assurez-vous de bien suivre le protocole : vous tenez-vous droit devant lui en augmentant les distractions ? Tenez-vous la laisse au-dessus de sa tête pour l'obliger à rester tranquille ? Lui enseignez-vous cet ordre dans un endroit tranquille ? Trop de distractions font qu'il lui est impossible de se concentrer.

Vous êtes maintenant prêt à augmenter les 3 D :

» **Distraction :** accentuez votre marche au pas, ajoutez un mouvement aérobic, marchez autour de votre chiot en décrivant un cercle complet, et gesticulez à côté de lui. Pouvez-vous faire tous ces gestes excentriques sans inciter votre chiot à bouger ?

  Vous demandez-vous pourquoi vous vous agitez en tous sens et vous faites du bruit pendant que votre chiot est censé rester immobile ? En fin de compte, votre chiot devra rester concentré en étant confronté à des distractions provenant de mouvements et de bruits, et vous l'aidez ainsi à s'habituer aux tentations.

» **Durée :** allongez l'immobilité de 30 secondes jusqu'à deux minutes.

» **Distance :** augmentez la distance de 30 centimètres à la fois. Si cela réussit, réintroduisez les distractions progressivement et augmentez la durée.

Vous devriez maintenant l'un et l'autre penser que vous êtes des pros.

Astuce

N'hésitez pas à utiliser des friandises ou un clicker pour les phases d'apprentissage, cela augmentera la détermination de votre chiot à vous offrir le bon comportement.

Astuce

Les signes de la main peuvent aider votre chiot à se concentrer

Votre chiot peut commencer à apprendre les signaux de la main dès l'âge de 12 semaines, mais je recommande d'insister sur cet aspect de sa formation à partir de 4 mois. Ces indications visuelles intensifient la concentration de votre chiot – et comme vous le savez, s'il a appris à vous observer, il ne s'en ira pas au loin.

Utilisez les signes de la main devant le nez de votre chiot pour attirer son attention sur vous. Voici ma liste :

» **Assis** : pointez le doigt en balançant le bras droit du nez du chiot jusqu'à votre visage, comme si vous alliez chercher son attention pour la ramener vers vous et dites « Assis ».

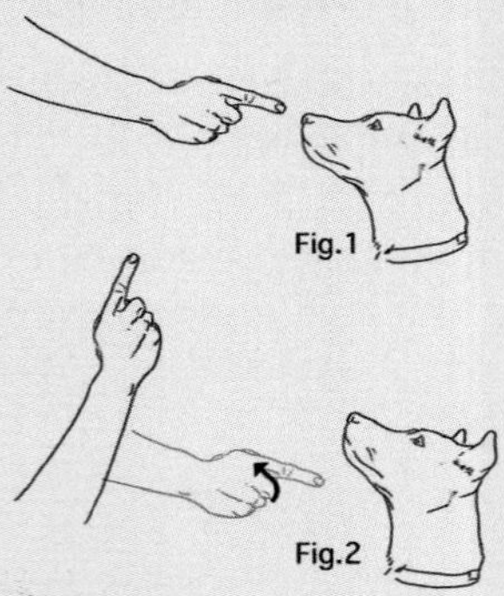

Fig.1

Fig.2

» **Pas bouger** : aplatissez la main comme pour en faire une pagaie. Placez-la rapidement devant le nez de votre chiot et dites « Pas bouger ».

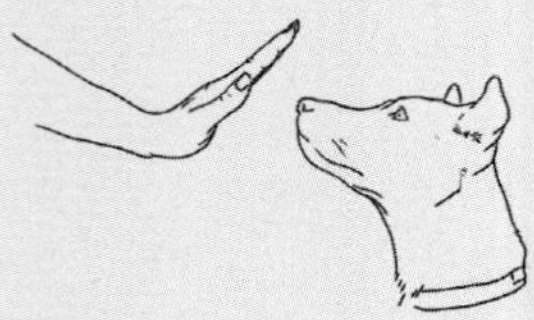

» **File** : pointez le doigt et balancez votre bras droit en l'éloignant du nez du chiot et en faisant un pas en avant. Dites « C'est bon » pour lui dire : « Tu as bien travaillé ! »

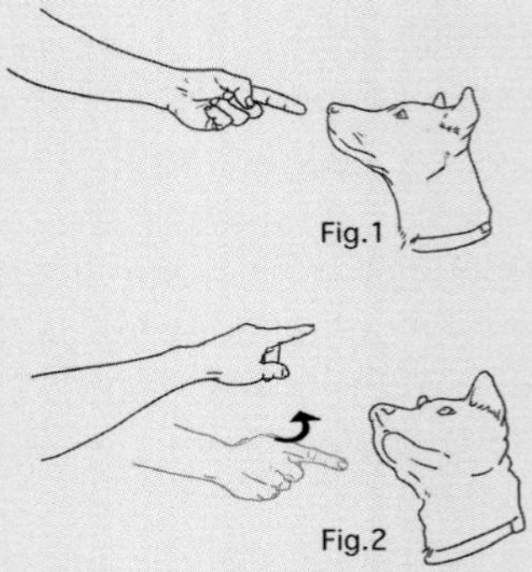

Fig.1

Fig.2

» **Viens** : quand votre chien est près de vous, balancez un doigt pointé depuis son nez jusqu'à votre œil pour encourager d'heureuses retrouvailles. S'il est à une certaine distance de vous, utilisez un mouvement de balayage pour attirer son attention en l'appelant par son son nom et en disant « Viens ».

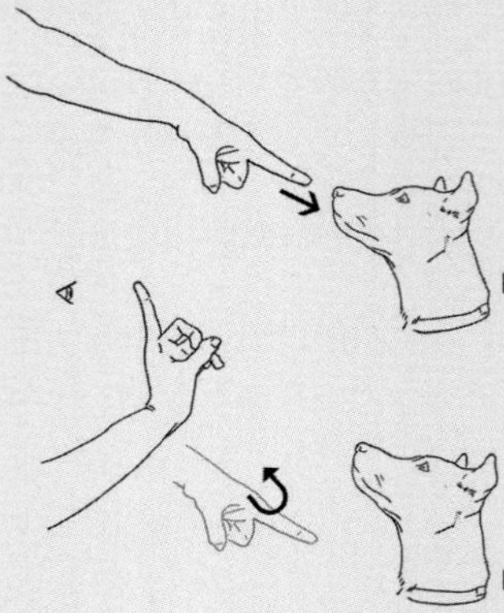

Fig.1

Fig.2

Viens

Vous êtes maintenant prêt pour « Viens », un autre ordre fortement désiré. Vous devez d'abord vous poser plusieurs questions : avez-vous dit « Viens » plusieurs fois et l'avez-vous même crié à plusieurs reprises ? Avez-vous poursuivi votre chiot et l'avez-vous acheté en lui donnant sa friandise favorite ? Si c'est le cas, attendez-vous à des difficultés. Votre chiot pense que « Viens » veut dire désobéissance ou annonce le moment de jouer. Heureusement, vous pouvez remodeler sa compréhension, mais il y faudra du temps, de la concentration, de la structure, de la patience et beaucoup de félicitations.

Le contrôle à courte distance pour commencer

À retenir

Le but, quand vous dites « Viens », est que votre chiot revienne et prenne contact avec vous. Chaque fois que vous utilisez cet ordre, donnez-lui une petite tape, récompensez-le, ou manipulez-le d'une manière ou d'une autre pour qu'il apprenne que « Viens » veut dire « être ensemble et interagir ». Voici comment enseigner à votre chiot à revenir depuis une courte distance :

1. **Marchez devant votre chien tandis qu'il se tient debout tranquillement.**
2. **En vous tenant bien droit, dites : « < Son Nom >, viens » en levant votre doigt le long de votre ventre depuis le niveau de son nez jusqu'à celui de vos yeux.**

   Astuce

   Faites un bruit étrange pour susciter son attention : claquez de la langue, sifflez, faites un bruit de baiser, ou inventez autre chose !
3. **S'il ne lève pas la tête, placez son corps en position assise et caressez tendrement les côtés de sa tête. « Viens » doit être associé à des retrouvailles pleines de chaleur et d'amour.**

   Pour mettre votre chiot en position assise, soulevez son collier et mettez la partie arrière de son corps en place en appuyant légèrement sur les muscles de la taille vers le bas au-dessus des côtes.

   Attention !

   Évitez tout mouvement brusque, n'appuyez pas sur sa colonne vertébrale, ne le disputez pas et ne vous répétez pas en le mettant en place. En agissant ainsi, vous ne feriez qu'associer « Viens » à un élément brutal et désagréable.
4. **Après que votre chien vous a regardé, serrez-le contre vous ou donnez-lui une caresse sur la tête.**

Renouvelez cet exercice à tout moment de la journée, chaque fois que vous avez quelque chose de positif à lui donner – une caresse, une friandise, un jouet ou même son repas. Il faut que les premières notions associées par votre chiot à cet ordre soient les bienfaits et la chaleur de l'accueil.

Le contrôle à distance

Avant que vous puissiez enseigner à votre chiot de venir depuis une certaine distance, il doit avoir compris que « Viens » veut dire être ensemble. Quand il l'a compris, vous pouvez amorcer le contrôle à distance. (Non, vous n'êtes pas encore au stade hors laisse. Soyez patient.)

Astuce

Pratiquez cet exercice dans une pièce calme et faites qu'il soit court et joyeux.

Pour enseigner le contrôle à distance, faites porter par votre chien une laisse enrouleuse et procédez comme suit :

1. **Faites-lui exécuter trois « Assis, pas bouger », puis revenez à côté de votre chiot et libérez-le en disant : « C'est bien ! »**
2. **Gardez votre chiot dans une position Pas bouger et marchez jusqu'au bout de la laisse.**
3. **Attendez. (Variez la durée chaque fois.)**
4. **Dites : « < Son Nom >, viens ! » en le stimulant. Signalez cet ordre en balançant votre bras droit le long de votre corps.**
5. **Dès que vous avez donné l'ordre, reculez le plus vite possible pour attirer votre chiot vers vous et laissez la laisse se rembobiner (ne lâchez pas l'extrémité de la laisse).**
6. **Quand votre chiot arrive près de vos pieds, faites monter vivement votre doigt du niveau de son nez jusqu'à vos yeux et tapez du pied sur le sol pour l'inciter à s'arrêter et à vous regarder.**
7. **Encouragez le contact visuel en vous tenant debout ou agenouillé et en faisant des bruits de baiser.**
8. **Libérez-le avec « C'est bien », et n'oubliez surtout pas de féliciter votre chiot.**

Astuce

Pratiquez « Viens » trois fois par session. C'est tout. Plus serait stressant pour votre chiot.

Développer la focalisation en introduisant des distractions

Si votre chiot s'excite quand il entend « Viens », vous avez bien travaillé. Vous pouvez maintenant encourager sa focalisation dans le contexte de distractions modérées et en augmentant la distance depuis laquelle vous l'appelez. Voici quelques suggestions (vous pouvez enrichir cette liste) : tentez cet exercice devant la télé, dans le jardin, devant les enfants, et au cours de vos repas. Dans un couloir ou un garage calme, attachez la laisse rétractable (voir chapitre 4) et augmentez progressivement la distance.

À retenir

Utiliser l'ordre « Viens » avec des distractions est plus difficile que dans un salon tranquille. La plupart des chiens essaient de faire attention à la fois à vous et aux distractions, ce qui est impossible. Si votre chiot est perplexe, tirez sur la laisse et utilisez les compliments ou une boîte à récompenses pour le focaliser.

Si vous avez du mal à retenir l'attention de votre chiot au milieu des distractions, vous n'êtes pas le seul. Mon conseil : insistez. N'abandonnez pas. Considérez le mot « Viens » comme équivalent de l'expression « se serrer l'un contre l'autre » et encouragez votre chiot à comprendre qu'être ensemble est ce qu'il y a de plus sûr, de plus merveilleux. Exercez-vous dans une pièce calme pendant un jour, en félicitant chaleureusement votre chiot s'il se concentre correctement. Puis essayez de nouveau avec la télé allumée :

1. **Laissez-le flairer un peu partout en traînant la laisse derrière lui.**
2. **Aménagez des pauses de durée variables avant de l'appeler.**
3. **Prenez une attitude détendue et dites : « < Son Nom >, viens ! »**
4. **Faites-lui signe de venir.**
5. **Encouragez-le à s'asseoir ou à s'appuyer contre vous pour être serré dans vos bras.**
6. **Si vous utilisez une friandise ou une combinaison clicker-friandise, récompensez-le à l'instant où il entre en contact avec vous.**

Augmentez lentement l'intensité des distractions. Si votre chiot est trop stimulé, pratiquez dans l'intervalle des distractions plus modérées pendant quelque temps.

À retenir

Vous n'êtes pas pressé. Éduquer votre chiot n'est pas un marathon. Et, quoi que vous fassiez, ne soyez pas frustré. La frustration tue l'enthousiasme.

Utilisez « Viens » chaque jour dans deux des situations suivantes (vous pouvez allonger la liste, mais ne pratiquez pas « Viens » plus de deux fois par jour) :

- Quand votre chiot est distrait au cours d'une promenade, au cours d'une session de formation normale, ou au bout d'une laisse enrouleuse.
- En outre, vous pouvez quitter votre chiot en courant, à tout moment de la journée, pour l'encourager à venir vers vous au moyen d'une boîte à récompenses ou d'un clicker assorti d'une récompense pour souligner vos retrouvailles.

Faites et ne faites pas

Voici quelques points à garder à l'esprit en enseignant l'ordre « Viens » :

Astuce

- **Utilisez-le modérément.** Si vous abusez de « Viens », les chiens cessent d'y faire attention. (N'oubliez pas les autres ordres qui figurent dans votre arsenal : « Rentre » pour rentrer dans la maison, « Allez » pour qu'il vous suive, et « Au pied » pour qu'il reste à vos côtés.)
- **Ne poursuivez pas votre chiot s'il ne vient pas.** Pratiquez en laisse pour le moment ou utilisez une longe pour lui donner davantage de possibilités d'exploration.
- **Ne l'appelez pas en vue d'une interaction négative.** Devez-vous brosser, baigner ou isoler votre chiot ? En pareil cas, n'utilisez pas « Viens ». Essayez de ne pas l'utiliser non plus quand vous êtes en colère. Vous ne réussiriez qu'à lui faire peur.
- **Utilisez un ordre différent pour faire rentrer votre chiot à la maison.** Revenir à l'intérieur n'est pas drôle pour votre chiot, pas plus amusant que d'être laissé seul ou d'être ignoré. Utilisez « Viens » pour faire rentrer votre chiot en fait un ordre négatif. Servez-vous d'un ordre spécifique comme « Rentre ». Commencez à l'utiliser en laisse quand vous ramenez votre chiot à la maison. Dépêchez-vous de lui offrir une friandise ou de lui jeter une balle.

Debout, pas bouger

L'ordre « Debout, pas bouger » est excellent pour essuyer des pattes couvertes de boue ou pour le toilettage.

1. **Agenouillez-vous sur le sol à côté de votre chiot.**
2. **Placez la main droite, paume vers l'extérieur, sur le collier de votre chiot.**
3. **Glissez la main gauche sous le ventre de votre chiot.**
4. **Dites « Debout, pas bouger » en plaçant votre chiot en position debout.**

Figure 10-9 L'ordre « Debout, pas bouger » permet de préparer le chien à la position de toilettage.

5. **Relâchez la main droite et faites glisser la main gauche pour qu'elle repose sur la cuisse de votre chiot.**
6. **Faites une pause, variable de deux à cinq secondes, et libérez-le en disant : « C'est bien ! »**

7. **Augmentez le temps de pause jusqu'à une minute.**
8. **Recommencez les opérations 2 à 7 en étant debout.**
9. **Mettez votre chiot dans la position voulue.**
10. **Rappelez-lui « Pas bouger » et retirez votre main gauche.**
11. **S'il ne bouge toujours pas, enlevez doucement la main droite de son collier.**

    Rappelez-lui « Pas bouger » aussi souvent qu'il le faut.

Une fois que votre chiot a compris, utilisez cet ordre chaque fois que la situation le demande. A-t-il les pattes couvertes de boue ? Donnez-lui l'ordre « Debout, pas bouger ». Bien sûr, il peut s'agiter. En ce cas, dites : « Ch… – Debout, pas bouger. » Pour le brossage, essayez la même chose.

Astuce

Quand vous commencez à utiliser cet ordre pour le toilettage, pensez à récompenser avec une friandise agréable tel un carré de jambon que vous donnerez à votre chiot pour être resté calme en position « Debout, pas bouger ». Après quelques essais se sera inscrite une bonne association dans l'esprit de votre chiot entre toilettage et récompense, il aura envie d'être toiletté, avec ou sans récompense ! Le toilettage deviendra un vrai plaisir pour votre chiot.

Leçons pour la puberté du chiot : 6 à 9 mois

À ce stade, le monde de votre chiot est gouverné par deux forces contradictoires : le désir de vous faire plaisir et le besoin de mettre à l'épreuve les capacités de ses leaders encore une fois, seulement pour s'assurer que ce qu'ils prétendent est vrai. Ne prenez pas cela en mauvaise part. Quand votre chiot aura compris que vous voulez bien dire ce que vous dites, c'est bien vous qui serez au volant. Voici quelques règles pour vous aider à traverser cette phase sans encombre :

- **Restez calme**. Ne laissez pas votre chiot voir que vous êtes en colère ou déçu. À ce stade de développement, quelle que soit l'espèce, la vue de votre mécontentement procure un plaisir pervers.

À retenir

- **Ne permettez pas à votre chiot de vous ignorer**. Si votre chiot vous défie à la suite d'un ordre et s'il est en laisse, renforcez ce que vous attendez de lui. S'il est hors laisse et s'il ignore un ordre en faisant la sourde oreille, ignorez-le et retirez-vous. Une retraite digne n'est pas un échec.
- **Augmentez son niveau de conscience**. Apprenez-lui ou rappelez-lui le sens de « Non ». Regardez les détails dans la section consacrée à « Non », plus haut dans ce chapitre.

Parler à votre chiot pubescent

Quand vous parlez à votre chiot durant cette phase, ayez à l'esprit les cinq conseils suivants :

» **Détachez-vous**. Évitez de vous sentir affecté personnellement par son comportement. Élever un chiot égale patience plus persévérance.

» **Restez maître de vous**. Quand votre chiot fait le malin, utilisez toute votre énergie pour rester cool. Si vous vous mettez en colère ou si vous êtes tendu, il saura qu'il vous porte sur les nerfs. À ce stade, vous entrez dans son jeu et vous suivez ses directives.

À retenir

Attention au contact visuel. Les chiots sont très préoccupés du statut à cet âge : « Suis-je un leader ou un suiveur ? » Ignorez les tentatives de votre chiot pour attirer votre attention. Caressez-le et regardez-le quand il est dans un état d'esprit tranquille. Accordez-lui un contact visuel pour diriger son comportement.

» **Revenez en arrière, s'il le faut**. Même si vous avez habitué votre chiot à se passer de la laisse, vous en aurez probablement besoin de nouveau dans cette phase. Quand il est stimulé à l'excès et incapable de se concentrer, attachez-le à votre côté ou laissez-le à sa place un moment avec un os.

» **Ayez des solutions de rechange**. En cas de troubles comportementaux – par exemple un accueil débridé des visiteurs, des vols d'objets, des fugues, et ainsi de suite – utilisez vos ordres, s'ils marchent. La plupart des chiens, cependant, deviennent temporairement sourds dans de telles situations, et vous devez avoir des solutions de remplacement. Vous en trouverez dans la section suivante « Traitement de problèmes courants ».

Traitement de problèmes courants

Certains problèmes peuvent surgir – ou resurgir – quand votre chiot arrive à la puberté.

Vol d'objets

Quand votre chiot vole un vêtement (ou tout autre objet), quittez l'endroit et fermez la porte derrière vous. À cet âge, les chiots ont plus envie de jouer que de détruire. Si vous l'ignorez, il cessera de trouver le jeu intéressant. Une autre solution est de quitter la maison : mettre votre manteau et prendre vos clés est une façon de le détourner de ses bêtises. Sortez votre chiot pendant une minute ou deux si vous essayez ce truc. Sinon, il comprendra votre ruse. En dernier recours, suivez-le sans contact visuel ni corrections, et coincez-le lentement dans un espace restreint. Retirez l'objet calmement en pinçant son museau et en disant « Donne ». Ne corrigez jamais un chiot en utilisant l'ordre « Donne », il perdrait rapidement confiance en vous.

Figure 10-10 Vous pouvez essayer d'échanger l'objet contre un de ses jeux.

Chiot fugueur

La fuite d'un chiot est plus que pénible – elle est dangereuse. Vous ne devez jamais laisser votre chiot hors laisse à moins d'être dans un endroit clos. Si vous voulez le laisser libre dans un endroit ouvert, attachez-le à une longue corde de 8 à 16 mètres, afin de pouvoir saisir cette corde rapidement si nécessaire. Si votre chiot réussit à se faufiler, ayez des plans tout préparés. Voici quelques conseils :

» **Essayez un ordre ou deux. S'ils ne marchent pas, arrêtez. Ne paniquez pas.**

» **Essayez de courir en tous sens comme si vous étiez devenu fou (sans contact visuel), en criant et en agitant les bras. Laissez-vous tomber sur le sol et voyez si ce comportement étrange et intéressant le fait accourir.**

» **Essayez de monter dans la voiture. Beaucoup de chiens ne supportent pas de ne pas participer à un voyage.**

» **Si rien ne marche, suivez-le calmement pour vous assurer qu'il ne court pas de danger. Crier ne ferait qu'empirer la situation. Arrêtez la circulation si vous le pouvez, et demandez de l'aide si vous en avez besoin.**

Attention !

Ne vous fâchez pas contre votre chiot après les faits. Sinon, il se méfiera encore plus de vos ruses. N'utilisez jamais des friandises dans l'espoir de l'acheter, car les friandises utilisées de cette manière renforcent les mauvais comportements.

Si votre chiot réitère les fugues, faites appel rapidement à un professionnel qui saura vous guider. (Voir annexe Carnet d'adresses.)

Les cinq ordres principaux

Quand vous faites de l'éducation dans cette phase, il y a lieu de renforcer votre maîtrise de tous les ordres appris jusqu'ici par votre chiot (voir les sections précédentes). Voici les cinq ordres que je vous encourage à utiliser le plus souvent :

Les promenades avec « Au pied »

Continuez d'utiliser « Au pied » pour contrôler votre chiot durant les promenades. En outre, servez-vous de cet ordre pour appeler votre chiot à venir à côté de vous. Pour lui enseigner ce principe :

1. **Mettez-le en laisse et faites-le marcher devant vous.**
2. **Brusquement, appelez-le par son nom et donnez l'ordre « Au pied » en tapant sur votre cuisse gauche (figure 10-11).**

Figure 10-11
Chiot en cours d'apprentissage de « Au pied ».

3. **Faites un pas de géant vers l'avant en le tirant jusqu'à votre côté et en enroulant la laisse.**

   Conduisez-le jusqu'à votre côté gauche en lui faisant décrire un U ou jusqu'à votre côté droit en le faisant passer derrière vous. Quand il arrive à votre côté, assurez-vous qu'il s'assied avant de lui dire « C'est bon ».

Astuce

Lorsqu'il maîtrise l'ordre « Au pied » (avec une claque sur votre cuisse), commencez à l'encourager à venir auprès de vous malgré des distractions (en laisse dans un premier temps) quand vous êtes assis. Donnez toujours l'ordre de façon positive, habituez-le à s'asseoir correctement et félicitez-le chaleureusement avant de lui rendre la liberté en disant « C'est bien ».

Renforcer les bonnes manières avec « Assis »

Continuez de demander « Assis » à votre chiot dans toutes les situations. L'exécution de cet ordre est l'équivalent de l'expression humaine « s'il te plaît ». Ne donnez l'ordre qu'une seule fois. S'il n'obéit pas, tirez-le avec la laisse pour lui faire comprendre « Non » et donnez-lui l'ordre à nouveau. Mettez-le en place s'il ne vous écoute pas.

Utilisation de « Couché » dans toutes sortes de situations

Continuez de travailler l'ordre « Couché » même si votre chiot ne veut pas coopérer (voir figure 10-12). Mettez-le en place en appuyant sur ses points de pression situés entre ses omoplates, et en soulevant l'une de ses pattes pour modifier son équilibre. Ignorez-le s'il se roule par terre en faisant le fou ou mordille vos lacets de chaussures (marchez sur la laisse pour qu'il puisse seulement rester couché confortablement). Ne lui dites « C'est bien » que lorsqu'il s'est calmé.

Figure 10-12
L'ordre « Couché » utilisé avec un chiot récalcitrant pendant la puberté.

Astuce

Quand votre chiot commence à coopérer, utilisez « Couché » pour tout, comme la remise d'une friandise (tenez-la près du sol et dites « Couché ») et avant son repas (couvrez sa gamelle avec votre main et, en la posant par terre, dites « Couché » ; dès qu'il se couche, retirez votre main).

Pratiquer « Attends » parmi d'autres distractions

Continuez d'utiliser l'ordre « Attends » pour attirer l'attention de votre chiot près des portes, des voitures, des escaliers, ou en entrant dans une zone de fortes stimulations (par exemple le cabinet du vétérinaire, une pièce pleine d'enfants, ou un cours d'éducation canine). Cet ordre devrait arrêter instantanément votre chiot et le faire attendre avant de vous suivre. Si vous réussissez à l'utiliser dans les situations décrites dans la section « Attends et C'est bien » (plus haut dans ce chapitre), commencez à l'employer durant les promenades en laisse. Voici comment utiliser « Attends » en laisse :

1. **Arrêtez-vous d'un seul coup en disant « Attends ».**
2. **Stoppez net si le chiot ne s'arrête pas avec vous.**
3. **Rendez-lui la liberté en disant « C'est bien ».**

Utilisation de « Non » à l'extérieur

Quand votre chiot a compris que quand vous dites « Non », il doit vous prendre au sérieux, commencez à utiliser cet ordre à l'extérieur avec les chiens, les cyclistes et les autres tentations qu'il rencontre. Tirez sur la laisse un bon coup en disant « Non » sur un ton de grande fermeté.

Les leçons de la période avant l'âge adulte : 9 à 12 mois

Au cours de la phase précédente (la puberté du chiot), je déconseille toutes les techniques correctives sauf les plus douces lors de son apprentissage. Maintenant que votre chiot est devenu plus mûr, il est prêt, du point de vue émotionnel, à apprendre que tout ce qu'il fait ne vous plaît pas nécessairement. Votre chiot se comporte d'une façon naturelle en testant votre souplesse quant aux ordres qu'il a appris. Dans les phases précédentes, vous étiez absorbé par le processus d'apprentissage. Vous avez montré à votre chiot ce que voulait dire exactement chacun des ordres enseignés. Maintenant il le sait. Chaque fois qu'il ne réagit pas ou réagit à sa manière, il vous questionne. Si vous vous répétez ou si vous le mettez vous-même en place, il n'apprendra jamais à réagir de lui-même.

À retenir

Pour développer la conscience canine, vous devez faire deux choses :

» **Décider ce que vous voulez quand vous donnez un ordre.**

» **Aller jusqu'au bout. Si vos attentes ne sont pas claires, la réaction de votre chiot ne le sera pas non plus.**

À ce stade, en pratiquant les ordres, évitez de vous répéter ou de mettre votre chiot en place immédiatement. S'il ne réagit pas, soyez ferme. S'il ne réagit toujours pas, réfléchissez à votre ton (est-il suffisamment sévère ?) et faites des ajustements s'il y a lieu. Si votre chiot continue de vous ignorer, mettez-le en place sans le féliciter.

À retenir

Si votre chiot change la position quand vous vous arrêtez dans la position « Au pied », s'avance lors des ordres « Pas bouger » ou va se mettre devant vous à des ordres de mouvement, il teste votre détermination et votre cohérence. Si vous le laissez faire, vous récompensez ses capacités de testeur. En pareil cas, repositionnez-le fermement mais sans brutalité immédiatement tout en le manœuvrant avec la laisse. Cette méthode peut nécessiter plusieurs tentatives et mettre votre animal bien-aimé de mauvaise humeur, mais si vous laissez la structure s'en aller à vau-l'eau, vous n'aurez jamais un chien fiable hors laisse (consultez le chapitre 11 au sujet de l'apprentissage hors laisse).

DANS CE CHAPITRE

Préparation au contrôle hors laisse

L'équipement approprié

Respect des limites du chiot

Protection du chiot hors laisse par le « Couché » d'urgence

Chapitre 11

Passage au contrôle hors laisse

Il est impossible de surestimer le plaisir de vivre avec un chien bien éduqué. Au chapitre 10, je traite des techniques basées sur l'utilisation de la laisse ; maîtrisez tous les exercices qui y sont décrits avant de commencer les exercices du présent chapitre.

Que votre but soit d'avoir un chiot hors laisse à la maison ou qui réagit bien quand vous êtes en promenade dans un parc, la question qui se pose vraiment est : « Comment savoir si vous et votre chiot êtes prêts pour l'apprentissage du contrôle hors laisse ? » En vérité, il n'y a pas d'âge, de saison ou de jour qui puissent convenir comme par magie : le fait d'être prêt se mesure par l'expérience. Si vous pratiquez les ordres hors laisse et si votre chiot donne des signes de stress (comme lécher ses babines, être hyperactif, mordiller des fils ou mordre), il vous signale la nécessité de réduire vos attentes pour le moment. Les chiots montrent qu'ils sont prêts en établissant le contact visuel de manière concentrée, en réagissant vite et en coopérant. Un chiot a son propre schéma d'évolution à cet égard : le travail hors laisse suppose un contrôle de l'impulsivité qui se manifeste à n'importe quel moment entre les âges de 6 et 18 mois. Continuez à lire pour savoir quand commencer.

Préparation mentale au contrôle hors laisse

Pour avoir le contrôle hors laisse, vous devez le gagner. Souvenez-vous que les chiens sont attirés par la confiance, et vous devez agir avec fermeté, en étant sûr de vous (même si vous êtes obligé de faire semblant). Cependant, en travaillant au contrôle hors laisse, ne soyez pas trop audacieux trop tôt. Quand la laisse disparaît du cou de votre chiot, vous ressentez peut-être une crainte qui vous pince au creux de l'estomac, et votre chiot remarquera que vous avez soudain moins de contrôle sur lui. S'il ne veut pas venir et s'il est libre de courir, vous pouvez rester perplexe et désemparé. Le contrôle hors laisse implique de lire et de relire votre chiot constamment et de vous rendre compte que votre chiot vous lit lui aussi. Pour avoir le contrôle, vous devez avoir l'air d'un leader, avoir confiance et faire montre d'assurance, pour que votre chiot se fie à votre jugement.

À retenir

Voici trois suggestions relatives à votre préparation mentale :

- **Restez détendu**. Votre chiot peut se comporter de manière confuse et non réactive parce que vous ne le guidez plus. Vous aviez l'habitude de donner l'ordre et de le guider avec la laisse. Maintenant vous ne le faites plus, et cela lui semble gênant. Quelle que soit la réaction de votre chiot, restez calme. Toute correction ajoute à sa confusion. Rendez votre langage corporel plus animé et renforcez la confiance qu'il vous accorde en utilisant des paroles optimistes.
- **Restez attentif**. Le contact visuel communique le contrôle. Votre chiot doit vous observer. Si c'est l'inverse, vous êtes le suiveur. Pour éviter d'être le suiveur, veillez à toujours travailler dans un espace clos ou avec le chien au bout d'une longe pour pouvoir l'ignorer s'il désobéit. Si vous êtes près de votre maison, rentrez.
- **Revenez en arrière**. Votre chiot réagit merveilleusement hors laisse… jusqu'à ce que quelqu'un sonne à la porte, qu'un écureuil traverse l'allée principale du jardin ou qu'un autre chien passe en trottant devant la grille d'entrée. Soudain tout ce qu'il a appris s'évanouit, et vous revenez au stade où il vous ignore. Laissez-moi vous confier un secret : le contrôle hors laisse prend du temps. Si votre chiot travaille bien mais a toujours du mal dans une situation stimulante, revenez aux exercices en laisse dans des situations assorties de distractions (voir chapitre 10). L'usage d'une laisse aide à contrôler la situation tout en suscitant un comportement plus adéquat.

Que faut-il pour que votre chiot soit prêt mentalement ? La maturité favorise vos desseins. En devenant adulte, votre chiot devient davantage prévisible. L'aventure et les bêtises risquent de perdre beaucoup de leur attrait pour lui. La joie de votre chien sera davantage suscitée par le travail silencieux en équipe et les activités qu'il partage avec vous.

Astuce

Tenez compte des instincts de la race de votre chiot en travaillant pour le rendre fiable hors laisse. Par exemple, un terrier, dont la race a été développée pour qu'il suive indépendamment ses instincts de chasseur, est beaucoup moins impressionné par les ordres que vous lui donnez qu'un berger des Shetland, qui vit pour la compagnie et les directives du berger. Les lévriers et les races nordiques donnent aussi des chiots à surveiller de près, parce que leurs instincts peuvent s'avérer plus forts que les ordres reçus. Faites quelques recherches pour découvrir si la race de votre chiot a été créée pour travailler de concert avec l'homme ou pour travailler indépendamment. Les chiens indépendants ont besoin de davantage de persuasion pour se focaliser sur vous (un clicker et de la nourriture peuvent faire merveille). S'agissant d'un chien indépendant, comprenez que la fiabilité à 100 % peut ne pas être un objectif réaliste.

Achat du bon équipement – et son usage correct

Pour parvenir à l'obéissance hors laisse, vous devez pratiquer des exercices qui étendent votre contrôle à des distances de plus en plus grandes. Avant de commencer, procurez-vous les articles suivants (décrits plus en détail dans la suite de cette section) :

- **Des laisses enrouleuses** : la laisse enrouleuse est indispensable au travail avancé – plus elle est longue, mieux c'est.
- **Laisse d'intérieur traînée par le chien** : une laisse légère d'une longueur approximative de 1 à 2 mètres portée dans la maison.
- **Laisse courte** : cette laisse doit être assez longue pour qu'on puisse s'en saisir mais assez courte pour ne pas distraire votre chien (20 centimètres est une longueur courante).
- **Corde à arbre** : attachez une laisse de 6 mètres à un arbre. Utilisez l'emplacement en question pour pratiquer à distance des ordres « Pas bouger ». Vous pouvez utiliser une simple laisse en tissu ou une corde à linge attachée par un mousqueton que vous trouverez dans une quincaillerie. Servez-vous de cette corde pour le contrôle à distance par les ordres « Attends », « Au pied », « Couché », et « Viens ».
- **Une longe** : une laisse en tissus de 8 à 15 mètres de long ou une corde à linge.

À retenir

Attachez toutes ces laisses ou cordes au collier de votre chiot.

Les chiens hors laisse ne sont pas créés du jour au lendemain. L'éducation est un processus pas à pas. Servez-vous de votre nouvel équipement pour augmenter la focalisation de votre chiot, mais il ne faut pas que les doigts vous démangent. Le fait qu'il se comporte bien au bout de la laisse rétractable un jour ne veut pas dire qu'il est prêt à courir hors laisse le lendemain. Prenez votre temps. Bien que j'explique séparément comment éduquer au moyen de chacun de ces outils, vous pouvez les utiliser alternativement pour varier la routine de votre chiot, maintenir son intérêt et sa coopération !

La laisse enrouleuse

La laisse enrouleuse est un outil excellent pour l'éducation avec contrôle à distance quand vous travaillez seul dans un espace ouvert. En fait, c'est le seul cas où je recommande son usage. Cette laisse donne à votre chiot une liberté limitée pour explorer, tout en vous permettant d'imposer l'exécution des ordres donnés. Vous pouvez utiliser la laisse enrouleuse comme outil d'éducation pour renforcer les ordres suivants :

» **< Son Nom > :** prononcez le nom de votre chiot avec enthousiasme. S'il vous regarde, félicitez-le. C'est tout ce dont vous avez besoin – juste un regard. S'il vous ignore, félicitez-le après qu'il a fait attention à vous.

» **Attends :** commencez par demander à votre chiot, par cet ordre, de s'arrêter 1 mètre devant vous. S'il continue d'avancer, dites :« Non, attends » en vous arrêtant net. Augmentez la distance jusqu'à 2 mètres, 2,50 m, 5 mètres, et 8 mètres devant vous.

Figure 11-1
La laisse enrouleuse permet d'augmenter les distances peu à peu.

» **Assis, pas bouger :** utilisez la laisse enrouleuse pour augmenter votre contrôle à distance. Augmentez la distance progressivement. (Pour habituer votre chiot à la tension de la laisse enrouleuse, pivotez devant lui et laissez la laisse se dérouler plusieurs fois.)

» **Au pied :** utilisez cet ordre pour rappeler votre chiot à vos côtés. Dites son nom, puis dites « Au pied » en tapant sur votre jambe. Félicitez votre chiot pendant qu'il obéit, puis marchez une courte distance avant de vous arrêter et de lui rendre sa liberté.

» **Non :** chaque fois que votre chiot se focalise sur quelque chose qu'il devrait ignorer, arrêtez-vous net et dites « Non ». Fixez immédiatement son attention sur un jouet, un bâton ou un ordre différent.

Laisse d'intérieur traînée par le chien

Utilisez une laisse d'intérieur traînée par le chien (une laisse légère ou une corde, de 1,20 m à 1,80 m) pour garder un œil sur lui dans la maison. Tout au long de la journée, mettez-vous près de la laisse et donnez un ordre (« Assis », « Couché », « Attends » ou « Viens »). Si votre chiot ne comprend pas, placez-vous sur la laisse et félicitez-le tout en l'aidant à prendre la position. Par exemple, si vous donnez l'ordre « Couché » et s'il vous fixe d'un regard terne, marchez sur la laisse pour l'arrêter, puis félicitez-le tout en le guidant pour qu'il prenne la position demandée. Votre compréhension peut l'aider à surmonter la perplexité résultant de la situation hors laisse.

Astuce

Si votre chiot vous donne une réplique canine de défi (un aboiement ou un mouvement brusque d'évitement), marchez sur la laisse et dites « Non ». Puis mettez-le à sa place et ignorez-le pendant 15 minutes – l'équivalent canin de l'enfant renvoyé dans sa chambre et privé de télé.

Une laisse courte

Quand votre chiot obéit de manière fiable avec la laisse traînée, utilisez une laisse courte pour renforcer l'effet de vos ordres de mouvement : « Assis », « Pas bouger », « Couché », « Attends », « Au pied » et « Viens » (consultez le chapitre précédent pour plus d'informations sur ces ordres). La laisse courte ajoute du poids à son collier, lui rappelle la sécurité des ordres donnés en laisse, tout en vous donnant le moyen de le guider calmement s'il ne comprend pas. En plus d'utiliser la laisse courte à divers endroits dans la maison, utilisez-la pour une leçon une fois par jour. Amenez votre chiot dans une pièce tranquille et faites-le travailler des ordres de direction simples. Tenez la laisse au début, puis laissez-la tomber lorsque vous êtes échauffé. Tapez sur votre jambe, et utilisez des signaux de la main assortis d'un langage corporel animé pour renforcer l'attention de votre chien.

Une corde à arbre de 6 mètres

Attachez cette corde à un arbre ou un poteau. Vérifiez tous les nœuds. Laissez la corde sur le sol et réalisez la séquence d'exercices suivante :

1. **Procédez à un échauffement de cinq minutes d'exercices normaux en laisse.**
2. **Arrêtez votre chiot à côté de la corde de 6 mètres et attachez-la discrètement à son collier.**
3. **Enlevez la laisse normale et placez-la sur le sol devant lui ; gardez les mains libres.**

4. **Après avoir donné l'ordre « Pas bouger », éloignez-vous de 3 mètres.**

   Augmentez la distance au fur et à mesure qu'il arrive à mieux se contrôler. Passez les mains dans les cheveux et balancez doucement les bras d'avant en arrière pour souligner que la laisse n'est plus dans vos mains.

5. **Au fur et à mesure que votre chiot progresse, réalisez un « Assis, pas bouger » sans le voir, effectuez un « Couché » depuis un « Assis, pas bouger », et exercez-vous au « Couché, pas bouger ».**

Vous pouvez aussi pratiquer la leçon « Viens », sans toutefois appeler à une distance supérieure à ce que permet la corde, au-delà de laquelle le chiot pourrait s'éloigner de vous à toute allure et ignorer votre ordre. S'il exploite une telle occasion pour vous ignorer et fonce pour s'échapper, attendez qu'il soit sur le point d'arriver au bout de la corde pour crier : « Non ! » Remettez-le dans sa position initiale et répétez l'exercice à une distance plus courte.

Astuce

Si votre chiot désobéit, déterminez si son comportement résulte de l'anxiété, de la perplexité ou du défi. S'il est perplexe ou anxieux, sa posture va se réduire, sa queue s'abaisser, et ses oreilles comme ses yeux auront des mouvements saccadés trahissant la détresse. Ne procédez pas à une correction : elle engendrerait encore plus de stress que quand vous êtes séparés l'un de l'autre. Revenez tranquillement auprès de lui et repositionnez-le gentiment. Répétez l'exercice à courte distance.

Astuce

Si votre chiot rompt son immobilité comme pour vous tester, il s'en ira en trottant et en vous ignorant complètement ou il essaiera de vous inciter à un jeu de course-poursuite. Sa tête et sa queue se tiendront hautes, ses yeux éviteront le contact ou tenteront de vous défier en se fixant sur vous. Ou bien dites « Non » fermement quand il se bloquera au bout de la corde, ou bien s'il continue à vous tester, revenez tranquillement près de lui et, tout en diminuant la longueur de la corde, dites « Non ». Remettez-le en place et répétez l'exercice à une courte distance ou revenez à la pratique des exercices en laisse.

Une longe de 9 mètres

Attachez votre chiot à la longe de 9 mètres et laissez-le courir librement en gardant un œil sur lui. Provoquez-le en jouant avec un bâton ou une balle et inspectez les environs ensemble. Évitez de donner trop d'ordres. Soyez seulement là et jouissez d'un moment de liberté avec votre chiot. Toutes les cinq minutes, placez-vous près de la corde et donnez un ordre clair et enthousiaste.

À retenir

Si vous donnez un ordre d'arrêt comme « Assis », « Attends » ou « Couché », arrêtez-vous brusquement et faites un signal en même temps que vous donnez l'ordre. Si vous émettez un ordre de mouvement tel que « Viens » ou « Au pied », courez en reculant tout en encourageant votre chiot à venir vers vous. S'il se précipite vers vous, aidez-le à prendre la position appropriée et étreignez-le un bon coup. Si votre chiot vous ignore, marchez vite sur la corde et dites « Non ». (Ne criez pas ; parlez seulement sur un ton ferme.) Après cette sanction, donnez à votre chien une autre chance d'avoir la bonne réaction avant de lever la corde pour la tirer ou de faire venir le chien jusqu'à vous en enroulant la corde. Terminez la session par un jeu favori.

Attention !

Ne marchez jamais sur la laisse quand votre chiot est en pleine course, vous pourriez le blesser. Récupérez la laisse rapidement dans votre main, dans un premier temps ralentissez-le, puis stoppez-le.

Ne pratiquez aucune séance d'éducation avec une longe attachée au cou de votre chien à proximité d'une route : s'il devait s'échapper, une voiture pourrait l'éviter mais ne pourrait éviter de rouler sur la longe.

Jauger les réactions de votre chiot

En pratiquant divers exercices, vous pourriez constater que votre chiot appartient à l'une de deux catégories : celle de l'explorateur excitable ou celle du chiot plus timide et dépendant. Aucune de ces attitudes n'est préférable. L'une comme l'autre justifient que vous les jaugiez si votre but est d'apprécier les moments que vous passez ensemble. Un chiot très excitable est difficile à canaliser et risque de se sauver si vous ne lui apprenez pas à contrôler ses impulsions. En revanche, un chiot inquiet quand il ne vous voit pas n'appréciera pas la splendeur d'une promenade hors laisse et peut sembler menaçant à des personnes qui le croisent. Garder le chiot focalisé sur vous, quelles que soient sa personnalité ou la situation, est la clé de la réussite des expériences hors laisse.

Parole de chiot

Votre chiot observe

Savez-vous que votre chiot peut vous lire aussi bien, et peut-être mieux, que vous ne pouvez le lire ? Si votre timing est décalé d'un cheveu ou si votre esprit dérive un tant soit peu, il le remarque et sa coopération s'en ressent. Il profite de votre relâchement moins par manque de respect que par besoin d'apprendre les règles de ce nouveau jeu hors laisse. Pratiquez vos leçons seulement quand vous pouvez faire attention aux détails et utilisez une longe pour empêcher tout accident. Si vous perdez vraiment le contrôle, ayez quelques solutions de rechange, comme courir jusqu'à la voiture, faire semblant d'avoir un accident terrible ou secouer une tasse de friandises. Soyez positif quand vous êtes réunis pour qu'il apprécie les retrouvailles.

Astuce

Si vous soupçonnez que votre chiot est distrait, procédez à un exercice rapide pour vous en assurer. Réduisez brusquement votre vitesse, accélérez soudainement ou éloignez-vous de lui. Suit-il votre rythme et votre direction ou avance-t-il à son propre rythme ? Incitez-le à l'aide de sa laisse à revenir vers vous et félicitez-le quand il se recentre.

Un explorateur excitable

Vous savez que vous avez un chiot ayant cette personnalité s'il est extraverti, sociable et d'une insatiable curiosité partout où vous l'emmenez. L'hésitation ne fait pas partie de son vocabulaire ! Avant de faire un exercice hors laisse avec votre explorateur excitable, fatiguez-le un peu. Jouez à des jeux (d'intérieur ou d'extérieur) ne demandant pas une grande conformité à des règles. Le football avec des balles en caoutchouc rebondissantes et le jeu des deux jouets jetés (voir chapitre 18) sont deux merveilleuses options. Au début, faites les exercices avant les repas de votre chiot, en vous servant de ses croquettes ou de friandises spéciales pour augmenter sa concentration et sa coopération.

Un clicker peut souvent apporter une étincelle d'intérêt supplémentaire pour les leçons. Si votre chiot est trop excité pour réagir correctement, faites les exercices en laisse pendant la moitié de la leçon ou bien revenez aux questions de base pendant quelques semaines de plus.

Un chiot plus timide

Si votre chiot est prudent, il aura moins tendance à courir librement quand vous déferez sa laisse. Sa queue peut immédiatement se coller sous son ventre, ses oreilles se plier vers l'arrière et ses yeux commencer à se tourner en tous sens à la recherche d'un endroit familier pour s'y réfugier.

À retenir

Ne réconfortez pas votre chiot timide. Agissez avec confiance comme si rien n'avait changé – cette attitude impressionnera votre chiot. Jusque-là, sa laisse jouait le même rôle qu'une couverture à laquelle s'attache un jeune enfant – elle lui donne un sentiment de sécurité, jusqu'au moment de sa disparition. Votre but est d'aider votre chiot à être rassuré par votre présence et les ordres que vous lui donnez. Essayez les procédés ci-après pour inciter votre chiot à plus de confiance en vous et plus de respect pour vos instructions.

- Faites davantage de signes de la main.
- Utilisez une boîte à récompenses et la combinaison clicker-friandises (si le son du clicker n'effraye pas votre chiot).
- Comportez-vous d'une façon qui pique sa curiosité, comme jouer avec un bâton ou un jouet, ou faire semblant d'être intéressé par une odeur.

Le « Couché » d'urgence totalement assimilé

Le chapitre 10 traite de l'ordre « Couché ». Mais dans un souci de sécurité hors laisse, vous devez faire un pas de plus pour parvenir à l'ordre « Couché » des situations d'urgence. Le « Couché » d'urgence (voir figure 11-2) est une version extrême de l'ordre « Couché », qui fera coucher votre chiot en un clin d'œil. Il peut lui sauver la vie. Je l'ai utilisé pour stopper l'un de mes chiots qui avait rompu la position « Pas bouger » pour aller dire bonjour à mon mari, alors qu'il marchait pour rentrer à la maison sur le trottoir opposé d'une rue très fréquentée.

À retenir

Au début, votre chiot peut être un peu perplexe, et vous devez être patient et rester positif tout au long de vos sessions de dressage. Ne commencez pas à pratiquer cet exercice tant que votre chiot ne maîtrise pas l'ordre « Couché » (voir chapitre 10). Pour enseigner à votre chiot le « Couché » d'urgence, procédez aux opérations ci-après :

1. **Soyez debout auprès de votre chiot, qui ne doit se douter de rien.**
2. **Dites soudain « Couché » sur un ton urgent en pointant vers le sol.**

   Utilisez le genre de ton que vous prendriez en voyant une personne chère sur le point de tomber dans le vide en marchant le long d'une falaise.

Figure 11-2
Le « Couché » d'urgence peut sauver la vie de votre chien à plusieurs reprises.

3. **Agenouillez-vous rapidement et aidez le chiot à prendre la position s'il semble perplexe.**
4. **Faites comme si vous étiez catastrophé, vous aussi, en vous agenouillant à côté de votre chiot.**

Votre chiot ne mettra pas longtemps à comprendre. À ce moment-là, commencez à accroître la distance depuis laquelle vous dites « Couché » de votre ton le plus urgent. C'est vrai, le « Couché » d'urgence sauve réellement des vies.

Attention !

L'exercice du « Couché » d'urgence est très stressant. Limitez son usage à une séquence totalement inattendue de « Couché » d'urgence par jour.

Partie 4

Problèmes de comportement

Dans cette partie…

Dans cette partie, vous découvrez la manière de surmonter les difficultés quotidiennes – apprendre à votre chiot ce qu'il peut mâchonner, où faire ses besoins, ainsi que les bonnes manières qui feront de lui le chiot préféré du quartier. Vous y trouverez aussi des indications sur les remèdes à l'agression, à l'anxiété provoquée par la séparation et à d'autres comportements inacceptables en société.

DANS CE CHAPITRE

Comment traiter le problème du mâchonnement

•

Que faire si votre chiot mordille ou prend votre bras ou votre main dans sa gueule

•

Remèdes pour le chiot qui saute

•

La meilleure façon d'éduquer votre chiot

Chapitre 12

Les soucis quotidiens

Personne n'aime avoir des tapis abîmés par le mâchonnement des chiots, des portes griffées ou des visiteurs cherchant à éviter un chiot qui leur saute dessus quand vous ouvrez la porte. Le premier pas vers la résolution de ces difficultés, c'est de comprendre que vous et votre chiot ne partagez pas la même vision du monde. Par exemple, quand votre chiot saute après des visiteurs, il vit avec la plus grande joie chacune des minutes de chaos durant lesquelles vous essayez de l'obliger à rester par terre. Et bien que vous n'en soyez pas conscient, le mâchonnement d'un tapis est habituellement un signe d'ennui, d'anxiété ou de dents qui percent. Pour faire disparaître les comportements qui vous déplaisent, vous devez les examiner du point de vue de votre chiot, après quoi vous devrez modifier *votre* comportement pour changer ses réactions.

Dans ce chapitre, je traite le mâchonnement, les sauts, l'aboiement, et la fuite après vol d'objet. (Les infractions graves sont traitées au chapitre 14.) La façon de remédier à ces comportements n'est pas très compliquée, à condition de suivre quelques principes directeurs.

Trois ingrédients d'une bonne correction

Quand vous corrigez votre chiot, vous ne décelez aucune compréhension dans son expression – ce que vous y voyez, c'est de la peur pure et simple. Si votre but est d'apprendre à votre chiot d'éviter certains comportements, faites très attention à la manière dont il perçoit vos réactions, puis modifiez-les pour qu'elles comportent les trois ingrédients d'une correction vraiment utile :

- **Elle doit être perçue comme venant de l'environnement, non de vous.**
- **Elle doit provoquer l'arrêt immédiat de l'interaction.**
- **Elle implique de diriger l'attention du chiot par un moyen verbal ou physique vers une activité de substitution plus appropriée, récompensée par le rétablissement du lien avec vous.**

À retenir

L'attention (négative ou positive) renforçant le comportement, il est facile de voir pourquoi on peut interrompre une activité par le simple fait de supprimer l'interaction. Une réaction environnementale peut inclure la secousse de la laisse que l'on tire, un jet d'une bouteille de spray ou un bruit violent, comme celui obtenu en secouant une boîte de conserve remplie de pièces de monnaie ou un avertisseur de voiture bruyant. Je vous propose des interruptions spécifiques pour chaque section, mais n'oubliez pas, après l'interruption, de diriger votre chiot vers une autre activité qui rétablit son contact avec vous.

Stopper la frénésie du mâchonnement

Mâchouiller est une chose que font les chiots. Ils ne font pas la différence entre un pied de table, la tête d'une poupée ou un marron. Comme les enfants, ils sont curieux du monde qui les entoure, et ils adorent explorer. Les enfants explorent avec les mains, et les chiots avec la gueule. En outre, les chiots font leurs dents entre 3 mois et 11 mois. Au cours de cette période, ils peuvent se faire les dents sur vos meubles ou sur vos chaussures préférées pour soulager leur inconfort. Pour prévenir d'éventuelles destructions, donnez des jouets faits pour être mâchouillés (type Kong) et encouragez leur utilisation. En même temps, soyez patient et utilisez les techniques éprouvées décrites dans cette section.

Figure 12-1 Les chiots ont tendance à mâchouiller tout ce qu'ils trouvent, avec un enthousiasme d'explorateur.

Procurez-vous un spray répulsif pour chien – en quantité

Les sprays répulsifs, qui ont une substance au mauvais goût, s'achètent dans la plupart des magasins pour animaux de compagnie. Si vous surprenez votre chiot en train de mordiller les meubles proches de son emplacement, aspergez-les tous en évitant d'en mettre sur son lit et son os. De même, s'il ronge d'autres objets comme des fils électriques ou de téléphone, approchez discrètement de votre chiot et mettez-en sur ce qu'il est en train de grignoter. Vous devez toujours lui fournir un autre objet à grignoter après l'avoir découragé, et donc après avoir traité un objet au spray répulsif, dirigez-le vers son os.

Astuce

Que vous le croyiez ou non, certains chiots aiment le goût de certains sprays répulsifs. Si votre chiot est membre fondateur de ce club, essayez le jus de poivron rouge avec un peu d'ail ou de Tabasco. N'hésitez pas cependant à changer de marque.

Offrez un jouet principal et un surplus de surprises

Trop d'objets parmi lesquels choisir peut troubler votre chiot. Choisissez un jouet ou un os qui satisfait le besoin de mâchouillement de votre chiot, achetez-en de multiples exemplaires, et éparpillez-les dans la maison pour qu'ils soient rapidement accessibles. Voici quelques autres suggestions :

» Gardez votre collection de jouets dans un endroit particulier (un coffre ou un tiroir spécifique), et sortez-en un pour les occasions spéciales d'interaction.

» Affectez un jouet exclusivement aux salutations. J'utilise un os creux garni de pâte alimentaire Kong spécial chiot. (Voir annexe Carnet d'adresses.)

Ayez conscience du phénomène de la mise en valeur sur l'objet

Parole de chiot

Si vous criez contre votre chiot *après* qu'il a commencé à se saisir d'un objet qu'il ne devrait pas prendre, vous ne faites que nuire à votre relation avec lui. Crier après indique la valeur de l'objet – ce dont le chiot s'est saisi est précieux, car vous le défiez pour le lui reprendre. Si la punition intervient trop tard, votre chiot pense : « Ce que j'ai est formidable – tout le monde veut me le prendre ! »

Au lieu de punir après coup, mettez en scène des situations vous permettant de corriger le processus de pensée de votre chiot (voir la section suivante « Corrigez le processus de pensée »). Vous pouvez aussi utiliser des boîtes à récompenses (voir « Utilisez des boîtes à récompenses quand votre chiot est pris sur le fait », plus loin dans cette section).

Corrigez le processus de pensée

Attention !

Corriger un chiot de n'importe quel âge après coup est inefficace et nuit à votre relation. En revanche, corriger le processus de pensée – et ensuite s'en prendre à l'objet intéressant – place la focalisation négative en dehors de votre relation.

Astuce

Mettez en scène une situation comportant une chose qui obsède votre chiot – des mouchoirs en papier, une chaussure, une poupée Barbie ou n'importe quoi d'autre qui l'attire particulièrement – et déroulez les étapes ci-après :

1. **Tandis que votre chiot se repose, placez l'objet sur le sol au beau milieu d'une autre pièce.**
2. **Amenez votre chiot en laisse jusqu'à l'objet.**
3. **L'instant où votre chiot remarque l'objet, dites « Non » et stoppez net.**
4. **Ramassez l'objet sans regarder votre chiot (voir figure 12-2).**

Figure 12-2 « Vilaine chaussette ! » Criez après l'objet, pas après votre chiot.

Vous avez bien lu : dirigez votre réprimande sur l'objet, pas contre votre chiot. Vous réalisez la version chiot – qui met l'accent non sur l'idée qu'il fait une faute, mais sur le fait que l'objet est dangereux pour lui.

5. **Marchez de nouveau auprès de l'objet.**

   Votre chiot doit l'éviter comme la peste (voir figure 12-3). S'il ne le fait pas, pensez à son âge – il peut être trop impulsif pour assimiler cette leçon (attendez un mois et recommencez cette séquence), vous l'avez peut-être regardé, ou peut-être votre timing était décalé. Dites « Non » tandis que votre chiot approche de l'objet et rangez l'objet en exprimant votre mécontentement mais tout en prenant soin de ne pas regarder votre chiot.

Figure 12-3 « Quelle chaussette ? » Si vous disputez un objet, ensuite votre chiot l'évitera.

Attention !

Ne faites pas cet exercice hors laisse. Si vous ne pouvez pas le contenir, il risque de se mettre à danser et à partir comme une flèche, transformant cette leçon en une partie de cache-cache.

Utilisez cette technique pour intercepter votre chiot au cours de son processus de pensée. S'il a déjà un objet dans la gueule, c'est trop tard. Restez très calme à ce stade et concentrez-vous sur l'idée de lui apprendre à partager ce qu'il a trouvé plutôt que de convoiter les objets. Vous pouvez y arriver en utilisant une laisse traînante (voir chapitre 4) et vous pouvez faire ce que je fais, qui est d'apprendre à mes chiots à partager leurs trésors en secouant une tasse de boîte à récompenses – pour plus d'informations, continuez à lire.

Utilisez des boîtes à récompenses quand votre chiot est pris sur le fait

Astuce

En premier lieu vous devez faire comprendre à votre chiot que votre approche mettant en jeu une boîte à récompenses est une bonne chose. Pour ce faire, chaque fois que votre chiot grignote un objet acceptable, allez le voir en secouant la tasse, dites « Donne », offrez-lui une friandise, et partez. Quand votre chiot prend son repas, secouez la tasse, dites « Donne », donnez-lui une friandise, et partez.

Quand il a compris que votre approche n'est pas menaçante, la prochaine fois que votre chiot prend un objet que vous ne voulez pas qu'il prenne, trouvez une boîte à récompenses, secouez-la et dites « Donne » en lui offrant une friandise. Félicitez-le quand il lâche l'objet et aidez-le à trouver un jouet à mâchouiller. Vous pouvez dire alors « Où est ton os ? » pour l'encourager. Bien que cette technique ne décourage pas le chiot de recommencer, elle l'encourage à partager ses trésors, ce qui peut vous épargner bien des dépenses de remplacement. Un système de restitution est préférable à un chiot destructeur.

Contrôler la prise dans la gueule et le mordillement

La prise dans la gueule et le mordillement sont deux comportements différents. La *prise dans la gueule* n'est qu'une infraction mineure. Quand votre chiot vous prend la main ou le bras dans la gueule, il vous communique un besoin, vous fait part de son embarras ou vous invite à une interaction ludique. Bien que la prise dans la gueule serre moins fort que le mordillement et soit moins désagréable, elle n'est tout de même pas plaisante. Le *mordillement* en revanche est une activité que pratiquent tous les jeunes chiots ; il est à la fois interactif et ludique. (Mais si vous avez un chiot assez âgé qui continue de le faire, lisez le chapitre 14 sur l'agression.) La prise dans la gueule communique le plus souvent un besoin. Cependant, elle est aussi fréquemment utilisée pour attirer l'attention. Si votre chiot s'en sert pour réclamer une petite tape amicale, ignorez-le. Faites comme s'il n'était pas là. Évitez tout contact visuel, tout commentaire, et ne le repoussez pas. L'interaction implique le contact visuel et une manipulation physique – ce qui n'est pas bon, le chiot obtenant ainsi l'attention qu'il recherchait serait récompensé. Ensuite dirigez votre chiot vers un os ou un jouet, et si vous le pouvez, prenez quelques minutes pour jouer avec lui ou l'emmener faire ses besoins.

Figure 12-4 Découragez le mordillement.

Attention !

Les chiots interprètent la discipline comme un jeu impliquant une confrontation. Des corrections corporelles excessives entraînent l'agression, et il est plus sage de garder son calme.

Corriger des chiots de moins de 16 semaines

Les jeunes chiots pratiquent beaucoup la prise dans la gueule. Ils le font en jouant, mais aussi pour communiquer leurs besoins. Donc, si votre chiot n'arrête pas de vous prendre avec sa gueule, demandez-vous s'il n'a pas besoin de quelque chose, comme de sortir ou de boire.

Les conseils ci-après peuvent vous aider à contrôler la prise dans la gueule et le mordillement :

- Si votre chiot n'a besoin de rien mais n'arrête pas pour autant, mettez-le dans son parc ou isolez-le avec un os favori. Ne le disputez pas, amenez-le tranquillement à sa place.
- Chaque fois que votre chiot vous lèche, félicitez-le en lui accordant de l'attention.
- Refusez-lui votre attention s'il vous mordille doucement. Laissez votre main immobile, car la retirer serait une invitation à jouer et à mordiller plus fort.
- Si votre chiot se met à mordiller fort, tournez-vous brusquement, dites « Hep, hep » et regardez-le dans les yeux pendant deux secondes. Du seul fait que vous ne le regardez pas souvent, ce regard intense le surprendra. Tout aussi rapidement, revenez à votre comportement normal.

  S'il persiste, placez-le dans un endroit tranquille pour qu'il se calme.

Correction de chiots de plus de 16 semaines

Si vous avez un chiot Peter Pan, qui mordille toujours après l'âge de 16 semaines, vous devez maintenant commencer à lui faire perdre cette habitude. Il continuera (encore quelques semaines), mais vous devez lui faire comprendre que c'est inacceptable. Voici quelques conseils pour y parvenir :

Attention !

- » **Arrêtez tous les jeux impliquant un défi ou trop d'excitation**. Ces jeux comprennent la lutte, le tir à la corde, poursuivre votre chiot, et le taquiner. En pratiquant ce genre d'activité, vous envoyez un mauvais message. Ces jeux apprennent aux chiots à vous défier et à serrer les dents très fort sur *n'importe quel* objet – une laisse, le linge, votre chemise, voire votre peau. Vous trouverez des jeux d'une autre sorte au chapitre 18.
- » **Découragez tout mordillement, qu'il s'agisse d'un coup de dent sur votre bras ou d'un grignotage de votre doigt**.
- » **Mettez en œuvre les exercices de conduite des chapitres 9 et 10**. Il est temps que vous commenciez à structurer vos interactions.

À retenir

- » **Maintenez une laisse sur votre chiot afin d'avoir un moyen de le diriger tout en évitant la confrontation physique**. Si votre chiot ne porte pas de laisse, attachez une laisse traînante à son collier.
- » **Si votre chiot se met à vous prendre avec la gueule, tournez-vous vers lui et utilisez sa laisse ou son collier pour l'éloigner de votre corps, ou appliquez un spray buccal sur l'endroit qu'il prend dans sa gueule**. Ne fixez pas votre chiot quand vous le corrigez – il prendrait alors votre intervention comme un jeu impliquant la confrontation.
- » **S'il continue de mordiller, posez-vous ces questions** : ai-je l'air convaincant ? Est-ce que je le tire ? (Tirer encourage le jeu.) Mon chiot me prend-il au sérieux ? Vous pouvez avoir besoin de plus de dressage avant de gagner son respect. Veuillez vous référer aux exercices des chapitres 9 et 10.

  Si cette habitude ne diminue pas en intensité, contactez rapidement un professionnel (voir annexe Carnet d'adresses).

Corriger le chiot qui se sauve avec un objet dans la gueule

Les chiots étant des chiots, il est inévitable qu'ils attrapent des choses et souvent se sauvent avec. Si ce qu'ils prennent est une balle ou un jouet couineur, vous n'avez pas de problème. Mais si ce sont vos enfants ou vos vêtements, c'est un vrai problème. Vous devez donc apprendre au chiot ce qu'il est acceptable d'attraper pour tirer dessus et ce qui est interdit.

À l'assaut du peignoir de bain

Si votre chiot est un attrapeur de vêtements, diluez un peu de spray répulsif dans un nébuliseur pour les plantes et ayez-le avec vous quand vous suspectez un assaut. Ne vous retournez pas et ne faites pas face à votre chiot quand il saute après vos vêtements (il interpréterait cela comme une confrontation). Sans le regarder ni réagir, mettez du spray sur vos vêtements pendant que votre chiot déclenche cette interaction, et continuez de marcher.

Attention !

Si le problème persiste, demandez de l'aide maintenant. Il peut déboucher sur l'agression après la puberté. Ce n'est pas une plaisanterie.

Le poursuiveur d'enfants

Des enfants qui courent dans le jardin, dans un appartement ou une maison sont une grande tentation. Si vous étiez un chiot, vous sauteriez et vous mordilleriez vous aussi. Comme vous ne pouvez pas apprendre aux enfants de cesser d'être des enfants, vous devez aider votre chiot à contrôler ses impulsions. Suivez les indications ci-après :

1. **Mettez votre chiot en laisse et demandez aux enfants de courir devant vous.**
2. **Chaque fois que votre chiot semble tenté de foncer sur eux, retenez-le et dites « Ch... ».**
3. **Répétez l'opération aussi souvent que nécessaire pour reprendre le contrôle.**

Après avoir apprivoisé votre chiot à l'intérieur, répétez les opérations à l'extérieur : d'abord en laisse, puis en longe.

Figure 12-5
Procédez à des mises en scène pour refréner l'instinct de poursuite de votre chiot.

Stopper l'élan du joyeux sauteur

Parole de chiot

La première étape en vue de la résolution du problème est d'en comprendre la genèse. Les chiots nous perçoivent comme d'autres chiots, et le contact visuel est un important moyen de communication canine. Nos yeux sont plus hauts que les leurs, et donc pour être aimables et nous saluer correctement, ils pensent qu'ils doivent sauter. La première fois que votre chiot saute vers vous, vous le serrez dans vos bras parce que vous le trouvez tellement mignon. Mais vers la dixième fois, vous vous rendez compte que sauter ainsi n'est pas mignon. Le chiot se fait habituellement repousser. Mais qu'est-ce qu'une poussée pour un chiot ? Vous l'avez deviné : jeu à base de confrontation. Le chiot saute plus haut et plus fort la fois suivante. Alors vous essayez de repousser ses pattes avec les pieds, de les attraper avec les mains et de crier – et bien sûr, toutes ces actions ont le même effet. Après toutes ces bousculades, votre chiot pense que sauter est très interactif et très amusant.

À retenir

Les chiots qui sautent ont besoin d'apprendre la *règle des quatre pattes*, qui veut dire que l'on ne fait attention à eux que lorsqu'ils ont les quatre pattes sur le sol. Cela dit, tout le monde dans votre maison doit respecter cette règle – y compris les amis et les visiteurs. Pour que votre chiot comprenne que la règle des quatre pattes s'applique partout et avec tout le monde, il ne faut pas d'exception ! Vous découvrirez que votre chiot n'est pas le plus difficile à éduquer !

Tu es rentré ! Tu es rentré !

La meilleure façon de remédier aux sauts quand vous rentrez chez vous est d'ignorer votre chiot. Essayez pendant une semaine, en appliquant les suggestions ci-après :

» Rentrez chez vous et ignorez votre chiot jusqu'à ce qu'il ait abandonné sa manie de sauter.

» Placez un panier contenant des balles ou des jouets couineurs près de la porte. En rentrant, jetez-en un sur le sol pour diriger ailleurs que sur vous l'énergie de votre chiot.

» Si votre chiot est dans son parc, ne le laissez pas sortir immédiatement ; attendez qu'il soit calme.

Astuce

Si vous avez des enfants, quand le chiot saute, dites-leur de « fermer la boutique », et faites de même. Croisez les bras sur votre poitrine et regardez le ciel (voir figure 12-6). Ne regardez pas vers le bas tant que la route n'est pas libre. Souvenez-vous que la cohérence est la clé de la réussite. Si un seul membre de la famille applique le programme tandis que les autres encouragent les sauts, votre chiot va tester tous les visiteurs en sautant sur eux.

Figure 12-6 Fermez la boutique jusqu'à ce que votre chiot se calme.

À retenir

Les chiots imitent le niveau d'énergie de leurs leaders. Si vous rentrez chez vous et trouvez un chiot excité, et si vous êtes excité vous aussi, le message que vous envoyez ainsi est que son excitation est acceptable. C'est pourquoi vous devez entrer tranquillement et attendre que votre chiot soit calmé pour le saluer.

Ce canapé a vraiment l'air confortable

Attention !

La plupart des gens invitent les chiots sur leurs fauteuils ou leurs canapés et le regrettent plus tard. Si vous avez un chiot et si vous ne voulez pas le voir tout le temps sur vos fauteuils et canapés, faites-vous une faveur et découragez ce comportement dès le départ.

Apprendre aux jeunes chiots à rester au sol

Si votre délinquant est très jeune, l'habitude n'est pas trop difficile à briser, dès lors que vous êtes systématique. Voici les étapes d'apprentissage :

1. **Mettez votre chiot en laisse et marchez jusqu'à votre lit ou votre canapé.**
2. **À la seconde où il se prépare à sauter, tirez-le doucement en arrière et dites : « Non ! »**

3. **Encouragez-le à s'asseoir, et, dès qu'il le fait, caressez-le.**
4. **Marchez de long en large jusqu'à ce qu'il s'asseye.**

Après avoir obtenu ce premier résultat, essayez les mêmes manœuvres avec un membre de la famille assis sur le canapé ou le lit :

1. **Conduisez le chiot jusqu'au canapé ou au lit et asseyez-vous-y vous-même.**
2. **S'il se prépare à sauter, barrez-lui le passage et ignorez-le jusqu'à ce qu'il s'asseye tranquillement.**
3. **Récompensez sa coopération par un jouet qu'il peut mâchouiller.**

À retenir

Les jeunes chiots doivent être éduqués à rester au sol parce que le fait de vous voir au-dessus d'eux, sur un canapé ou un lit, leur communique votre autorité passivement. Quand votre chiot grandit, vous pouvez le dresser à ne venir sur un canapé ou un fauteuil qu'avec une permission, selon le processus décrit plus loin dans cette section.

Astuce

Soyez juste – installez un coin de jeu à proximité pour que votre chiot se sente bienvenu et dirigé quand vous vous reposez dans un fauteuil ou un canapé. (Voir l'aménagement de stations de jeu au chapitre 4.)

L'apprentissage de la permission pour les chiots plus âgés

À vrai dire, j'aime me pelotonner avec mes chiens sur le canapé et parfois même sur le lit – surtout quand je suis malade. Cependant, chacun de mes chiens a appris à ne sauter qu'avec la permission. Est-ce troublant pour un chien ? Pas vraiment. Votre chiot peut apprendre n'importe quoi si vos règles sont cohérentes.

Attention !

Attendez que votre chiot ait au moins 6 mois pour introduire le concept de « permission ». Jusque-là, vous devez lui apprendre à rester au niveau du sol pour être sûr qu'il respecte votre autorité et ne vous considère pas comme un chiot.

Voici comment apprendre à votre chiot à vous rejoindre sur un fauteuil ou un canapé quand il y est invité :

1. **Pas de fauteuil, de lit ni de canapé pendant une semaine.**

   Ce point est important pour vous permettre d'acquérir le respect et l'attention de votre chiot. Suivez les indications de la section traitant la façon d'apprendre au chiot à rester au sol.

2. **Amenez votre chiot près du canapé ou du lit et donnez-lui les ordres « Assis » et « Attends ».**

Rester assis et vous regarder est la façon dont votre chiot doit apprendre à demander la permission de vous rejoindre (voir figure 12-7).

3. **Ensuite, tapez sur le coussin et dites « Saute ».**

   Il s'immobilisera et aura l'air perplexe.

4. **Guidez-le doucement jusqu'à vous et caressez-le tendrement.**
5. **Après cinq à dix minutes, faites-le partir du canapé ou du lit et dites « Descends ».**

Figure 12-7
Votre chiot doit demander la permission de vous rejoindre en s'asseyant et en vous regardant.

Ne l'invitez qu'une ou deux fois par jour. Le reste du temps, dirigez-le vers son emplacement en disant « Va à ta place ».

Si votre chiot s'excite quand il est sur un canapé, il est trop jeune pour contrôler l'exaltation que lui procure sa présence à votre niveau. Attendez deux mois avant de réessayer l'apprentissage de la permission.

Il semblerait que j'aie besoin d'aide

Trouver l'assistance adéquate en vue du dressage est essentiel en cas de besoin. Le dressage est un effort commun entre vous et votre chiot. Mes clients seraient les premiers à vous dire que le dressage est un mélange d'actes appropriés – depuis la façon de tenir la laisse, en passant par le ton de votre voix, jusqu'à la façon de vous tenir – qui aident votre chiot à apprendre ce que vous essayez de lui enseigner.

Trouver un bon éducateur – ayant des connaissances approfondies sur le comportement des chiots – peut vraiment vous sauver la vie. Beaucoup de mes clients font appel à moi en désespoir de cause, et finissent par découvrir un merveilleux chiot après avoir modifié leur propre comportement. D'après mon expérience, c'est habituellement le propriétaire du chiot qui a un problème. C'est pourquoi j'éduque le propriétaire, et le chiot se comporte correctement. L'éducation est souvent aussi simple que cela.

À retenir

Tous les éducateurs n'exercent pas cette profession pour l'amour du chiot. Je vous suggère de vous méfier et de refuser tout traitement violent sur votre chiot. D'autres éducateurs sont merveilleux avec les chiots mais ne sont pas doués pour communiquer avec les humains. Cherchez quelqu'un qui puisse vous éduquer vous-même aussi bien que votre chiot.

À savoir

Le MFEC (Mouvement français des éducateurs de chiens de compagnie) est une association qui s'est fixée comme objectifs de regrouper les éducateurs français et professionnels dans un même esprit : l'utilisation de méthodes amicales et positives pour l'éducation et la rééducation des chiens de compagnie, d'organiser un congrès annuel ouvert à tous pour partager les connaissances et de diffuser un bulletin quadrimestriel sur l'éducation et le comportement animal. Sur le site du MFEC est répertoriée par région une liste d'éducateurs spécialisés ou non en rééducation comportementale, ayant signé le code déontologique pour une éducation respectueuse des chiens et des maîtres. Vous pouvez en tant que maître adhérer à l'association.

Le Syndicat national des professionnels du chien et du chat (SNPCC) regroupe et défend les professionnels (toiletteurs, éleveurs, éducateurs, etc.). Vous pouvez les contacter pour une adresse, un conseil ou un simple renseignement et consulter leur annuaire de professionnels.

Pour les coordonnées de ces associations, reportez-vous à la rubrique Carnet d'adresses en annexe.

DANS CE CHAPITRE

Comment calmer un aboyeur

•

Le chiot qui creuse des trous

•

Le chiot qui s'excite sur notre jambe

•

L'angoisse de la séparation

•

Donner confiance à un chiot timide

Chapitre 13

Quand l'anxiété frappe

Il n'est jamais drôle de voir son jardin reconfiguré par les pattes de son chiot. Mais avant de vous mettre à le disputer, vous devriez passer un peu de temps pour découvrir ce qui provoque ses réactions. Par exemple, un chiot qui déchire des oreillers quand vous partez, mais qui tremble et prend un air coupable à votre retour, ne dispose pas d'aptitudes humaines, contraires à sa nature – en d'autres termes, il ne comprend pas ce qu'il a fait. Mais si vous creusez, vous trouverez qu'il souffre probablement d'angoisse de séparation, et que cette angoisse s'amplifiera si vous réagissez de manière excessive.

C'est pourquoi, dans ce chapitre, je vous montre les réactions que vous devez avoir à l'égard des comportements de votre chiot. Je vous montre de près les nombreux comportements provoqués par l'anxiété – les aboiements excessifs, les trous et la timidité. Pensez seulement que vous ne pourrez pas calmer le stress de votre chiot d'un seul coup. Après avoir joué au psychiatre et avoir découvert pourquoi votre chiot se comporte ainsi, vous devrez modifier votre environnement et votre attitude pour remédier complètement à son stress. Continuez à lire pour découvrir comment faire.

Calmer l'aboyeur infernal

Un chien qui aboie est un vrai problème. La solution dépend de ce qui l'incite à aboyer. En attendant de l'avoir découvert, vous devez faire attention à la manière dont vous réagissez à ses aboiements.

À retenir

Le péché capital, quand vous voulez rééduquer votre aboyeur, c'est de crier. Quand vous criez, votre chiot pense que vous aboyez aussi, ce qui provoque – vous l'avez deviné – davantage d'aboiements. Pour résoudre votre problème, restez calme et suivez les conseils donnés dans cette section.

Quelques aboiements brefs pour annoncer l'arrivée d'un visiteur à la porte sont appréciables. Mais je suppose que vous êtes agacé quand les aboiements ne cessent pas. Vous trouverez au chapitre 9 des conseils sur la façon de traiter un chiot qui aboie sans cesse à la porte.

L'aboiement après tout et n'importe quoi

Votre chiot aboie-t-il après tout ce qu'il voit ou entend ? En ce cas, rien ne passera inaperçu chez vous – des cyclistes, les enfants des voisins ou de petites créatures qui traversent le jardin. Pour certaines personnes, l'aboiement du chien fait autant partie de la vie quotidienne que le bruit du vent dans les arbres. Mais pour les autres, l'aboiement incessant est une véritable souffrance.

Figure 13-1 Pour résoudre les problèmes d'aboiements, surtout ne criez pas.

Parole de chiot

L'aboiement engendre une incitation supplémentaire à aboyer : chaque fois qu'il aboie après quelque chose, depuis la fenêtre ou le jardin, la chose disparaît. Bien sûr, vous et moi, nous savons que le facteur va de toute façon continuer de se déplacer, mais ne le dites pas à votre chiot. Il pense que son aboiement énergique a fait partir le facteur – ce qui renforce son ego.

Pour calmer votre aboyeur opiniâtre, essayez les approches ci-après :

- **Commencez son éducation immédiatement.** Les chiots qui aboient après tout ce qu'ils remarquent préviennent leur groupe de l'arrivée d'intrus sur son territoire. Votre chiot doit comprendre que vous êtes la personne qui gère ces intrusions. Pour faire passer le message à votre chiot, appliquez les leçons prévues en fonction de l'âge, décrites au chapitre 10.
- **Évitez de laisser votre chiot tout seul trop longtemps.** Le confinement sans surveillance engendre souvent l'ennui et le comportement territorial. La combinaison de ces deux éléments peut produire un maniaque de l'aboiement.
- **Empêchez votre chiot d'accéder à des endroits qu'il utilise comme postes d'observation, comme un canapé dans le salon ou le rebord d'une fenêtre.** S'il monte la garde la nuit, mettez-le dans un parc ou attachez-le dans votre chambre la nuit, en lui laissant 1 mètre de liberté de mouvement pour qu'il puisse s'étendre confortablement sur son lit.

Chaque fois que vous voyez votre chiot manifester un intérêt soudain, dites « Ch...t » (le « t » supplémentaire renforce l'effet de ce son) et utilisez une boîte à récompenses pour l'attirer jusqu'à vous. S'il vous ignore, mettez-lui une laisse traînante pour pouvoir reprendre rapidement le contrôle (voir au chapitre 4 comment utiliser une laisse traînante). Utilisez des boîtes remplies de pièces pour renforcer votre « ch...t ».

Astuce

Vous trouverez sur le marché de nombreux colliers visant à décourager l'habitude de l'aboiement. N'utilisez jamais les colliers à stimulation électrique, c'est dangereux et cruel ; de plus les dégâts occasionnés par ces colliers peuvent être irrémédiables sur le mental du chiot. Je me suis servie des colliers à la citronnelle avec un relatif succès. Ces colliers marchent parce que l'aboiement du chien provoque un jet immédiat de citronnelle, qui le surprend et dont il n'aime pas l'odeur. Les critiques que j'entends le plus souvent sont que la réserve de jus de citronnelle s'épuise, que le chiot apprend à se tenir tranquille quand il porte le collier (chiot astucieux !) mais que la citronnelle est déclenchée à tort par des bruits ou des mouvements. En fin de compte, je pense que la meilleure solution consiste à régler le problème en modifiant à la fois l'environnement et votre attitude.

Aboiement en voiture

Être enfermée dans une voiture avec un chien qui aboie est ma version du purgatoire. La voiture crée un effet voisin de la situation territoriale que je décris au chapitre 14. Votre chiot aboie, et les objets qui passent disparaissent – encore plus vite dans le cas d'une voiture en mouvement.

À retenir

Crier après votre chiot n'est pas ce qu'il faut faire, et supplier pour qu'il se taise ne marchera pas non plus. Ce problème tend à disparaître progressivement au fur et à mesure de l'éducation. En attendant, vous pouvez essayer les approches suivantes pour décourager ce comportement :

» Obligez votre chiot à se taire pendant que vous conduisez en l'attachant à une laisse de sécurité (décrite au chapitre 4).

» Forcez votre chiot à s'asseoir avant de le laisser entrer dans la voiture ou de le laisser sortir. Dites « Attends » et donnez la permission d'entrer par « C'est bon ». Après tout, la voiture est à vous, non à lui.

» Si possible, demandez à quelqu'un d'autre de conduire pendant que vous êtes assis près de votre chiot et que vous vous occupez de lui.

» Jouez de la musique classique et restez calme. Votre chiot perçoit toute irritation que vous éprouvez comme une incitation à accroître sa férocité.

» Utilisez une cage de transport qui sécurise votre chiot et l'empêche d'être stimulé par les éléments extérieurs. Son usage peut avoir un effet miraculeux sur les aboiements.

» Ignorez les aboiements si vous conduisez – conduire est un travail en soi.

» Si vous êtes en stationnement quand votre chiot aboie, secouez une boîte de conserve remplie de pièces en disant « ch...t ».

» Si votre chiot aboie après un employé d'une station-service ou d'un péage, demandez-lui de lui lancer de loin une friandise à travers la fenêtre ouverte. On peut espérer que votre chiot en fera une association plus positive.

Attention !

Si vous pensez que votre chiot est proche de l'agression territoriale, reportez-vous au chapitre 14 et faites appel à un professionnel.

L'aboiement pour attirer l'attention ou protester

Tous les chiots passent par une phase où ils ne peuvent supporter d'être laissés seuls. Si vous encouragez un chiot qui aboie pour protester ou attirer l'attention, vous en ferez un chiot trop gâté. Mais, si vous ignorez le problème, votre compagnon ou votre compagne risque de menacer de vous quitter. Y a-t-il un juste milieu ? Pas vraiment, mais je puis vous faire quelques suggestions :

» Ignorez les aboiements si vous le pouvez, et ne criez jamais parce que vos cris entraîneraient, vous l'avez deviné, encore plus d'aboiements. Les boules Quies peuvent aider.

» Abstenez-vous des départs et des arrivées grandioses, qui excitent trop votre chiot. (Le chapitre 9 donne des conseils sur la façon de se comporter lors des départs et des arrivées.)

» Votre chien aime être avec vous. Évitez les problèmes à la maison en le gardant près de vous en laisse ou en le faisant rester à sa place de la manière décrite au chapitre 9.

» Mettez de la pâte alimentaire Kong ou des friandises dans un os creux et donnez-le-lui en partant.

» Lancez vers lui (pas sur lui) une boîte de conserve remplie de pièces quand il commence à aboyer. Le but est de l'amener à penser que la réaction vient de l'environnement, non de vous, et qu'en cessant d'aboyer il suscite immédiatement votre attention.

» Ne revenez vers votre chiot que quand il s'est calmé. Si vous devez intervenir dans sa crise d'aboiement, allez jusqu'à lui sans contact visuel ni commentaire, mettez-le en laisse, et enfermez-le ou promenez-le pendant une demi-heure.

Venir à bout des creusements

Creuser est souvent le passe-temps favori d'un chiot – surtout dans le cas des groupes de races terrier, sportif et nordique. Creuser est un excellent moyen de soulager l'ennui, c'est une réaction au stress (à cause d'un déménagement, à un nouveau bébé, à des travaux dans la maison), et c'est l'expression d'un besoin de compagnie, surtout pour les chiots de 8 à 11 mois.

À retenir

Tous les chiots passent par une phase où ils ne peuvent pas supporter d'être seuls. Ils deviennent agités, et un chiot agité creuse. Malheureusement, vous ne pouvez pas apprendre à votre chiot à ne pas creuser. Au lieu de cela, vous devez lui procurer un endroit tout à lui où il peut creuser. Voici quelques suggestions :

» Choisissez un endroit où votre chiot peut creuser tant qu'il veut, que cet endroit soit près de la maison ou dans un parc (si vous habitez en appartement). Vous pouvez aussi acheter à votre chiot une boîte de sable pour lui permettre de satisfaire plusieurs fois par semaine son besoin de creuser.

» Apportez des jouets et des friandises à cacher avant de commencer à creuser. Et n'oubliez pas vos gants de jardinage.

» Allez chaque jour avec votre chiot jusqu'à l'emplacement prévu pour creuser et dites-lui : « Creuse ! »

» Faites une fête du creusement. Creusez avec votre chiot et encouragez-le.

» Si vous prenez votre chiot en train de creuser à un endroit interdit, corrigez-le en disant « Non ! » et dites-lui en l'escortant jusqu'à l'endroit approprié : « Creuse ! »

Figure 13-2 Les chiots adorent creuser !

À retenir

Arroser votre chiot avec un jet d'eau ou placer des pièges à souris est cruel, et je n'encourage pas ces techniques de correction. Une méthode plus humaine serait de placer les propres crottes du chiot (à condition qu'il n'aime pas les manger) dans le trou avec une dose de poivre rouge avant de le recouvrir.

Astuce

Aimez-vous jardiner ? Eh bien, si c'est le cas et si votre chiot vous voit jardiner, devinez quoi ? C'est cela – le singe voit, le singe fait. Je vous suggère de laisser votre chiot à l'intérieur quand vous jardinez. C'est trop tentant pour lui de vous voir creuser quelque part toute la journée. Ne faites des trous ensemble qu'à l'emplacement prévu à cet effet pour votre chiot.

La plupart des chiots creusent s'ils sont laissés dehors quand vous êtes à la maison. Ils adorent creuser tandis que vous les voyez – c'est un moyen certain d'attirer l'attention. Essayez d'organiser l'intérieur de la maison de telle sorte que votre chiot puisse y rester quand vous êtes dans le jardin.

Comme c'est embarrassant ! Décourager les élans sexuels

Certains chiots s'en prennent aux enfants (et même aux adultes) quand ils sont trop excités, éprouvent un surgissement hormonal ou ne se contrôlent plus. N'en soyez cependant pas trop embarrassé. Ce comportement résulte davantage d'impulsions erratiques ou du désir de domination que d'une préférence sexuelle. Savoir cela ne rend cependant pas la chose davantage acceptable. Les chiens qui font cela sont des chiens tyranniques qui sont surexcités dans certaines situations. Voici comment vous pouvez y remédier :

1. **Faites porter à votre chiot une laisse de 1 mètre à l'intérieur comme à l'extérieur.**
2. **Quand il commence à « monter », prenez calmement la courte laisse et tirez dessus rapidement et fermement.**

   Ne faites pas face à un chiot en train de « monter » : il percevra ce type de réaction comme un défi ou une invitation à jouer. Votre attention l'incitera à recommencer. Pour la même raison, évitez tout contact visuel et ne le repoussez pas.
3. **Dès que votre chiot a de nouveau les quatre pattes sur le sol, tenez-vous très droit, regardez-le de haut pour souligner votre taille, et dites : « Stop ! »**
4. **Isolez ou immobilisez votre chiot pendant 15 minutes sans lui accorder la moindre attention.**

Attention !

Si votre chiot réagit agressivement à un point quelconque des actions ci-dessus, mettez fin aux punitions et demandez l'aide d'un professionnel. Votre chiot peut réagir de manière intense parce qu'il perçoit la situation comme une lutte pour le pouvoir.

En complément de ces remèdes, passez plus de temps à socialiser votre chiot ailleurs qu'à la maison (les environnements non familiers intimident même les chiots les plus entreprenants) et appliquez-vous encore davantage aux leçons de dressage. Tout comme aux enfants, la structure des leçons peut inculquer aux chiots la civilité.

À retenir

Ceux qui pensent que cette manifestation d'élan sexuel est un comportement de mâle se trompent dans une large mesure. Bien qu'il existe une période (entre 4 et 9 mois) durant laquelle le développement hormonal peut déclencher l'instinct sexuel d'un chien mâle, l'assaut sexuel sert principalement à relâcher la tension ou à tester le rang. Ne vous affolez pas si votre chienne escalade votre oreiller ou le chihuahua de votre voisine.

Surmonter l'angoisse de la séparation

Les chiots ont la hantise de la séparation. S'ils le pouvaient, ils vous suivraient au bout du monde. Mais hélas, ils ne le peuvent pas. Les chiots qui souffrent de l'angoisse de la séparation peuvent grignoter de façon destructive, souiller le sol, aboyer à l'excès ou se livrer à d'autres débordements destructeurs. Toutefois, ils ne font pas cela pour se venger – les chiots ne peuvent penser de cette manière. Ce que vous observez n'est que la manifestation de l'anxiété canine. Suivez ces règles de base :

- Ne corrigez jamais votre chiot après les faits. Jamais. Il ne peut faire la liaison entre les destructions et les corrections ; les corrections sont reliées à votre arrivée, ce qui rend le chiot encore plus anxieux à votre prochaine absence.
- Abstenez-vous des « bonjours » et des « au revoir » à grand spectacle. Couvrir votre chiot de baisers, de biscuits, et de l'assurance de votre dévotion ne le rassure pas. Au contraire, ce comportement le démoralise.
- Laissez marcher une radio jouant de la musique classique pour couvrir les bruits inhabituels.
- Placez votre chiot dans un endroit parcimonieusement éclairé pour l'inciter à dormir.
- Laissez-lui un jouet favori à mâchouiller. Frottez ce jouet entre les paumes des mains pour l'imprégner de votre odeur.

Si vous partez pour plus de six heures, essayez de trouver quelqu'un pour sortir votre chiot. Si nécessaire, protégez votre maison contre les destructions ou achetez un parc à chiot que vous placerez à l'intérieur (voir chapitre 4). Ces parcs intérieurs, qui se plient commodément quand vous êtes chez vous, peuvent être dépliés avant votre départ pour fournir à votre chiot un espace approprié quand vous vous absentez assez longtemps. Les chiots se sentent à l'étroit s'ils sont laissés dans un chenil trop petit pendant plus de six heures et peuvent souffrir d'une *anxiété excessive due à l'isolement*. Ce type d'anxiété entraîne à votre retour un rituel d'accueil maniaque. En bref, le fait d'avoir été séparé de vous rend le chiot anxieux, et il y remédie par l'hyperactivité.

À retenir

Quand vous êtes chez vous, diminuez temporairement de 50 % l'attention que vous accordez à votre chiot pendant deux semaines consécutives tout en pratiquant les autres exercices décrits dans cette section. Passer de beaucoup d'attention à plus d'attention du tout est un contraste trop important pour un chiot.

Essayez aussi de pratiquer des exercices de départ, de la manière suivante :

1. **Laissez votre chiot à un emplacement familier.**
2. **Donnez l'ordre « Attends » et quittez la pièce 15 secondes.**
3. **Revenez et ignorez-le jusqu'à ce qu'il soit calme et félicitez-le tendrement.**
4. **Répétez ces opérations 10 fois ou jusqu'à ce que votre chiot reste calme.**

Poursuivez ces brèves séparations jusqu'à ce qu'il ne manifeste plus d'anxiété. Puis doublez le temps de séparation et répétez la procédure. Continuez à doubler le temps d'absence jusqu'à ce que vous puissiez quitter la pièce pendant 30 minutes. Quand votre chiot supporte bien d'être seul 30 minutes, revenez aux séparations brèves, mais cette fois quittez la maison. Augmentez la durée d'absence progressivement jusqu'à 30 minutes. Recommencez depuis le début, mais cette fois montez dans la voiture et démarrez-la.

Avec de la patience, vous augmenterez la confiance de votre chiot et pourrez le quitter pendant des périodes de plus en plus longues.

Votre vétérinaire peut prescrire pour votre chiot un médicament approuvé pour contribuer à réduire l'angoisse de la séparation. Cependant, ces médicaments ne devraient pas être utilisés sans intervention sur les comportements, soit par le vétérinaire lui-même, soit par une personne ayant son approbation. (Si vous recherchez de l'aide, prenez soin d'éviter les éducateurs qui encouragent la punition.)

Astuce

Si votre chiot tend à détruire des choses quand vous partez, préparez-lui une pochette-surprise : mettez une sélection de friandises, de jouets et de choses à ronger dans un sac en papier kraft, fermez-le en le froissant, et placez-le au milieu du sol quand vous partez. Ce sac ne suffira pas pour supprimer son anxiété, mais lui donnera un centre d'intérêt, car la plus grande partie de la tension se produit dans les cinq premières minutes après votre départ. Il existe sur le marché un nouveau jeu astucieux : le KONG TIME. C'est une boîte qui délivre de façon aléatoire à l'aide d'une minuterie des jouets remplis de friandises pour surprendre votre chiot et l'occuper en votre absence. (Voir annexe Carnet d'adresses.)

Le cas du pisseur

Avez-vous un chiot qui fait pipi ? La question qu'on me pose le plus souvent à ce sujet est : « Est-ce que cela passe ? » Oui et non. Oui, si vous vous comportez comme il faut, et non dans le cas contraire. Ce pipi n'est pas un acte conscient – les chiots le font quand ils sont surexcités ou anxieux. Et la punition ne fait qu'aggraver le problème. En rentrant chez vous, ignorez votre chiot jusqu'à ce qu'il soit complètement calme (voir la figure 13-3a). Ensuite, secouez une boîte à récompenses pour lui changer les idées (figure 13-3b). Agenouillez-vous près de lui plutôt que de vous pencher vers lui.

Astuce

Si votre chiot est timide envers certaines personnes, insistez pour que tout le monde (y compris vous) l'ignore. Si vous le réconfortez, cela ne fait que renforcer sa peur. Quand le chiot s'approche de la personne qui l'intimide, encouragez cette personne à lui tourner le dos (surtout pas de contact visuel) tandis que vous lui offrez des friandises à l'aide d'une boîte à récompenses. Quand il est calme, demandez aux visiteurs de s'agenouiller et de lui caresser la poitrine. Quand il a davantage confiance, demandez aux visiteurs de lui offrir des friandises venant de la boîte à récompenses.

Figure 13-3 Ignorez votre chiot en arrivant ; secouez une tasse de friandises pour détourner son attention.

Si votre chiot fait pipi au cours des salutations ou des sessions de jeu, ignorez-le ou arrêtez les jeux jusqu'à ce qu'il parvienne à contrôler sa vessie.

Donner confiance à un chiot timide

Les chiots timides ont l'air si pitoyables. Comme les enfants timides, vous voulez les réconforter. Mais les chiots ne sont pas des enfants – ils interprètent ce réconfort comme une indication de votre peur, ce qui veut dire que vous avez peur tous les deux. C'est très ennuyeux.

À retenir

Pour aider votre chiot, vous devez vous montrer confiant quand il a peur. Vous êtes le leader. Laissez tomber les épaules. Respirez profondément. Souriez. Que ce qui provoque la peur soit un sac agité par le vent, un bruit violent (comme le tonnerre) ou un visage inconnu, agissez tranquillement, faites face à l'objet de la peur du chiot, et ignorez-le jusqu'à ce qu'il commence à se comporter comme vous.

Attention !

Si votre chiot fait montre d'agressivité quand il a peur, faites appel à un professionnel et épargnez-lui toute situation menaçante.

DANS CE CHAPITRE

Traitement d'un chien agressif

•

Le problème du chien qui ingurgite n'importe quoi, mange des crottes, et procède au marquage par son urine

Chapitre 14
Remédier aux comportements socialement inacceptables

Quels sont les comportements canins socialement inacceptables ? L'agression, tout d'abord. Bien que l'agression soit une forme de communication canine semblable à notre colère, elle n'est pas acceptable. D'autres comportements inacceptables sont manger des excréments, marquer avec l'urine et ingurgiter des chaussettes. Ces comportements sont des questions sérieuses dont le traitement et la résolution demandent un engagement plus important. Ces transgressions ont un point commun : les chiots font cela quand ils sont frustrés, anxieux ou recherchent votre attention. Ce chapitre identifie les problèmes et vous montre comment les résoudre.

L'agression

Le mot *agression* provoque la peur chez propriétaires de chiens. Comme les humains, les chiens sont contrariés et se mettent sur la défensive de temps à autre. Souvenez-vous que les chiots sont incapables d'exprimer leurs sentiments par des mots. Les chiots sont des animaux canins qui communiquent par des sons vocaux, le contact visuel et le langage corporel. Ce que les humains communiquent par des mots, certains chiens le communiquent par l'agression. La façon dont vous gérez et détournez ce comportement détermine la manière dont votre chiot gère de tels sentiments en devenant adulte.

Figure 14-1
En cas de comportement agressif, demandez conseil auprès de votre vétérinaire ou d'un éducateur.

Attention !

L'agressivité est une affaire sérieuse. Si vous avez un problème, recherchez de l'aide. Cherchez dans votre région un éducateur de chiens bien connu et respecté. Votre vétérinaire peut éventuellement vous aider à en trouver un. Mes recommandations ne sont que cela, des recommandations. Ne le suivez pas si vous n'avez pas de certitude. L'agressivité, traitée de manière incorrecte, avec hésitation ou avec peur, peut entraîner une morsure grave.

À retenir

Si votre chiot a mordu, nul ne peut vous garantir qu'il ne le fera pas de nouveau. Vos efforts pour remédier au problème tendront à ce résultat, et c'est la seule solution en dehors de l'euthanasie. Confier un chien agressif à un autre foyer ou à un refuge est irresponsable. Vous seriez responsable s'il mordait quelqu'un ou estropiait un enfant. Trouvez de l'aide si vous en avez besoin.

Déterminer la gravité du problème

Pour déterminer la gravité d'un comportement agressif, prenez en compte les facteurs suivants :

» **Race** : votre chiot appartient-il à une race territoriale ou protectrice (par exemple un terrier, un chien nordique ou un chien de garde) ? Ces races ont une plus grande propension à l'agression. Voir un golden retriever de 17 mois, connu pour sa nature passive, grogner au-dessus de son bol est plus alarmant que de voir un chien possessif grogner au-dessus de ses biens. Ni l'un ni l'autre ne devraient grogner, mais un golden qui grogne laisse supposer un problème plus profond qu'un trait inhérent à la race. Connaissez votre race, comprenez ses inclinations naturelles, et prenez-les en compte le plus tôt possible.

» **Âge** : un chiot de moins de 20 semaines ne doit montrer aucun signe sérieux d'agressivité. Un grognement occasionnel lors du jeu est courant, mais si vous l'observez en train de vous fixer durement et de grogner depuis le ventre, vous avez un ennui sérieux sur les bras. Recherchez un professionnel et appelez aussitôt l'éleveur, si c'est possible. Au-delà de 20 semaines, l'agression coïncide habituellement avec l'arrivée des hormones adultes. Si c'est le cas, essayez de ne pas trop vous inquiéter. Les informations qui vous seront données par l'éleveur pourront vous aider à comprendre le problème.

» **Caractère** : l'agressivité est plus courante chez les chiots obstinés et audacieux. Ces chiots déterminent précocement si vous donnez des ordres ou si vous en recevez. Si vous n'êtes pas considéré « digne d'être un leader », votre chiot se met aux commandes. En grandissant, il fait davantage attention aux sons et autres stimulations et peut souvent se montrer agressif pour surveiller plus étroitement « son » groupe. Bien sûr, les chiots passifs peuvent manifester un type similaire d'agressivité. Si vous dorlotez un chiot passif, craintif, lui aussi peut s'attribuer le leadership (par défaut), et devenir attentif aux moindres changements de son environnement.

» **Style de jeu initial** : si vous élevez votre chiot en le faisant jouer à des jeux de lutte et de tir à la corde, il peut devenir agressif au cours de l'adolescence. Ces jeux de compétition préparent à de plus amples confrontations, auxquelles le chiot peut ne pas vouloir renoncer simplement quand vous dites « Non ».

» **Techniques de correction** : si un jeune chiot est soumis à des corrections brutales tôt dans sa vie, il apprend le contrôle de soi par la peur, non par la compréhension. Par exemple, si vous frappez un chiot qui a pris une chaussette, il le fera moins quand il est avec vous, mais il sera plus défensif quand il détiendra la chaussette (c'est le phénomène de la mise en valeur de l'objet). Pour éviter ces écueils, lisez la section suivante « Prévention des diverses formes d'agression », et les techniques de résolution des problèmes proposées au chapitre 12.

Astuce

Si votre chiot donne des signes d'agressivité, empêchez-le de monter sur votre lit. Ce peut être difficile parce qu'un chien agressif pense que c'est son devoir de vous protéger ou de vous faire obéir. La première étape pour résoudre ce problème est de vous réserver l'espace de sommeil situé en hauteur. Si vous n'arrivez pas à l'empêcher de monter sur votre lit, immobilisez-le en l'attachant à votre commode (voir au chapitre 9 les conseils relatifs au « stationnement »).

Prévention des diverses formes d'agressivité

Les chiens manifestent leur agressivité de différentes façons. Comprenant ce qui peut se produire, vous pourrez réagir de manière appropriée. Cette section identifie les différentes formes d'agressivité et donne des conseils sur la manière de les prévenir.

Astuce

Si vous rencontrez un chien agressif, ne vous sauvez pas. (Réfléchissez une seconde : avez-vous jamais vu un chien attaquer un arbre ou un poteau ?) Si vous devez approcher le chien, faites-le en vous déplaçant vers son côté. Approcher un chien de face représente un défi. Vous pouvez tendre un bâton pour détourner le chien de votre corps, mais ne le menacez jamais.

Attention !

Les descriptions et les suggestions qui suivent ne remplacent pas l'intervention d'un professionnel.

Agressivité dominante

Avez-vous un chiot dominant, qui vole des vêtements pour s'amuser, aboie pour attirer votre attention, s'appuie contre vous dans de nouveaux environnements ou en présence d'inconnus, ou sollicite et obtient votre attention à sa guise ? Une attention constante et la satisfaction de tous ses besoins vous placent dans une position subalterne. Quand vous voulez vous imposer, il n'a pas d'autre solution que de vous remettre à votre place. Pour regagner le contrôle, suivez tout d'abord les conseils ci-après :

» Utilisez l'ordre « Pousse-toi » quand votre chiot se met dans vos jambes. Cet ordre est la manière la plus passive de manifester votre leadership. (Le chapitre 10 traite de l'ordre « Pardon » parmi d'autres ordres faisant partie du dressage.)

» Ignorez toutes ses tentatives d'obtenir votre attention. Il peut dans ce but aboyer, vous toucher avec la patte, vous pousser de la tête et gémir.

» Donnez-lui de deux à cinq leçons par jour (de cinq à dix minutes), et au cours de ces leçons, utilisez chacun des ordres qu'il connaît. S'il grogne quand vous lui dites de se coucher, sautez cet ordre jusqu'à ce que vous ayez fait appel à un professionnel.

» Si votre chiot obéit à l'ordre « Couché », répétez-le toute la journée, en le positionnant plutôt que de répéter l'ordre s'il n'obéit pas immédiatement.

» Évitez de regarder votre chien dans les yeux, à moins que ce ne soit vous qui ayez initialisé ce contact visuel, auquel cas ce doit être votre chien qui renonce le premier à vous fixer. Votre chiot doit vous observer pour obtenir vos directives, et vous devez lui en donner.

» Donnez-lui à manger à heures fixes deux fois par jour. Ne lui laissez pas libre accès à sa nourriture à ce stade.

» Une fois par jour, imposez une période de calme de 30 minutes par le stationnement ou l'ancrage (voir chapitre 9).

Attention !

Si votre chiot grogne lors de n'importe laquelle de ces actions, comme celle visant à le faire se déplacer pour vous donner le passage, ne le poussez pas. Arrêtez tout jusqu'à ce que vous ayez obtenu l'aide d'un professionnel. Votre problème est sérieux.

Agressivité spatiale (garde d'un objet)

Un chiot qui se montre agressif lors des repas, du sommeil, du toilettage ou lorsqu'il reçoit des soins médicaux, envers un membre de la famille, un inconnu ou un professionnel (vétérinaire ou toiletteur) fait preuve d'*agressivité spatiale*. L'agressivité spatiale se manifeste généralement chez un chien dominant territorial.

Si vous observez ce type de comportement chez votre chiot, ne vous affolez pas, ne le frappez pas et ne criez pas. Ces réactions ne font que renforcer son attitude défensive basée sur l'idée que vous voulez lui prendre ce qu'il a ou lui imposer votre volonté.

Pour aider votre chiot à vous considérer comme moins menaçant, procédez de la manière indiquée ci-après, et qui porte à titre d'exemple sur le bol de nourriture :

1. **Ne faites pas du rituel de la nourriture une lutte pour le pouvoir.**
2. **Secouez une boîte à récompenses ou activez un clicker, en faisant toujours suivre le bruit d'une récompense sous forme de nourriture.**

   Continuez jusqu'à ce que le chiot associe le son à une récompense.
3. **Approchez votre chiot une fois par jour avec la boîte à récompenses ou le clicker et récompensez-le tandis qu'il prend son repas.**

   Attention !

   S'il grogne quand vous l'approchez au cours de son repas, vous êtes entré dans sa zone rouge (voir chapitre 6). N'allez pas plus loin, demandez conseil immédiatement à un professionnel : ne laissez pas votre chiot grossir les rangs des mordeurs.
4. **Répétez la manœuvre 3 jusqu'à ce que vous puissiez vous tenir au-dessus de lui et laisser tomber des friandises dans son bol.**
5. **À ce stade, approchez de son bol en le complimentant sur un ton joyeux mais sans secouer de boîte ni déclencher le clicker. Une fois à côté de lui, faites le bruit, jetez une friandise dans son bol et partez.**
6. **Essayez de vous agenouiller en secouant la boîte ou en cliquant, et de jeter une friandise dans son bol.**
7. **Lorsque votre chiot est à l'aise quand vous vous agenouillez et jetez une friandise dans son bol, essayez de placer la friandise dans le bol avec la main.**

8. **Après avoir offert à votre chiot une poignée de friandises, essayez de remuer les croquettes de votre chiot avec la main.**

   Si vous y parvenez, continuez de remuer les croquettes une fois tous les deux jours pendant une semaine.

9. **Après avoir offert une poignée de friandises, essayez de soulever le bol de votre chiot. Rendez-le-lui immédiatement et partez. Ne répétez cette opération qu'une fois par mois.**

10. **Répétez tout ce processus pour d'autres objets auxquels tient particulièrement le chiot, comme des os ou des jouets couineurs.**

Attention !

Les chiens détectent la peur. Si vous avez peur, votre chiot le sait et se méfiera. Faites immédiatement appel à un professionnel.

À retenir

Je ne puis vous garantir que vous ne serez pas mordu en éduquant un chiot agressif, et vous devez vous fier à votre propre jugement. Continuez tant que votre chiot reste à l'aise, et demandez de l'aide si vous en avez besoin.

Agressivité territoriale

Les chiens qui se montrent agressifs quand des inconnus approchent de leur maison sont territoriaux. Cette attitude est encouragée dans les circonstances suivantes :

- **Quand des livreurs approchent le territoire de la maison et le quittent.**

  Le chiot pensant avoir chassé les intrus, son agressivité s'en trouve renforcée.

- **Quand les propriétaires sont chez eux et réagissent à un comportement territorial en criant ou par un traitement physique**. Le chien perçoit alors la réaction des propriétaires comme un soutien.
- **Quand il est permis à un chien de réagir avec agressivité dans une voiture ou quand il est attaché**. Par son attitude agressive dans de telles situations, le chien avertit tous les intrus de rester à distance. Comme ils le font, il se considère comme victorieux, ce qui renforce son agressivité territoriale.
- **Quand les chiens sont isolés lors des salutations ou des visites.** Ces chiens isolés peuvent développer l'*agressivité territoriale par frustration*. Cette frustration n'est pas une bonne chose. Dans un groupe normal de chiens, le leader autorise ou refuse l'entrée à un visiteur, qui est ensuite « reniflé » par le reste de la bande. L'isolement empêche le déroulement de ce processus normal et suscite une réaction encore plus agressive au prochain coup de sonnette d'un visiteur.

Astuce

Pour empêcher l'agressivité territoriale, imposez-vous en interdisant au chiot les fauteuils ou les canapés et tenez-vous à un programme d'éducation régulier incluant les ordres suivants :

» **Attends** : Dites à votre chiot « Attends » en franchissant des seuils et des portes.

» **Au pied** : Utilisez cet ordre au cours de promenades dans des lieux publics.

» **Assis** : Imposez « Assis » pour toutes les salutations – à l'intérieur comme à l'extérieur de la maison.

Découragez également tout comportement de marquage. (Votre chiot doit éliminer à un seul endroit.) Si vous n'êtes déjà plus maître de la situation, achetez un licol pour chien (décrit au chapitre 4), et mettez le chiot en laisse ou renvoyez-le à sa place lors des arrivées. Ce collier réduit l'effet de contrainte au niveau du cou et maintient le corps du chiot dans une posture de soumission.

Astuce

Tenir un chien agressif au moyen d'un collier étrangleur est comme tenir les bras d'un homme en colère derrière son dos. Cela provoque la fureur. L'usage du licol pour chien réduit la tension et inculque de manière passive la structure et la discipline.

Pour susciter une association plus positive à l'arrivée de visiteurs, essayez les procédés suivants :

» Utilisez une boîte à récompenses ou un clicker pour que votre chiot associe les gens qui viennent de l'extérieur à une récompense.

» Supprimez tout cri et toute correction verbale ou physique, qui ne font qu'ajouter davantage d'énergie négative à une situation déjà tendue. Pour calmer votre chiot, vous devez lui montrer l'exemple.

À retenir

Les races de chiens de garde et de chiens de protection des troupeaux sont génétiquement prédisposées à l'agressivité territoriale, mais ce comportement se retrouve dans toutes les races. Si donc votre chiot menace qui que ce soit, demandez immédiatement de l'aide. Un chiot territorial, quelle que soit sa race, devient presque toujours un chien dangereux.

Agressivité protectrice

Votre chiot se sent-il responsable de vous ? Même en dehors de son territoire, réagit-il de manière agressive si n'importe qui s'approche de vous ? Si votre chiot agit comme votre gardien où que vous alliez, vous avez affaire à une sérieuse crise d'identité. Il pense que c'est son rôle de vous protéger. Vous devez faire savoir à votre chiot que c'est vous le capitaine. Suivez les conseils ci-après :

» **Achetez un licol pour chien**. Ce collier placé autour du museau de votre chiot agit à la manière du licol d'un cheval. L'application d'une pression sur le cou et le museau du chien réduit considérablement son excitation. Regardez les détails au chapitre 4.

» **Dressez-vous vous-même en même temps que votre chiot**. Il est clair que votre chiot a besoin d'être guidé, mais n'oubliez pas non plus d'imposer plus nettement votre domination. Pour commencer, maintenez votre chiot derrière vous pour franchir un seuil ou rencontrer de nouvelles personnes.

» **Faites appel à un professionnel si vous avez besoin d'aide**. Votre chiot vous respecte-t-il ? Demandez de l'aide avant de perdre tout contrôle de la situation.

À retenir

Il n'est pas rare de voir un chiot développer une relation protectrice avec un jeune enfant ou un propriétaire passif, inexpérimenté. Le chien perçoit son propriétaire – homme, femme ou enfant – comme faible et ayant besoin de protection.

Agressivité prédatrice

L'*agressivité prédatrice* est un autre comportement instinctif, remontant à l'époque où les chiens étaient des loups luttant pour la survie. La plupart des chiens ont gardé un instinct de poursuite. Bien que les éleveurs aient supprimé l'instinct de tuer dans la plupart des races, certains chassent d'instinct, et dans certains cas tuent le petit gibier. Si vous avez un poursuiveur sur les bras, sa rééducation sera toute une affaire. Les instincts influencent puissamment les comportements. La concentration sur le jeu peut fournir aux poursuiveurs un moyen de donner libre cours à leur instinct, mais vous devez corriger leurs impulsions à l'égard des autres animaux et des enfants et décourager les rituels de poursuite interactive. (Vous trouverez au chapitre 18 des jeux exerçant l'instinct prédateur.)

Agressivité induite par la peur

Chaque portée a ses chiots timides. Ces garçons ou filles à maman dépendent de leur maman pour leur sécurité. Une fois installés dans un foyer humain, ils continuent d'avoir besoin de protection. Leur timidité, qui se manifeste dans toute nouvelle situation, peut tourner à la frayeur incontrôlée si vous ne leur donnez pas des directives et un soutien appropriés. Un chiot peut alors faire montre d'agressivité au cours de l'adolescence. Bien que la timidité soit un trait de caractère, ce comportement peut être pour partie appris : réconforter un chiot timide ne diminue pas sa crainte, mais la renforce.

À retenir

Si votre chiot manifeste les premiers signes de la peur quand vous avez des visiteurs (comme fuir, ne pas se laisser approcher ou aboyer en se cachant derrière vos jambes ou un meuble), vous devez vous montrer compréhensif et patient. Vous ne pouvez pas corriger un chiot qui a peur ; vous ne feriez qu'accroître sa peur. Vous ne pouvez pas non plus le réconforter parce que l'attention que vous lui accordez renforce ce comportement.

Une grande partie du problème vient de ce que le chiot a l'impression que personne – pas même vous – ne maîtrise la situation. Pour y remédier, vous devez vous imposer comme celui qui est calme, à l'aise, à la hauteur de la situation. Voici quelques conseils supplémentaires :

» **Gardez votre chiot en laisse quand vous attendez de la visite. Tenez-le en laisse tout en agissant avec confiance dans de nouvelles situations. Ne le regardez alors que s'il est détendu.**

» **Encouragez tous les autres à ignorer votre chiot jusqu'à ce qu'il s'approche d'eux. Demandez-leur de secouer une tasse de friandises, de cliquer et de récompenser ou de lui donner quelque chose de bon à manger.**

Astuce

Si vous faites appel à un professionnel, trouvez-en un dont l'approche soit douce et positive. Menacer ce type de chien engendre souvent une peur accrue.

Agressivité envers les autres chiens

L'agressivité entre chiens se produit quand ils perçoivent leurs territoires comme se recouvrant (ce qui peut arriver n'importe où parce que certains chiens pensent que leur territoire est très étendu) ou encore elle résulte d'un conflit hiérarchique dans une maison possédant plusieurs chiens. Ce type d'agressivité est souvent amplifié par des propriétaires bien intentionnés qui crient ou retiennent leurs chiots quand ils se montrent agressifs. Une telle réaction ne fait qu'augmenter la tension.

Disputes dues au partage des territoires

Les disputes de contestation de territoire résultent habituellement d'un manque de socialisation précoce. Si votre chiot n'a pas été suffisamment socialisé, vous devez déterminer la gravité de son cas. Un cours pour chiots peut être une solution parfaite. Vous, en tant que propriétaire, devez savoir comment vous imposer, et agir comme un leader protecteur quand vous rencontrez un autre chien. Dans mes classes pour chiots, j'autorise 10 minutes de jeu hors laisse, ce qui permet aux chiots des contacts sociaux entre eux et avec d'autres personnes. La socialisation précoce de votre chiot lui permet d'apprendre à interagir et à prendre des postures avec d'autres chiots, et il sera plus tard moins défensif à la vue d'autres membres de son espèce.

Disputes hiérarchiques

Dès lors qu'une maison compte deux chiens ou plus, ces chiens instaurent des relations hiérarchiques. Le chien en chef exerce sa domination sur les jouets ou la nourriture et il écarte les autres chiens quand le maître manifeste son attention. En outre, le leader est celui qui court devant les autres pour sortir le premier.

À retenir

Les disputes se produisent quand vous sapez l'ordre établi en accordant plus d'attention à un chien subalterne. Le chien dominant est frustré, et le chien subalterne est perplexe. Pour rétablir le calme, accordez davantage d'attention au chien dominant. Nourrissez-le, saluez-le et jouez avec lui en premier et le plus souvent. Passez du temps à le dresser. Les autres chiens suivront le mouvement. S'ils se battent, tentez de les séparer sans hurlement, puis contactez immédiatement un professionnel.

Agressivité psychotique

Je rencontre rarement un chiot ou un chien psychotique, mais il en existe. La plupart des chiens présentant ce problème, mais pas tous, viennent d'un élevage médiocre dans une usine à chiots. L'agressivité psychotique se caractérise par des réactions d'agressivité erratique et apeurée dans des circonstances atypiques, et se manifeste à un très jeune âge. Voici deux catégories d'agressivité psychotique :

» **Méchanceté erratique** : à des intervalles aléatoires, un chiot de cette sorte émet un grognement partant du ventre. Ce comportement peut se produire quand le maître passe près de son bol de nourriture, l'approche quand il mâche un jouet ou simplement marche à côté de lui. À d'autres moments, le chien est d'une grande gentillesse – cette personnalité Docteur Jekyll et Mister Hyde est courante.

» **Chien qui mord sous l'effet de la peur** : un chiot appartenant à cette catégorie prend des attitudes de peur spectaculaires ou mord soudainement dans des situations non menaçantes comme au simple fait de tourner une page du journal ou à un brusque mouvement de bras. Ces chiots, des *mordeurs peureux*, peuvent aussi se montrer très perturbés ou effrayés à l'approche d'inconnus.

  Certaines personnes parfois très au courant du monde des chiens utilisent le terme *mordeur peureux* à mauvais escient. Ils ne font pas la différence entre un chiot qui mord parce qu'il a peur et un mordeur peureux. Un chiot qui mord parce qu'il a peur se sent pris au piège ou menacé pour une bonne raison ; un mordeur peureux peut se lever brusquement et vous attaquer parce que vous avez tourné la page d'un livre. Ne craignez pas automatiquement le pire si quelqu'un attribue cette étiquette à votre chien.

À retenir

Ne paniquez pas si votre chiot grogne occasionnellement contre vous ou aboie après le facteur. De nombreux chiots grognent pour protéger un bol de nourriture ou un jouet, et l'instinct de garde est fort chez beaucoup de races. Ce sont des problèmes de comportement que vous pouvez résoudre par une éducation appropriée. Même de nombreux mordeurs peuvent être rééduqués. Les situations évoquées ici mettent en jeu une agressivité *grave* – les dents découvertes, des regards durs, un grognement qui prend naissance dans le ventre, et une morsure comme on pourrait en attendre d'un chien policier dressé. Ces anomalies de la personnalité se manifestent très tôt, généralement à l'âge de 4 mois.

L'agressivité psychotique est à la fois effrayante et tragique parce qu'on ne peut rien faire pour modifier le développement du chien. Malheureusement, son destin a été scellé par les gens qui gèrent l'usine à chiots dont il provient ou ceux qui l'ont élevé de manière irresponsable. Dans ma carrière, je n'ai vu que six cas de chiens psychotiques, et tous provenaient d'éleveurs inconnus ou douteux. Si vous soupçonnez votre chiot de manifester une méchanceté erratique ou d'être un mordeur peureux, parlez-en immédiatement à l'éleveur et à votre vétérinaire et appelez un spécialiste pour analyser la situation. La plupart du temps, ces chiots doivent subir une euthanasie.

Ingurgitation d'objets indigestes

Mâchonner des bouts de bois et des chaussettes et prendre dans sa gueule des cailloux sont des activités parfaitement normales pour un chiot. Mais manger ces objets ne l'est pas. Si votre chiot avale tout ce qu'il voit ou a du mal à ne pas manger les sous-vêtements ou les chaussures de vos enfants, vous avez affaire à un comportement compulsif obsessionnel. Certaines races ont une propension à ce comportement, par exemple les chiens de montagne bernois et les goldens retrievers. Ce comportement a un caractère compulsif obsessionnel, mais bien qu'il soit difficile de leur faire perdre cette obsession, les chiots trouvent cela beaucoup moins excitant à mesure qu'ils grandissent.

À retenir

La plupart des gens réagissent de manière théâtrale quand leurs chiots s'emparent d'objets interdits. Ils font tout ce tintamarre dans l'espoir de décourager leur chiot de recommencer. Mais pour le chiot, c'est une réaction de confrontation, que j'appelle *la mise en valeur de l'objet*. Quand votre chiot attrape un objet auquel il ne devrait pas toucher, vous pensez : « Mauvais chien, rends-le-moi ! » Votre chien, en revanche, voit votre langage corporel du point de vue d'un chiot. Il pense que vous vous précipitez pour lui voler ce qu'il a trouvé. S'il veut le garder, il préférera le détruire ou l'avaler – quel que soit l'objet. Certains détruisent, d'autres avalent. Pour faire cesser définitivement ce comportement, vous devez faire appel à un professionnel. En attendant, suivez ces principes directeurs :

- **Ne pourchassez jamais votre chiot quel que soit l'objet avec lequel il se sauve.**

- Placez des boîtes à récompenses ou des clickers et des friandises dans plusieurs pièces de la maison. Si votre chiot se saisit d'un objet interdit, attrapez votre gadget de sauvetage et encouragez-le à rendre l'objet en disant « Donne ». Échangez l'objet contre une friandise.
- Si vous remarquez en même temps que le chiot quelque chose de tentant sur le sol, ne plongez pas pour le ramasser. Souvenez-vous, vous donnez l'exemple. Essayez de détourner l'attention du chiot vers un autre objet ou au moyen d'une tasse de friandises, puis enlevez l'objet tranquillement.

Figure 14-2 Ne vous précipitez pas pour enlever l'objet à votre chiot. Restez calme et proposez une friandise en échange.

- Ne concevez pas le comportement de votre chiot comme une compétition pour avoir votre chaussette – votre chiot montre simplement de la curiosité pour des objets imprégnés de votre odeur. Apprenez-lui à partager et à montrer, au lieu de prendre et de partir (voir chapitre 10).
- Ramassez ce qui traîne dans la maison. Si votre chiot ne trouve rien à voler, il n'aura rien à avaler.

Attention !

Si le problème de votre chiot est qu'il avale des choses indigestes, vous devez le surveiller de près. Si vous pensez qu'il a mangé quelque chose d'indigeste, appelez aussitôt votre vétérinaire, et surveillez attentivement ses intestins. Les objets indigestes peuvent bloquer l'intestin de votre chiot, l'empêchant d'éliminer. Sans traitement, un tel accident peut tuer votre chiot.

Marquage

Pour un chiot, marquer est un moyen de s'affirmer : je marque de mon odeur, donc je suis. Et le sexe importe peu, tant les chiots femelles que les chiots mâles procèdent au marquage.

Astuce

Pour faire perdre cette habitude, vous devez regarder la vie du point de vue de votre chiot. Votre chiot tente de communiquer quelque chose. Décidez lequel des messages suivants votre chiot vise à transmettre :

» **L'anxiété** : si un chiot est nerveux quand il se retrouve seul ou quand il est suffisamment près (pour les voir ou les entendre) de choses qui le troublent, il peut marquer pour se calmer. Ce chiot a besoin de davantage de socialisation et doit être mis dans un parc ou confiné dans un espace réduit quand on le laisse seul, pour l'empêcher d'aller et venir et de marquer.

» **La frustration** : si vous avez un chiot volontaire souffrant de l'angoisse excessive de la séparation (voir chapitre 13), parce qu'il a été isolé dans un parc ou dans une pièce, ne soyez pas trop surpris s'il marque là où il est enfermé, ou quand il est libre d'explorer sans surveillance. Ce chiot a besoin d'être accoutumé méthodiquement à la liberté de circulation dans la maison, au moyen des techniques de conduite et de stationnement décrites au chapitre 9.

» **Domination territoriale** : un chiot ayant reçu comme message qu'il règne sur le groupe marquera souvent pour renforcer sa position. Si votre maison est dirigée par votre chiot, vous devez accepter de vivre sous son autorité. Ce chiot a besoin de leçons d'éducation structurées, portant notamment mais pas seulement sur les ordres suivants : Pardon, Attends, Au pied, Pas bouger, Non, et Couché (voir chapitre 10).

Si votre chiot marque, revoyez tous les conseils d'apprentissage de la propreté énumérés au chapitre 8, et appliquez un programme visant à renforcer son contrôle de la vessie et ses moyens de communication. Un chiot non castré a une plus grande propension à marquer. Ce n'est en rien une habitude personnelle, mais simplement le besoin, sous l'emprise de ses hormones, de répandre son odeur un peu partout ! Raison de plus pour prendre rendez-vous tout de suite !

L'ingestion d'excréments

L'ingestion d'excréments est une délicieuse habitude consistant pour un chiot à avaler ses crottes – ou celles d'une autre créature. Croyez-le ou non, l'ingestion d'excréments est un comportement assez courant. Bien que la plupart des chiots cessent naturellement de le faire au cours de leur première année, votre réaction exerce une lourde influence sur ce comportement. Si vous tendez à réagir de façon spectaculaire, à crier et écarter votre chiot de chaque tas de crottes, il interprétera votre attitude comme compétitive et avalera au plus vite. Que faire ? Continuez à lire pour trouver des remèdes imparables.

Excréments d'autres animaux

Votre chiot peut être particulièrement friand des excréments d'autres animaux. La plupart des chiens cessent ce comportement si vous leur donnez deux fois par jour un repas équilibré et si vous ignorez leur manie de manger des excréments.

Astuce

Si vous surprenez votre chiot en train de voler une crotte, essayez de le détourner vers une activité favorite. S'il s'agit de la caisse à litière du chat, placez-la dans un lieu inaccessible pour le chien, achetez-en une avec un couvercle.

Si le problème surgit à l'extérieur, faites porter une longe à votre chiot, et détournez-le en courant dans la direction opposée et en l'appelant par son nom.

Les propres excréments du chiot

À retenir

Pour mettre un terme à cette habitude, suivez ces conseils :

- Ne nettoyez jamais les saletés devant votre chiot.
- Ne corrigez pas votre chiot s'il montre un intérêt pour ses excréments. Si vous en faites une histoire, il avalera.
- Si votre chiot montre de l'intérêt pour ses excréments, détournez-le vers un jeu favori : « Va chercher ta balle ! »
- Quand votre chiot a fini d'éliminer, pulvérisez le tas avec quelque chose ayant mauvais goût, de la sauce au piment ou du vinaigre.
- Et *last but not least*, gardez le jardin propre pour limiter les tentations.

Partie 5

La santé de votre chiot

Dans cette partie...

La plupart des gens ont le coup de foudre pour leur chiot à la seconde où leurs regards se croisent et où ils s'écrient : « Je prends celui-ci ! ». Avec la santé ou la maladie, pour le meilleur et pour le pire, votre chiot dépend désormais de vous pour tout, depuis sa nourriture jusqu'aux soins que vous lui donnerez quand il sera souffrant. Comprendre votre chiot du dehors au dedans, et assurer son hygiène quotidienne sont la meilleure assurance pour lui garantir une vie bien vécue !

Dans cette partie, vous trouverez tout ce qu'il vous faut savoir pour le nourrir convenablement, lui fournir des soins préventifs et curatifs, et le débarrasser des parasites (pouah !).

DANS CE CHAPITRE

Bien nourrir votre chiot

•

Lui faire prendre de l'exercice

•

Participer à des aventures organisées

Chapitre 15

L'alimentation et la forme

Jour après jour, vous pouvez faire beaucoup – en nourrissant convenablement votre chiot et en veillant à ce qu'il ait tout l'exercice physique dont il a besoin – pour la santé de votre chiot. Un chiot en bonne santé est un chiot heureux, ce qui, pour vous, veut dire qu'il grignotera moins, coopérera davantage, éliminera régulièrement et aura dans l'ensemble une attitude plus calme.

Dans ce chapitre, j'examine les marques d'alimentation pour chiens, la quantité d'exercice appropriée pour votre chiot spécifique, et différentes activités organisées, auxquelles vous pouvez participer avec votre chiot !

L'alimentation de votre chiot : veillez à ce qu'il soit bien nourri

Attention !

Une alimentation défectueuse affecte la santé *et* le comportement de votre chiot. Elle l'expose davantage à la maladie, à des infections et à d'éventuels troubles psychiques comme la nervosité ou l'agressivité.

Vous avez une infinité de choix concernant les aliments de votre chiot : vous pouvez les acheter dans un magasin ou les préparer vous-même, acheter des marques réputées ou des marques courantes, choisir des aliments secs ou humides. Quand chacune des marques prétend être la meilleure, comment choisir ? Ne vous inquiétez pas. J'ai procédé à mes propres enquêtes journalistiques pour vous offrir un scoop sur ce qui distingue une alimentation pour chien des autres.

À retenir

En prenant de l'âge, votre chiot aura besoin d'aliments dosés différemment pour rester en bonne santé. Comme les humains, les chiens plus âgés ont besoin de moins de protéines et de moins de calories.

Figure 15-1 Soyez attentif à la qualité des aliments pour chiot que vous choisissez.

Ingrédients essentiels – et leurs différences d'une marque à l'autre

Si on les décompose, tous les aliments pour chiens ne sont-ils pas fondamentalement identiques ? Je crains que non. La seule véritable similitude est le pourcentage de composants organiques requis pour satisfaire les besoins quotidiens d'un chien, déterminés par l'Association of American Feed Control Officials (AAFCO). Les aliments doivent contenir six éléments essentiels : protéines, corps gras, sucres lents, vitamines, minéraux, et eau. Ces éléments représentent le minimum exigé chaque jour. Mais les ressemblances s'arrêtent là.

À retenir

Bien que ces exigences soient fixées par la loi, chaque société peut choisir les ingrédients qu'elle veut pour les satisfaire. Par exemple, certains aliments contiennent du soja pour atteindre le niveau quotidien requis en protéines, tandis que d'autres utilisent de la viande ou des protéines animales. Pour les chiens, les protéines animales sont de loin préférables au soja.

Astuce

Quand vous recherchez les aliments appropriés pour votre chien, faites attention à la digestion de votre chien. Les aliments à base d'ingrédients de qualité médiocre ne s'absorbent pas aussi bien et peuvent donner à votre chien des selles liquides. Une alimentation saine doit permettre à votre chiot de produire chaque jour deux à quatre crottes compactes, sans odeur désagréable.

Les sections suivantes mentionnent chaque composant essentiel des aliments pour chiens et examinent la façon dont les différentes qualités d'aliments satisfont les exigences relatives à ce composant.

Nourrir votre chiot d'aliments préparés chez vous

Oui, vous pouvez toujours donner à votre chien des aliments destinés aux humains, mais vous devez veiller à ce que son alimentation soit équilibrée. Un tel régime doit être adapté en fonction de l'âge, de la race et des besoins individuels de votre chiot. Certains chiens, indépendamment de leur race, souffrent quand ils mangent des aliments pour chien du commerce. Les aliments préparés à la maison peuvent résoudre ce problème. L'inconvénient de cette méthode est que vous devez vous engager à préparer des repas équilibrés et à acheter régulièrement les produits pour assurer leur fraîcheur.

Protéines (la recommandation est 21 à 26 % de l'aliment)

À retenir

Les protéines déterminent la qualité d'un aliment pour chien. En lisant les mentions portées sur l'emballage, vous pouvez voir une ou plusieurs sources de protéines : viande, animale, provenant de graines. Voici la traduction :

- **Protéine de viande** : la protéine de viande provient de viande d'organes ou de viande de muscle. Ce type de protéine est le plus proche de la qualité pour les humains et est supérieur aux autres sources de protéines.
- **Protéine animale** : la protéine dite animale provient de toute partie de l'animal contenant des protéines – les poils, les sabots, les lèvres et les cils sont inclus dans ce groupe.
- **Protéines végétales ou de graines** : méfiez-vous des aliments dont la liste des ingrédients commence par soja, sous-produits carnés ou *protéines brutes* (qui incluent tout ce qu'il y a de brut dans un corps, comme les poils et les griffes). Mais surtout, vous devez donner une grande quantité de ces aliments à votre chien pour satisfaire

son besoin quotidien, et bien sûr, ce qui entre doit ressortir. En outre, les protéines inutilisables fatiguent les reins. Toute mention « gluten » veut dire une protéine difficile à digérer, de basse qualité, pouvant être produite par le fabricant à faible coût.

Attention !

Les besoins en protéines changent au cours de la vie de votre chiot. Chaque fois qu'il est soumis à un changement de température ou à un stress émotionnel quelconque, son système demande une certaine quantité de protéines. En cas de stress, votre chiot consomme davantage de protéines (et donc compte sur vous pour lui en fournir davantage). Si votre chiot mène une existence plus sédentaire ou si vous avez réduit son activité physique suite à une recommandation ou à une blessure, évoquez auprès de votre vétérinaire la possibilité de réduire la proportion de protéines dans le régime de votre chiot. Si vous avez un amateur de canapé ou un chien qui doit passer beaucoup de temps seul, lui donner un régime comportant beaucoup de protéines (lesquelles se transforment en énergie) peut le rendre agité et surexcité.

Sucres lents (la recommandation est de 42 % de l'aliment)

Certains fabricants d'aliments pour chiens atteignent le niveau minimum de protéines en utilisant des matières végétales qui contiennent de grandes quantités de sucres lents. Le problème est que les chiens ne digèrent pas les sucres lents de la même manière que les humains. Les aliments riches en sucres lents peuvent causer des problèmes digestifs chez les chiens, tels que des gonflements, des maux d'estomac, la constipation, et des selles trop abondantes. Assurez à votre chiot un régime alimentaire contenant davantage de protéines animales que de protéines végétales en choisissant un aliment qui contient au moins deux sources animales de protéines parmi les cinq premiers ingrédients.

Astuce

Si votre chiot engloutit sa nourriture, ralentissez-le. Isolez-le dans une pièce pour sa prise des repas, le chiot se sentant moins en compétition pour sa nourriture mangera plus calmement. Vérifiez qu'il a suffisamment d'apports en quantité dans la journée ; peut-être y a-t-il un mauvais équilibre entre dépense énergétique et apport énergétique. Et pensez à le vermifuger.

Graisses et conservateurs (15 à 20 %)

Les corps gras apportent à votre chiot une énergie stable, modérée. En outre, ils gardent la peau et la fourrure de votre chiot en bonne santé, facilitent la digestion et stabilisent la température – lui tenant chaud quand il fait froid et lui assurant la fraîcheur quand il fait chaud.

À retenir

Les sources de graisses sont les graisses de poulet, l'huile de tournesol ou de canola, les huiles de poisson et les produits laitiers sans lactose. Je recommande les produits laitiers sans lactose parce qu'une fois qu'un chiot a perdu ses dents de lait, il perd les enzymes nécessaires à la digestion du lactose contenu dans le lait. Même si le chien ne fait pas la différence entre le lactose et l'absence de lactose, son estomac la fait certainement – le lactose produit chez les chiens des gaz, et des selles liquides. « Graisses animales » est un terme générique pour une source de matières grasses peu coûteuse. L'huile de tournesol est de ce point de vue préférable.

Voici quelques remarques à garder à l'esprit en s'informant sur les graisses et les conservateurs des aliments consommés par votre chiot :

» **De nombreuses sociétés ont commencé à ajouter du *suif* aux aliments pour chien pour atteindre le niveau minimal quotidien. Cette substance est bon marché et ne se digère pas. Quand une marque vante une « nouvelle formule », assurez-vous que le changement n'inclut pas cet ingrédient inutilisable.**

» **Il n'est généralement pas nécessaire de rajouter des graisses au régime alimentaire de votre chiot. Mais si votre vétérinaire vous encourage à augmenter la proportion de graisses, versez un peu d'huile de carthame sur sa ration alimentaire – à peu près une cuillerée à dessert pour les petits chiens et une cuillerée à soupe pour les grands chiens. Cette huile possède une forte concentration d'acide linoléique et est celle qui risque le moins de provoquer une réaction allergique.**

» **Dans le cas des aliments commerciaux pour chiots, vérifiez les informations sur l'emballage pour voir quels conservateurs sont utilisés. En cas de doute, parlez à votre vétérinaire ou à un autre professionnel. Par exemple, le conservateur éthoxyquin est un carcinogène reconnu.**

L'eau

L'eau est nécessaire à tous les processus digestifs, ainsi qu'à la régulation de la température et à l'absorption des substances nutritives. L'eau sert d'agent de transport, véhiculant des substances d'un organe à un autre et hors du corps.

La quantité d'eau dont a besoin votre chiot dépend de l'intensité de ses activités physiques et du type de nourriture qu'il absorbe. Le halètement est le moyen dont se sert votre chien pour transpirer. Si votre chien halète, vous savez qu'il a besoin de boire. Les aliments secs provoquent également la soif. Les aliments secs ne comportant que 10 % d'eau, votre chien a besoin d'environ un litre d'eau pour 500 g de nourriture sèche qu'il consomme.

La nourriture en boîte ou les repas préparés chez soi, en revanche, contiennent davantage d'eau (soyez cependant conscient que la proportion d'eau plus élevée n'en fait pas nécessairement un mode d'alimentation supérieur).

Vitamines (1 %)

En bref, les vitamines ont deux propriétés : elles libèrent les substances nutritives des aliments et elles aident le corps à utiliser l'énergie. Il y a deux types de vitamines :

» **Solubles dans les corps gras** : ces vitamines, notamment les vitamines A, D, E et K, sont emmagasinées dans les tissus graisseux et dans le foie.

» **Solubles dans l'eau** : ces vitamines, parmi lesquelles les vitamines B et C, passent chaque jour à travers le corps – elles sont utilisées ou excrétées.

À savoir

Devez-vous compléter le régime alimentaire de votre chiot avec de la vitamine C ? Tout le monde n'est pas d'accord sur la réponse à cette question. Voici les arguments favorables à l'adjonction de vitamine C : ce qui n'est pas utilisé est éliminé, et dans le meilleur des cas, la vitamine C renforce les tissus élastiques, ce qui rend les animaux plus résistants au stress. Bien qu'aucune étude ne le prouve, ce supplément ne semble pas avoir d'effet négatif. Toutefois, les opposants affirment que le corps des chiens peut produire toute la vitamine C dont ils ont besoin.

À retenir

Les besoins de vitamines varient en fonction de votre chiot et de son style de vie. Si vous envisagez de lui faire prendre des suppléments, parlez-en d'abord à votre vétérinaire.

Certains aliments pour chien affichent une longue liste de vitamines. N'oubliez pas que les vitamines doivent représenter seulement 1 % des aliments.

Minéraux (1 %)

Les minéraux ont des points communs avec les vitamines. Ils assistent le corps dans ses fonctions quotidiennes comme la circulation sanguine, la production d'énergie et la régénération des cellules. Un aliment de haute qualité pour chien doit être équilibré. Un excès de minéraux peut être nuisible au développement et à la santé de votre chiot. Parlez avec votre vétérinaire si vous avez des questions plus spécifiques.

L'absorption de fer, un minéral nécessaire à la circulation sanguine, est réduite par un régime alimentaire comportant beaucoup de protéines de soja – encore une bonne raison pour éviter les aliments riches en protéines de soja.

Les allergies et les besoins spécifiques

Des allergies alimentaires sont diagnostiquées de plus en plus fréquemment. Les symptômes sont des démangeaisons sur le visage et les pattes ainsi que des vomissements et des diarrhées.

Allergies à votre nourriture et à la sienne

Le système de votre chiot n'est tout simplement pas fait pour supporter les variations qui caractérisent notre régime alimentaire. Les produits de l'industrie alimentaire ne lui conviennent pas parce qu'elles contiennent des substances chimiques que son corps ne peut ni reconnaître ni absorber. Si vous voulez absolument partager le contenu de votre assiette avec votre chiot, choisissez des aliments naturels. Par exemple, les fruits, les légumes et la viande sont ce qu'il y a de mieux pour votre chiot.

Attention !

Évitez de donner à votre chiot des produits laitiers. Il est incapable de décomposer le lactose, ce qui peut entraîner des indigestions, des diarrhées, et des gaz – de grandes quantités de gaz.

Pour déceler ce qui peut provoquer une allergie, votre vétérinaire peut prescrire à votre chiot un régime hypoallergénique.

Problèmes de nutrition particuliers

Tous les chiots sont différents. Renseignez-vous sur les besoins nutritionnels de votre chiot – en parlant à votre vétérinaire, votre éleveur ou un professionnel compétent du magasin pour animaux de compagnie – pour déterminer le régime qui lui convient le mieux.

Astuce

Si vous avez un chiot appartenant à une race de grands chiens qui grandissent rapidement, ne soyez pas surpris si votre éleveur ou votre vétérinaire vous suggère de lui donner des aliments pour chien adulte.

Certains chiots ont des maladies spécifiques, telles que des estomacs sensibles ou des problèmes d'allergie, nécessitant un régime approprié. Votre vétérinaire peut vous guider dans votre choix ou vous fournir les aliments spéciaux dont votre chien a besoin pour rester en bonne santé.

Gardez votre chiot en forme

En plus d'une alimentation saine, votre chiot a besoin d'exercice pour son équilibre physique et mental. Une idée erronée assez répandue est que laisser un chien dehors toute la journée est une bonne chose pour lui. « Il a besoin d'air frais » est une affirmation totalement inexacte. Si vous laissez votre chiot dehors toute la journée, vous vous retrouverez avec une créature névrotique qui fait des trous dans le jardin et aboie jusqu'à ce que les voisins se plaignent. Des exercices appropriés à l'extérieur permettent d'avoir un chien plus calme à l'intérieur, mais l'expression clé est « exercices appropriés ». Il convient de prévoir des activités adaptées à l'âge et à la taille du chiot, et de réserver du temps pour s'y livrer avec lui.

Les activités en fonction de l'âge

Attention !

Les tissus du corps d'un chiot sont souples et ses os continuent de grandir. Il est aussi maladroit qu'un bébé s'essayant à faire ses premiers pas. Il va sans dire que les escaliers lui font peur. Emmener votre nouveau compagnon pour votre jogging de 8 kilomètres serait agréable, mais dangereux. Trop d'exercices fatiguent le corps en pleine croissance de votre chiot. Il pourrait être distrait et renoncer ou exiger que vous le portiez. Bien sûr, vous voulez que votre chiot soit en forme – un chiot obèse est un chiot en mauvaise santé –, mais les chiots ne sont pas mis au monde pour courir d'interminables kilomètres. Vous devez d'abord le laisser se développer.

Jusqu'à l'âge de 4 mois, vous devez jouer avec lui (de préférence au bout d'une longue corde ; voir chapitre 4) au lieu de vous promener avec lui. Vous éloigner avec lui de votre maison perturbe sa perception de votre territoire, et des promenades prolongées peuvent fatiguer ses muscles en développement. ***Note*** : les brèves promenades en ville ou dans un parc pour le socialiser sont recommandées !

Astuce

Jouez sur du gazon ou de la terre. Ne faites pas marcher votre chiot sur la chaussée, sauf pour l'emmener faire ses besoins. Les sols durs sont trop fatigants pour son squelette et ses muscles. Les sols en linoléum et en carrelage sont un véritable cauchemar pour les chiots parce qu'ils sont trop glissants. Placez des morceaux de moquette sur ces surfaces jusqu'à ce que votre chiot soit plus âgé.

Attention !

Évitez les jeux tels que le tir à la corde, la lutte, la poursuite, ou les taquineries. Ces jeux énervent les chiots, suggèrent la confrontation, les encouragent à attraper ce qu'ils peuvent avec la gueule (spécialement les vêtements) et font de vous davantage un compagnon de jeu qu'un leader.

Tenez compte de la taille, de la race et du niveau d'énergie

La taille et la race sont d'autres critères pour déterminer la quantité et le genre d'exercice dont votre chiot a besoin. Un pointer allemand à poil ras – un grand chiot élevé pour courir dans les champs à la recherche d'oiseaux – a besoin de plus d'exercice qu'un caniche nain. Oui, c'est une question de bon sens, mais je suis surprise de voir le nombre de gens qui achètent une race pour son aspect sans s'inquiéter de la quantité d'exercice dont leur nouveau chiot a besoin (pour plus d'informations sur les groupes de races, consultez le chapitre 2).

Le niveau d'énergie de la race détermine la quantité et la fréquence d'exercice requises. Voir le tableau ci-après :

Niveau d'énergie	Quantité d'exercices requise	Fréquence
Très élevé	20 minutes	2 à 4 fois par jour
Élevé	15 à 20 minutes	2 ou 3 fois par jour
Moyen	10 à 15 minutes	2 fois par jour
Faible	5 minutes	1 ou 2 fois par jour

Attention !

Si votre chiot n'utilise pas son énergie dehors, il l'utilisera à l'intérieur. Si vous ne le faites pas courir, il peut démolir votre canapé. Non, ce n'est pas qu'il vous en veuille. C'est seulement l'énergie associée à l'ennui.

Les amusements et les jeux

Avez-vous un chien d'un haut niveau d'énergie qui ne s'intéresse qu'aux distractions à grande vitesse ? Les sports ci-après sont faits pour les chiens de toutes catégories. La seule exigence : l'énergie – beaucoup d'énergie.

L'agility

À première vue, un terrain d'agility ressemble à un gigantesque terrain de jeu. Les obstacles de ce terrain incluent de longs tunnels ouverts ou fermés, un pneu au travers duquel le chien doit sauter, une palissade en forme de A, une bascule, des piquets de slalom, des sauts, et bien d'autres obstacles encore. La fièvre de l'agility est très contagieuse.

L'obérythmée

Faites danser en rond votre partenaire ! Cette activité chorégraphique associe le chien et l'homme. Vous allez bientôt avoir l'impression d'avoir deux pieds gauches. Certains groupes se rencontrent pour concourir, d'autres seulement pour s'amuser, portant le dressage à un niveau inégalé d'amusement et d'activité aérobie.

Le flyball

Le flyball est un jeu très sportif. Ce jeu n'a rien de comparable dans le monde canin. Pour pratiquer ce sport, vous avez besoin d'une équipe de quatre chiens vigoureux ayant une légère obsession pour les balles de tennis. Les équipes courent ensemble en relais. Chaque chien doit courir jusqu'à une boîte de flyball en sautant des obstacles en cours de route. Une fois à la boîte de flyball, il prend une balle de tennis et revient en sautant les obstacles jusqu'à la ligne d'arrivée et de départ. Quand un chien est arrivé, un autre est lâché jusqu'à ce que les quatre aient couru.

Figure 15-2
Chiot en pleine séance de flyball, en train de sauter un obstacle.

Le Frisbee

Pour pouvoir jouer au Frisbee avec votre chiot, il doit savoir comment attraper le disque et le rapporter, et vous devez savoir comment le lancer. Pour voir si votre chiot s'y intéresse, essayez les manœuvres suivantes :

1. **Utilisez le disque comme une assiette.**

   Il ressemble de toute façon à une assiette, n'est-ce pas ? Pendant une semaine, donnez à manger à votre chien sur le disque, en l'enlevant après chaque repas pour qu'il ne le ronge pas. Lavez et cachez le disque jusqu'au repas suivant.

2. **Pratiquez d'abord à l'intérieur, et apprenez à votre chien à jouer avec le disque, en lui disant « Prends-le ».**

   Astuce

   Quand il prend le disque, tirez-le *légèrement* pour qu'il le tienne solidement avant de lui demander de le lâcher en lui offrant à manger ou en le couvrant de compliments.

3. **Apprenez-lui maintenant à saisir le disque.**

   Montrez le disque à votre chien et courez sur une courte distance avant de lui permettre de le saisir. Pour voir si votre chien est suffisamment attaché à ce nouvel objet, retournez-le et faites-le glisser sur une courte distance sur le sol devant vous. Quand votre chien s'en saisit, couvrez-le d'éloges. (Au début, votre chien ne voudra probablement pas vous rendre le disque. Cela ne fait rien. Vous lui ferez rapporter et rendre plus tard lorsqu'il aura maîtrisé l'étape consistant à s'emparer du disque.)

4. **Recommencez l'opération avec un disque non utilisé comme assiette.**

   Votre chien peut avoir une réaction différente. Continuez de le féliciter chaque fois qu'il se saisit du disque.

5. **Maintenant faites rouler le disque ; ne le lancez pas encore.**

   Votre chiot va apprendre à le poursuivre et le prendre alors qu'il est en mouvement. Lorsqu'il se sera pris à ce jeu, il ne restera plus qu'à lui montrer comment prendre le disque à la volée !

1. **Mettez au cou de votre chien une corde de 3 mètres pendant les exercices de frisbee ; faites tourner votre corps en simulant le mouvement d'un disque volant.**
2. **Quand votre chien se montre intéressé, lancez le disque très légèrement ou simplement amenez-le jusqu'à sa gueule et lâchez-le quand il le tient solidement.**

   Augmentez progressivement la longueur et la distance de vos lancers.

3. **Quand il attrape le disque, encouragez-le à revenir.**

   À retenir

   Qu'il revienne avec ou sans le disque, félicitez-le chaleureusement. S'il décide de ne pas revenir, prenez vite la laisse et ramenez-le jusqu'à vous. Votre objectif est le retour, avec ou sans disque.

4. **Lorsque votre chien coopère, essayez le retour hors laisse.**

   Si vous pratiquez à l'extérieur, restez dans un endroit clos pour la sécurité de votre chiot.

5. **Pratiquez ensuite avec cinq ou six disques, en encourageant votre chien à revenir vers vous avant de lancer le suivant.**

Figure 15-3
Ne vous contentez pas de regarder, soyez un compagnon de jeu pour votre chiot.

Attention !

Utilisez des Frisbee conçus spécialement pour les chiots, la matière doit être souple et résistante. N'utilisez pas de Frisbee en plastique dur qui peuvent facilement blesser votre chiot. Quand vous vous exercez avec votre chiot, prenez soin de ne pas lancer le Frisbee trop haut, ce qui l'obligerait à sauter et à retomber trop brutalement sur ses aplombs et ses hanches et pourrait le faire souffrir par la suite.

Toutes ces activités sportives sont amusantes, relaxantes et intenses pour le maître et pour le chien ; cependant respectez la maturité physique et mentale de votre chien et ne commencez pas de façon sportive une des activités citées ci-dessus avant que votre chiot ait atteint un âge minimum de 8 mois, et toujours sous la responsabilité d'un éducateur qui saura vous conseiller. Avant ces 8 mois d'âge, considérez ces activités comme une mise en situation. Pour en savoir plus sur ces activités (agility, flyball, obérythmée, Frisbee, etc.), contactez la CNEA (Voir annexe Carnet d'adresses).

DANS CE CHAPITRE

Gardez votre chiot en bonne santé par les soins quotidiens, le toilettage et les contrôles

Soulagez votre chiot des allergies

Castration ou stérilisation de votre chiot

Les soins en cas d'urgence

Chapitre 16

Mesures préventives et soins en cas d'urgence

Dans ce chapitre, je vous montre comment rendre votre chiot plus beau et l'empêcher de tomber malade grâce à des soins quotidiens. La prévention vaut mieux que la guérison. Je vous parle aussi des situations d'urgence et de la manière de pratiquer sur votre chiot la réanimation cardio-pulmonaire et la respiration artificielle. J'espère que vous n'aurez pas besoin de ces informations, mais lisez-les tout de même pour le cas où. Savoir quoi faire en cas de coupures, de brûlures ou de fractures peut sauver la vie de votre chiot.

Assurer l'hygiène et la santé

Non seulement le toilettage régulier donne à votre chiot un meilleur aspect et fait qu'il se sent bien, mais aussi il vous aide à découvrir d'éventuelles maladies avant qu'elles ne deviennent graves. Des brosses, des pinces à ongles, du dentifrice, et des boules de coton font partie des articles à utiliser pour garder votre chiot en excellente forme. Bien sûr, l'autre manière d'assurer la santé de votre chiot est de le faire suivre par un bon vétérinaire qui vous aidera à faire de votre chiot un chien adulte en parfaite santé.

Pour que le bain soit un plaisir

Astuce

Voici comment prévenir le scénario du chien qui part d'un trait au moment du bain. Faites de « Baignoire » un ordre, et pratiquez des exercices de baignoire longtemps avant de donner un bain à votre chiot. Ce procédé marche si bien que votre chiot peut sauter dans la baignoire sur ordre. Servez-vous des manœuvres suivantes.

1. **Dites « Baignoire », courez jusqu'à la baignoire, et récompensez-le avec une friandise (sans le mettre dedans). Répétez souvent.**
2. **Ensuite, placez une serviette sur le fond de la baignoire pour qu'il ne glisse pas, mettez des jouets tout autour, et étalez une substance crémeuse (comme du beurre de cacahuète) sur l'intérieur de la baignoire au niveau du museau du chiot pour qu'il soit content et occupé.**

   Il s'agit d'un exercice d'accoutumance, sans eau.
3. **Aidez le chiot à monter dans la baignoire, jouez pendant cinq minutes, puis sortez-le.**

   Assis au bord de la baignoire, caressez-le et donnez-lui des friandises calmement. Souvenez-vous qu'à ce stade il n'y a pas de bain, pas d'eau.
4. **Répétez l'étape 3 jusqu'à ce que votre chiot adore les moments passés dans la baignoire en votre présence.**
5. **Ensuite, faites couler l'eau en jouant, mais laissez-la partir (ne remplissez pas la baignoire).**
6. **Quand votre chiot supporte que l'eau coule quand il est dans la baignoire, laissez la baignoire se remplir jusqu'à la hauteur de la cheville.**

   Si votre chiot s'agite, arrêtez l'eau, chantez doucement, et offrez-lui des friandises en lui grattant tendrement le dos.
7. **Continuez progressivement jusqu'à ce que vous puissiez remplir la baignoire et le baigner tranquillement.**

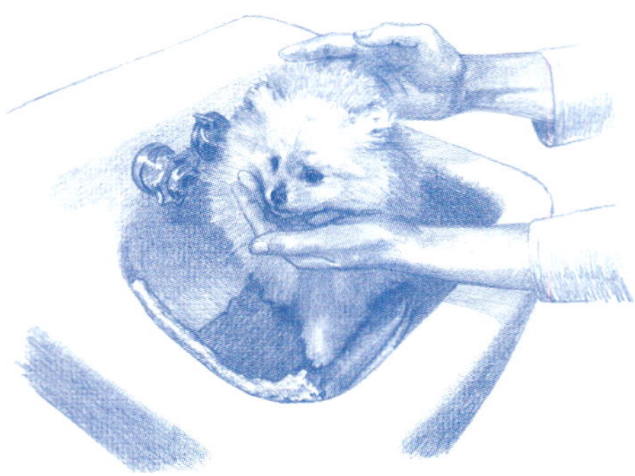

Figure 16-1
Ce chiot adore le moment du bain.

Je sais que toutes ces manœuvres semblent un peu longues, mais considérez-les comme une aventure d'une semaine. Après tout, ce n'est qu'un entraînement – et un effort relativement modéré pour toute une vie de bains sans histoire.

À retenir

Tenez-vous-en à un bain par mois. La raison ? Les pores de la peau des chiens produisent une huile. Si vous les baignez constamment, leur fourrure devient sèche, terne, friable, et se couvre de pellicules.

Attention !

Le fond des baignoires étant glissant, pensez à le revêtir d'un tapis antidérapant, pour préserver votre chiot de glissades qui pourraient l'effrayer pendant la prise du bain.

Le brossage facile

Le toilettage peut être un vrai cauchemar ou un moment merveilleux d'interaction avec votre chien. C'est quand votre chien est un chiot que se décide si sa toilette sera une corvée ou un plaisir. Veillez à ce que les premiers brossages soient toujours amusants, et terminez toujours sur une note positive en donnant à votre chiot une friandise ou un jouet favori.

Astuce

Voici quelques suggestions pour que les premières associations de votre chiot avec le toilettage soient agréables :

» **Utilisez une brosse pour humains à poils doux ou une brosse à chiot**. Vous pourrez plus tard utiliser la brosse de votre choix, mais pour l'instant, évitez la brosse à poils durs. Pensez aussi qu'en grandissant, votre chiot perdra sa robe de chiot et aura besoin d'un outil de brossage plus sophistiqué. Pour découvrir quelle brosse convient le mieux aux besoins de votre chiot, parlez-en à un toiletteur ou à un professionnel d'un magasin d'articles pour animaux de compagnie.

» **Étalez du beurre de cacahuète ou du bouillon de poule sur le bol de nourriture de votre chiot ou fournissez-lui un délicieux objet à ronger pour distraire son attention**. Montrez le bol ainsi préparé à votre chiot, et tandis qu'il se régale, passez doucement la brosse sur son corps.

Si vous suivez les suggestions qui précèdent, votre chiot appréciera ses premières expériences de toilettage, et bientôt vous envisagerez avec plaisir de recommencer.

Attention !

Si votre chiot se met à grogner à un moment quelconque quand vous le brossez, arrêtez tout et appelez aussitôt un professionnel.

Soins quotidiens et contrôles réguliers

À retenir

Tout propriétaire de chiot avisé sait qu'un chiot ne peut exprimer son inconfort ou son étonnement. L'établissement de contrôles réguliers chaque jour non seulement habitue votre chiot à être manipulé mais aussi vous permet de découvrir toute anomalie éventuelle.

Les yeux

La nostalgie, la douceur, la drôlerie – les yeux de votre chiot peuvent exprimer tout cela. Il vous appartient de les garder sains, brillants, et clairs. Si vous remarquez que les yeux de votre chiot sont larmoyants, pleins de mucus, enflés, ou le démangent, voyez votre vétérinaire. Votre chiot pourrait souffrir de conjonctivite (contagieuse pour d'autres chiens), d'un rhume, d'un parasite interne ou d'une allergie.

Astuce

Si votre vétérinaire prescrit un médicament pour les yeux, administrez-le avec précaution en frottant quelque chose de bon (du beurre de cacahuète ou du bouillon en cube) sur le réfrigérateur à un angle de 30 degrés au-dessus du niveau des yeux. Tenez-vous derrière votre chiot ou sur son côté et tirez en arrière la paupière supérieure jusqu'à ce que vous voyiez le blanc de l'œil ; laissez tomber soigneusement les gouttes de médicament.

Les oreilles

Différents chiens ont besoin de différentes fréquences de nettoyage des oreilles, allant d'un nettoyage par quinzaine à un nettoyage par jour. En général, les oreilles tombantes demandent plus de soin que les oreilles droites du fait d'une circulation d'air limitée. Dans le cas d'une race aux oreilles pleines de poils, il peut vous être demandé d'éliminer les poils, car un excès de poils peut emprisonner la cire et former un magma de saletés attirant les parasites. Parlez à votre vétérinaire ou votre toiletteur pour lui demander des instructions particulières. Voici quelques informations générales sur les soins relatifs aux oreilles de votre chiot :

» **Nettoyez l'oreille externe**. Demandez à votre vétérinaire de vous recommander un liquide commercial de nettoyage des oreilles qui prévient les infections. Au moyen d'une boule de coton trempée dans le liquide, balayez l'oreille externe. Soyez prudent en nettoyant, car l'oreille est très sensible et vous pouvez faire mal à votre chiot en allant trop profond. Répétez ce processus jusqu'à ce que le coton reste propre.

Attention !

N'utilisez pas de coton-tige et n'enfoncez pas de coton dans le canal auriculaire de votre chiot. Vous pourriez causer des dommages irréparables.

» **Empêchez l'eau de pénétrer dans l'oreille**. Si vous baignez votre chiot, mettez une boule de coton dans l'ouverture de chaque oreille, et essuyez les oreilles avec une boule de coton sèche quand vous avez fini.

Prendre la température de votre chiot

Malgré tous les progrès technologiques récents, votre chiot devra endurer le vieux style de soins préventifs à base de thermomètre dans le postérieur. Il vaut mieux occuper sa gueule avec quelque chose de bon (le beurre de cacahuète ou des friandises particulièrement intéressantes qui sont en haut de la liste pour ma chienne Whoopsie) tandis que vous plongez un thermomètre rectal dans la vaseline et l'introduisez. Le temps varie selon les thermomètres ; lisez le mode d'emploi. Notez que la température d'un chien au repos varie entre 38,1 et 39,2 °C, soit beaucoup plus que la température de 37 °C normale pour les humains. Ce peut être une bonne idée de prendre la température de votre chiot quand il est bien portant pour pouvoir mesurer l'écart de température en cas de maladie présumée.

À retenir

Les infections des oreilles sont très courantes. Les signes d'infections sont une oreille rouge ou enflée, des sécrétions, le fait de secouer la tête, de se gratter l'oreille ou une mauvaise odeur. Si vous remarquez l'un de ces symptômes, emmenez votre chiot chez son médecin immédiatement. Faute de traitement, les infections peuvent causer de la fièvre, la dépression, l'irritabilité, et la perte d'équilibre. Votre vétérinaire peut prescrire une pommade à administrer chez vous. Voici comment l'utiliser :

1. **Attendez que votre chien ait un peu sommeil.**
2. **Amenez-le jusqu'au réfrigérateur et frottez un peu de beurre de cacahuète ou de bouillon cube au niveau de ses yeux.**
3. **Pendant qu'il lèche le réfrigérateur, pressez doucement le tube pour faire passer la quantité de pommade prescrite dans le canal de l'oreille.**
4. **Massez son oreille en le félicitant chaleureusement.**

Le nez

Il n'y a pas grand-chose à dire au sujet du nez, sauf qu'il vous donne une indication quand votre chiot n'est pas bien portant. Un nez chaud peut être provoqué par une élévation de sa température (voir l'encadré « Prendre la température de votre chiot »). Cependant, les changements de temps peuvent aussi rendre son nez plus sec ou plus chaud. Si vous pensez que votre chiot a la fièvre, touchez d'autres parties de son corps dépourvues de fourrure (ventre, pattes, intérieur des oreilles) ou prenez sa température.

À retenir

Le nez des chiens peut se décolorer. Une cause éventuelle est le soleil. Si votre chiot reste exposé au soleil, protégez son nez avec une crème de protection de niveau 45. Une autre cause de décoloration du nez peut être une réaction allergique à un bol de nourriture en plastique ou à un détergent de ménage. En pareil cas, utilisez des bols en acier inoxydable pour les repas et l'eau de votre chien, et utilisez des produits de ménage sans danger pour l'environnement.

La gueule

Vous devez prendre soin des dents de votre chiot. Bien que les chiens soient moins sujets que les humains à la formation de tartre, ils en sont aussi victimes, et une mauvaise hygiène dentaire peut aussi entraîner des maladies cardiaques ou rénales. Bien sûr, les chiens ont une salive plus concentrée et ils mâchonnent des os et d'autres choses, mais cela ne remplace pas les soins dentaires. Sans un peu d'aide, votre chiot risque de souffrir de caries, de cavités, d'abcès, de périodontites, et de perdre des dents. Pour maintenir les dents de votre chiot en bon état :

» **Incluez des aliments secs dans le régime alimentaire de votre chiot.** La salive sécrétée lors de la mastication des croquettes contribue au nettoyage de ses dents.

» **Commencez à brosser les dents de votre chiot une fois par semaine.** Utilisez un dentifrice spécial pour chien au lieu du dentifrice humain parce que le fluor et les chiens ne font pas bon ménage. Si votre chien ne supporte pas la brosse à dents, utilisez votre doigt ou une brosse fixée sur le doigt. Si le chien grogne après vous, arrêtez aussitôt et faites appel à un professionnel.

Astuce

Si vous avez un jeune chiot, habituez-le très tôt à cette procédure. Frottez vos doigts contre ses gencives pendant toute la semaine et félicitez-le calmement pendant que vous lui brossez les dents. Prenez également l'habitude de lui donner des os à ronger, que l'on trouve dans les magasins spécialisés et qui facilitent le nettoyage des dents. Vous achèterez également du Plaque off spécial chien, qui est un produit à additionner à sa nourriture et qui a un effet antitartre des plus spectaculaires sur les dents.

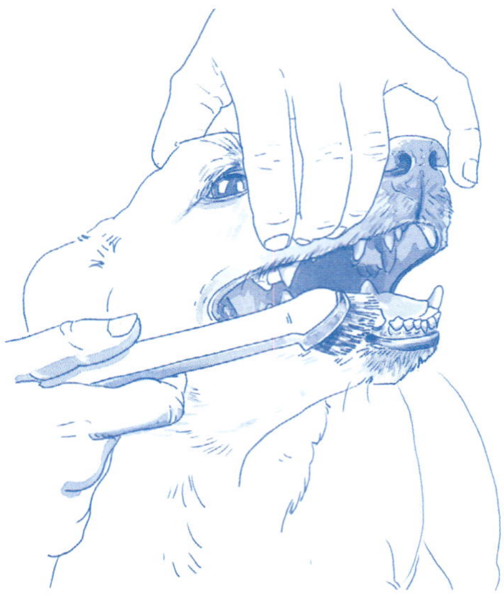

Figure 16-2
Habituez votre chiot dès le plus jeune âge au soin des dents.

» **Quand votre chien devient plus âgé, vous pouvez opter pour un nettoyage professionnel.** Pour nettoyer les dents de votre chien, votre vétérinaire doit l'anesthésier. Il détartre chaque dent séparément et termine par un polissage.

Certains chiens opposent une énorme résistance au nettoyage de leurs dents. Dans leur cas, votre vétérinaire peut suggérer un spray buccal qui décompose le tartre.

Les ongles

Si les ongles de votre chiot deviennent trop longs, ils peuvent faire prendre à son pied une position anormale, et peuvent se fendre ou se casser s'ils se prennent dans quelque chose. Pour que les ongles de votre chiot restent sains, vous devez les couper environ une fois par mois.

Astuce

La meilleure sorte de coupe-ongles ressemble à une espèce de guillotine. Sérieusement, je ne peux pas mieux l'expliquer. Ce coupe-ongles est idéal parce qu'il isole l'ongle et permet une coupe régulière. Renseignez-vous sur cet outil auprès de votre vétérinaire, votre toiletteur ou un employé du magasin pour animaux de compagnie.

Quand vous coupez un ongle de votre chiot, vous devez couper l'extrémité, juste à l'endroit où il commence à se recourber. Vous pouvez remarquer que les ongles de devant de votre chiot poussent plus vite que ceux des pattes de derrière. Si votre chiot a des ergots (des ongles situés plus haut sur les pattes avant ou arrière), n'oubliez pas de les couper.

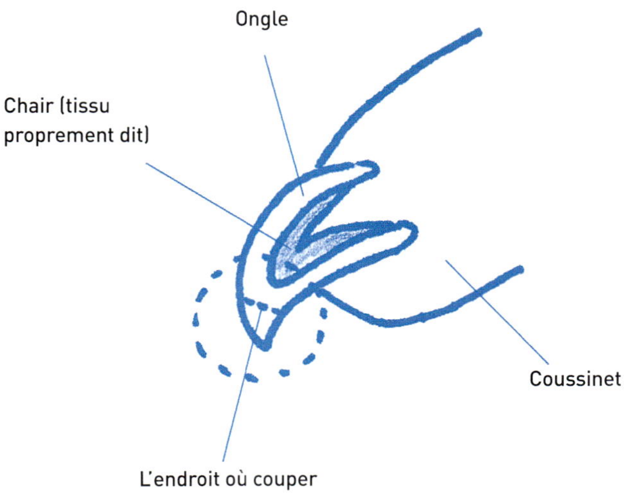

Figure 16-3 Coupez l'ongle à l'extrémité où la pointe commence à se recourber.

Pour éviter d'avoir un chien qui a la phobie du raccourcissement des ongles, pratiquez la manipulation des pattes lors de toute interaction positive, qu'il s'agisse du toilettage ou de lui donner une friandise, de la manière suivante :

1. **Au début, prenez seulement les pattes de votre chiot – rien de particulier.**

   Si vous êtes en voiture et arrivez à un feu rouge, tournez-vous vers votre chiot, prenez-lui les pattes et dites-lui « Bon chien ». Ayez autant de contacts de ses pattes avec vos mains que vous le pourrez pendant une ou deux semaines. Ne coupez pas d'ongle à ce stade.

2. **Ensuite, prenez votre beurre de cacahuète (ou votre bouillon en cube), de la pâte alimentaire spéciale Kong ou du fromage à tartiner, et frottez-en le réfrigérateur au niveau des yeux. Tandis qu'il lèche, frottez-lui les pattes avec le coupe-ongles.**

   Ne coupez pas d'ongle pour l'instant. Ouvrez et fermez le coupe-ongles pour l'habituer au bruit.

3. **Essayez maintenant de couper un ongle – un seulement. Placez le bord du coupe-ongles à l'extrémité de l'ongle et appuyez rapidement sur la poignée.**

   Les ongles blancs vous permettent de voir la partie rosée de l'ongle, que vous devez éviter. Si votre chiot a des ongles sombres, vous devez prendre des précautions supplémentaires. Si vous avez peur de le blesser, demandez à votre vétérinaire ou votre toiletteur de vous donner une leçon.

4. **Le jour suivant, essayez de couper deux ongles, puis trois.**

À retenir

Ne corrigez pas votre chien s'il proteste. Soyez compréhensif et allez plus doucement. Couper les ongles semble toute une histoire, mais, à terme, vous serez content d'avoir pris le temps de le faire bien. Toute personne qui a coupé son chien ou l'a effrayé en étant trop brutal peut vous dire qu'avoir un chien qui a la phobie de cette opération est un cauchemar.

Attention !

Dieu vous garde de couper dans la *chair* (la partie de l'ongle sensible). Outre qu'une telle coupure fait horriblement mal, elle saigne pendant des heures parce que la chair de l'ongle comporte beaucoup de vaisseaux sanguins. Pour éviter un saignement excessif, achetez une solution pour la formation de caillots, comme la poudre styptique, que vous fournira le vétérinaire. Elle agit comme par magie.

Les parasites externes

Les parasites externes se nourrissent de sang – celui de votre chien, pour être précis, bien que certains se contentent de celui des humains dans certains cas. Les sections suivantes les passent en revue, un par un.

Les puces

Les puces sont un problème très ancien, et se logent en général dans la partie inférieure du corps de votre chiot, derrière les omoplates.

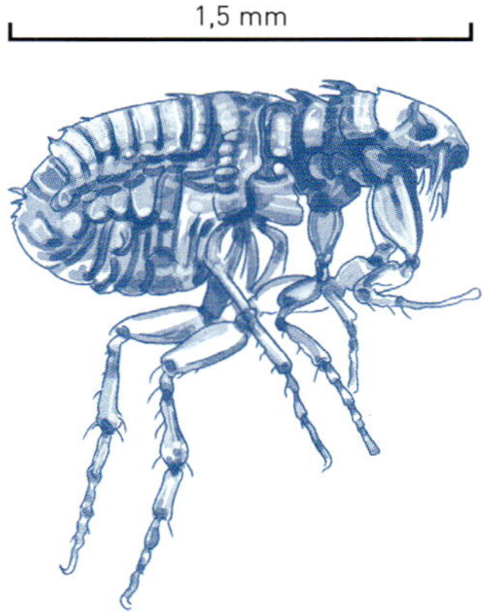

Figure 16-4
Une puce vue au microscope.

Astuce

Un moyen très efficace de détecter un problème consiste à acheter un peigne à puces et de le passer sur le postérieur du chien. Si vous en retirez de la « saleté », placez-la sur une serviette en papier et ajoutez quelques gouttes d'eau. Si la saleté prend une couleur rougeâtre, vous avez affaire à des excréments de puces. Quelle joie.

Contrairement à ce que l'on croit, les puces ne vivent pas sur les chiens – elles ne font que s'en nourrir. Les puces vivent dans les tapis et dans l'herbe, et la solution du problème exige une guerre à outrance.

Dermatite provoquée par les puces

Les chiens peuvent être allergiques à la salive des puces, et les vétérinaires appellent cette maladie DAPP, dermatite allergisante par piqûres de puces. Les démangeaisons qui en résultent sont si intenses qu'elles peuvent entraîner la perte de poils et l'automutilation. Parfois la démangeaison devient si forte que le chien peut créer une pyodermite, c'est-à-dire une inflammation et une infection bactérienne de la peau. Allez immédiatement chez le docteur pour un traitement avant que la maladie n'empire. Si votre chiot en est victime, vous vous en apercevrez tout de suite : la partie infectée de son pelage n'a plus de poils, est d'une couleur rouge vif, a un aspect écailleux, et du pus peut en suinter si l'infection est très avancée. Elle est aussi douloureuse et chaude au toucher.

Traitement de votre chiot

Demandez à votre vétérinaire quelles sont les options sûres dont vous disposez pour traiter votre chiot. Il pourra vous recommander des colliers, des poches d'huiles ou d'autres produits à utiliser à la saison des puces. N'utilisez pas ces produits plus fréquemment qu'il n'est indiqué sur les instructions d'emploi.

Traitement de votre maison et de votre jardin

Il n'est pas agréable de partager sa maison avec des puces. Une infestation à grande échelle par les puces est comme une scène d'un film d'épouvante – des insectes sautant sur vous de tous côtés, plus vite que vous ne pouvez les écraser ou les chasser. Traitez votre maison dès la seconde où vous découvrez un problème de puces. Voici quelques suggestions :

» **Demandez l'avis de votre vétérinaire.** Il recommandera probablement deux traitements répétés à dix jours ou deux semaines d'intervalle pour tuer les nymphes devenues adultes. Aucun procédé ne peut tuer les nymphes de puces.

» **Aspirez, aspirez, aspirez**. Non seulement vous ramassez les adultes, mais aussi les œufs et les larves dans leurs nids. Mais n'oubliez pas de jeter le sac – les puces sont de merveilleuses acrobates et peuvent s'échapper du sac.

» **Traitez le couchage de votre chien en le lavant avec un détergent antipuces acheté au magasin d'articles pour animaux de compagnie ou jetez-le.**

» **Traitez toutes les pièces de votre maison avec le produit recommandé et n'oubliez pas de passer l'aspirateur (mais n'aspirez pas le produit que vous venez d'appliquer – aspirez d'abord)**. Les puces adorent voyager.

» **Ouvrez toutes les fenêtres en rentrant chez vous.**

» **Exterminez les puces dans le jardin.** Une bonne gelée leur règle généralement leur compte, mais si vous ne pouvez pas attendre – ou si vous avez des hivers cléments –, parlez à votre vétérinaire des solutions envisageables. Le jardin doit être traité en totalité (ce peut être coûteux si vous avez un grand terrain), et vous devez garder votre chien à l'écart des terrains avoisinants, qui peuvent être infestés.

Tiques

La tique est un autre parasite suceur de sang. Comme les puces, les tiques préfèrent les créatures à fourrure, mais elles peuvent éventuellement se contenter des humains. Malheureusement, les tiques se trouvent partout dans le monde et peuvent propager des maladies transmises par le sang, notamment la piroplasmose ou la maladie de Lyme.

À savoir

Les tiques, comme les puces, se développent en plusieurs stades : œuf, larve, nymphe, et adulte. Les œufs sont pondus dans un environnement humide, ombragé, et tandis que les tiques se développent d'un stade au suivant, elles ont plusieurs hôtes qui peuvent leur communiquer des infections bactériennes.

Comment enlever une tique

Les tiques aiment grimper, de sorte que leur site favori est naturellement autour de la tête de votre chiot. Enlever une tique n'est pas facile. Quand les tiques se nourrissent, elles insèrent dans la peau des crochets en forme d'hameçon. Si vous essayez d'enlever une tique en tirant dessus, vous récupérez seulement un sac rempli de sang, sans tête, et votre chiot se retrouve avec une bosse sur la tête. Pour enlever une tique, procédez comme suit :

1. **Avec une pince spéciale pour enlever les tiques, appelée « Tire-Tic » achetée dans un magasin d'articles pour animaux de compagnie ou une pharmacie, appuyez sur la peau de chaque côté de la tique, tournez et tirez.**

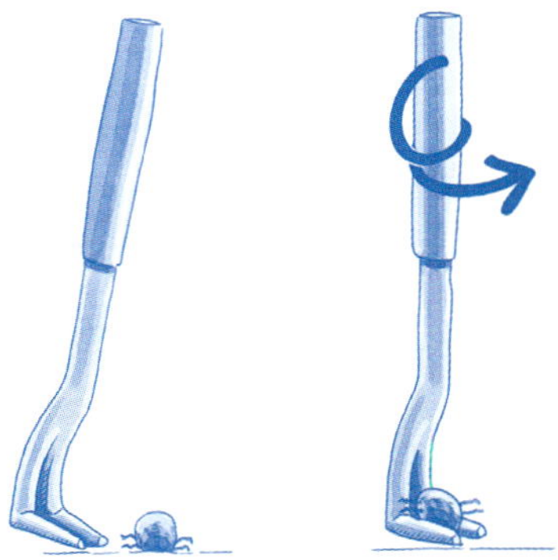

Figure 16-5 Le bon geste pour retirer une tique.

2. **Ou pincez étroitement la peau autour de la tique et attrapez la tête.**
3. **Tirez et enlevez la tique.**

   Attention !

   Ce geste peut être douloureux, et vous pouvez songer à donner à votre chiot une cuillerée de beurre de cacahuète, une friandise ou des biscuits pendant que vous procédez au retrait de la tique.
4. **Faites disparaître la tique.**

   Astuce

   Il est difficile de tuer ces sales bêtes. Elles résistent à la noyade et à l'écrasement. Je trouve que le meilleur moyen de tuer les tiques est de les brûler ou de les laisser tomber dans un récipient contenant de l'eau de Javel (ou dans la cuvette des WC), de l'alcool éthylique ou de la vodka (qui est moins toxique). Si vous avez des enfants, mettez ce récipient hors de leur portée.
5. **Lavez-vous les mains quand vous avez terminé.**

Éviter les tiques

Vous pouvez faire beaucoup de choses pour empêcher les tiques de s'installer sur vous et votre chiot :

» **Promenez votre chiot au soleil**. Marcher au soleil est plus sûr parce que la plupart des tiques préfèrent les endroits ombragés, boisés.

» **Inspectez-vous ainsi que votre chiot pendant et après chaque promenade dans un bois ou un champ**. Les tiques peuvent s'accrocher à n'importe quel niveau – elles tombent des arbres, s'attachent aux taillis, et rampent sur le sol.

Pour vérifier le pelage de votre chiot, utilisez un peigne à puces (que vous pouvez acheter dans tout magasin d'articles pour animaux de compagnie) et passez-le sur son pelage après chaque sortie. Les tiques ont besoin d'un certain temps pour se cramponner, de sorte qu'un peigne à puces les ramasse le plus souvent.

» **Portez des vêtements qui vous protègent**. Portez des vêtements de couleur claire et enfoncez le bas du pantalon dans les chaussettes. Protégez-vous la tête avec une casquette ou un chapeau.

» **Demandez à votre vétérinaire de vous recommander un bon produit de prévention contre les tiques, appliqué localement**. Il existe de nombreux produits peu toxiques et très efficaces pour éloigner les tiques, appliqués localement. Le traitement consiste à mettre une goutte du produit sur la peau du chiot ; le produit passe à travers les glandes sécrétant l'huile qui recouvre le pelage du chiot et les poils, et finit par couvrir tout le corps.

Choisissez toujours l'application du produit en pipette, cependant si vous préférez utiliser un spray plutôt qu'un produit à appliquer localement, faites attention de ne pas en mettre près des yeux de votre chiot. Pour traiter son front et ses oreilles, placez le produit sur un gant et massez ces zones que vous ne pouvez pas protéger avec le spray. N'oubliez pas les pattes.

Attention !

Les produits contre les tiques sont toxiques. Pour empêcher votre chiot de se lécher après le traitement, tenez-le occupé avec son jeu favori jusqu'à ce que le produit soit sec. Évoquez la question de la sécurité des traitements auprès de votre vétérinaire.

Les visites régulières chez le vétérinaire

Les chiots, comme les enfants, ont besoin de vaccinations et de contrôles médicaux réguliers. Quand vous aurez trouvé un vétérinaire en qui vous avez confiance, sortez votre agenda et programmez des visites régulières pour vous assurer que votre chiot bénéficie de toute la protection dont il a besoin. Les premiers vaccins doivent être donnés quand les chiots sont sevrés du lait de leur mère. À moins qu'un chiot ne soit orphelin, ce qui nécessiterait d'autres interventions médicales, ses premières vaccinations doivent commencer à l'âge de 6 semaines. Si une série est recommandée, les vaccinations de suivi ont lieu deux à trois semaines plus tard. Lorsque le chiot atteint l'âge adulte, les vaccins doivent être prévus annuellement.

Attention !

Les vaccins ne protègent pas à 100 %. Certains chiens sont allergiques aux vaccins. Chez d'autres, les anticorps ne forment pas une défense suffisante. Les maladies consécutives aux vaccins sont tragiques. Gardez votre chiot à la clinique vétérinaire pendant 30 minutes après ses premiers vaccins, et renseignez-vous sur les signes et les symptômes de chaque maladie pour pouvoir les reconnaître.

Si possible, étalez les vaccinations pour que votre chiot n'en subisse pas trop le même jour. Il vous en coûtera un peu plus en visite chez le vétérinaire, mais sur le long terme cette façon de faire peut éviter à votre chiot une réaction négative aux vaccins.

Atchoum ! Que faire en cas d'allergie ?

Les chiens qui ont des allergies souffrent de pattes gonflées, de démangeaisons de la peau ou des gencives, d'éternuements, et d'eczéma. Les allergènes des chiens peuvent être la laine, la poussière, les moisissures, les pesticides chimiques, le propylène glycol (un conservateur du cuir non tanné), les pesticides chimiques, les plantes de la maison ou du jardin, des herbes, et des aliments. Si vous supposez que votre chien a des allergies, parlez-en à votre vétérinaire. Il peut faire des tests pour déterminer ce qui fait souffrir votre chiot et lui donner des médicaments pour le débarrasser des symptômes.

Astuce

Voici une liste de points à respecter si vous soupçonnez que votre chiot souffre d'allergies, en plus de noter tous les changements liés aux saisons et à l'environnement :

- **Lavez le couchage de votre chiot avec un savon détergent fait pour les couches des bébés.**
- **Vérifiez les produits que vous pulvérisez dans la maison et le jardin. N'utilisez aucun produit toxique pour votre chiot. L'imidaclopride et le fipronil sont non toxiques.**
- **Beaucoup de chiens étant allergiques aux désinfectants commerciaux, utilisez de l'eau de Javel et de l'eau (6 centilitres par litre d'eau) pour nettoyer les espaces utilisés par votre chien.**
- **N'abusez pas des produits de nettoyage et de destruction des parasites. Les sprays, les poudres et les produits liquides contre les puces peuvent être très toxiques.**

À retenir

Si vous soupçonnez une allergie alimentaire, parlez-en à votre vétérinaire. Il suggérera vraisemblablement un changement de régime et voudra peut-être restreindre le régime de votre chiot pour déterminer par élimination la cause de l'allergie.

Castrer ou stériliser votre chiot

On empêche la reproduction d'un chien femelle en enlevant les ovaires. Cette opération requiert une anesthésie, et la convalescence dure de cinq à quatorze jours. Un chien mâle est privé de ses fonctions de reproduction par la castration, consistant à lui enlever ses testicules. Il est anesthésié pour l'exécution de cette opération et se rétablit en cinq à dix jours. Si vous ne prévoyez pas la reproduction de votre chien, faites-le stériliser.

Voici quelques arguments en faveur de la stérilisation :

- **Selon le livre intitulé *The Adoption Option* (Howell), environ 4 millions à 6 millions de chiens subissent une euthanasie dans les refuges pour animaux chaque année aux États-Unis. Si vous n'élevez pas votre chien de manière responsable en vue de la reproduction, faites-le stériliser. Il ne sert à rien de supporter ces chaleurs répétitives tous les six mois, qui peuvent véritablement modifier le comportement de la femelle et rendre trois semaines de votre vie quotidienne assez pénibles. Sans compter le sang à nettoyer derrière son passage dû aux pertes. Quant aux mâles qui vivent dans des milieux urbains, ils sont souvent confrontés à la frustration de n'avoir pas accès aux femelles en chaleur des alentours. Ce qui explique aussi souvent à certaines périodes de l'année leur comportement irritable et leur susceptibilité quand ils rencontrent un autre mâle.**
- **Cette opération réduit les chances de cancer mammaire, des ovaires, de l'utérus et du col de l'utérus chez les femelles ainsi que le cancer testiculaire et l'infection de la prostate chez les mâles.**
- **Les chiens mâles auront moins tendance à marquer votre maison ou à se battre avec d'autres mâles, et il y a plus de chances qu'ils restent près de chez vous quand ils sont stérilisés.**

À retenir

Si vous adoptez un chiot en provenance d'un refuge, vous pouvez avoir l'obligation de le faire stériliser. Certains refuges proposent d'effectuer cette opération pour vous, et d'autres vous indiquent un endroit où elle peut s'effectuer à un faible coût. La stérilisation peut coûter de 50 à 250 euros, selon le sexe et l'état de santé du chien.

Les accidents : comment les prévenir et soigner le chiot s'ils se produisent

Personne ne veut qu'un accident se produise, et personne ne veut voir son chiot subir un coup, une coupure, une brûlure, ou souffrir de la chaleur. Mais tout cela peut arriver, et vous devez vous y préparer. Savoir quelles mesures prendre avant d'amener votre chiot à la clinique vétérinaire peut lui sauver la vie. Cette section présente les étapes à suivre en cas d'urgence. Mais souvenez-vous qu'aucune des suggestions de cette section ne remplace une visite immédiate chez le vétérinaire.

Rendez la maison moins dangereuse pour votre chiot

Les chiots ont une curiosité insatiable. Considérez votre demeure du point de vue de votre chiot : « Les plantes, les fils, et les objets qui tombent par terre suscitent des réactions extraordinaires de mes parents s'ils sont assez près pour entendre. Comme c'est amusant ! »

À retenir

Essayez de prévenir autant d'accidents que vous le pourrez en modifiant ou en supprimant ce qui peut présenter un danger pour votre chiot et en restreignant sa liberté de mouvement à des espaces clos ou sans danger pour lui.

La chasse aux dangers de la maison

Marchez (mieux encore, marchez à quatre pattes) dans votre demeure et considérez-la du point de vue de votre chiot. Qu'est-ce qui semble tentant ? Vous pouvez utiliser du ruban adhésif pour coller au sol les fils électriques, ranger ailleurs temporairement ce qui recouvre vos tables basses ainsi que les livres de vos étagères. Je sais que vous n'avez pas envie de réarranger l'espace où vous vivez, mais pensez que les chiots sont comme les bébés : ils vont partout pour le seul plaisir de découvrir quelque chose de nouveau.

Figure 16-6 Empêchez l'électrocution par les cordons électriques en les fixant systématiquement.

Les petits objets indigestes

Certains chiots aiment avaler ce qu'ils mâchonnent – surtout si vous essayez de le leur retirer de force. Le problème est que tout ne peut pas passer dans les intestins d'un chiot. Certains objets se coincent, entraînant d'abord des vomissements, des étouffements, des efforts improductifs pour vomir, et de la toux, et ces symptômes peuvent continuer pendant des jours. Si tout cela n'est pas une raison pour trop s'inquiéter, la perte d'appétit du chiot en est une. Si l'intestin est bouché et si rien n'est fait pour retirer ce qui le bouche, l'intestin peut se rompre, ce qui peut être fatal. Le traitement dépend du temps qui s'écoule avant la consultation du vétérinaire.

Garder sous la main le numéro du centre antipoison

Mettez toutes les substances dangereuses hors de portée de votre chiot, comme vous le feriez pour vos enfants.

À retenir

Notez le numéro du centre antipoison de votre ville ou de votre département, et placez-le à côté du téléphone, auprès du numéro de votre vétérinaire. (Voir annexe Carnet d'adresses.) Quand vous appelez, ayez sous les yeux l'emballage du produit ingéré ; l'opérateur qui vous répondra est formé pour vous poser toutes les questions utiles sur la victime et les circonstances de l'accident et vous dire s'il y a lieu ce que vous pouvez faire et aussi ce que vous ne devez pas faire.

En outre, appelez votre vétérinaire immédiatement. Même si votre chien semble aller bien, il pourra vous donner d'éventuels conseils de prévention. Prévoyez une solution de rechange pour le cas où votre vétérinaire serait absent ou en vacances. Demandez-lui de vous indiquer une bonne clinique vétérinaire accessible en urgence.

Évitez les plantes vénéneuses

Dans la maison comme à l'extérieur, les plantes peuvent occuper votre chiot pendant des heures. Cependant, toutes les plantes ne sont pas amies des chiens. En fait, certaines sont mortelles.

Voici la liste des plantes dangereuses pour votre animal : Amaryllis et son bulbe, Azalée, Bourgeon de jonquille, Buis, Bulbe de tulipe, Cactus, Champignons sauvages, Chèvrefeuille, Columbine, Dieffenbachia seguine, Digitale, Gui, If (japonais – notamment les baies), Ipomée, Laurier-rose, Lierre, Lierre commun, Lupin, Marijuana, Marron d'Inde, Muguet, Philodendron, Poinsettia, Rhubarbe, Symplocarpe fétide, Tabac Tsuga.

Attention !

Si votre chiot tient une plante dans sa gueule, ne courez pas après lui. Si vous le faites, il percevra votre poursuite comme l'envie du prix et pourrait l'avaler. Approchez-vous calmement de lui en fixant le sol, pas ses yeux.

Premiers soins : les bases

Si votre chiot a un accident, restez calme. Sinon, il s'énervera et se fera du mal. Soyez un roc de confiance. Durcissez-vous mentalement. Organisez. Pensez. S'il le faut, emmenez-le à la clinique vétérinaire le plus vite et le plus efficacement possible. Si vous êtes préparé, tout se passera au mieux.

Empêcher un chiot blessé de mordre

À retenir

Même le chiot le plus adorable peut mordre s'il a mal ou est perturbé. S'il ne vous mord pas, il peut attraper le vétérinaire ou l'un des assistants, et vous devez l'en empêcher. La technique la plus simple consiste à utiliser un bandana ou une corde (le bandana est plus confortable).

Pour empêcher votre chiot de mordre, voici comment faire :

1. **Pliez un bandana pour en faire un long bandeau.**
2. **Passez le milieu du bandeau au-dessus du museau de votre chien.**
3. **Croisez les deux extrémités sous le menton de votre chien.**
4. **Attachez les extrémités derrière ses oreilles.**
5. **Vérifiez le point de croisement au-dessous.**

   Si le croisement est trop lâche, votre chiot peut le défaire avec ses pattes ; s'il est trop serré, vous pouvez l'étouffer.

Figure 16-7 Nouez un bandana autour du museau de votre chiot blessé pour l'empêcher de mordre.

Transporter un chiot blessé

Transporter un chiot blessé qui a des blessures internes est une affaire délicate. Il sera agité et voudra bouger. Il vous appartient de l'en empêcher. Si vous soupçonnez une fracture, une blessure de la colonne vertébrale ou une hémorragie interne, transportez votre chiot sur une surface dure, telle que du métal ou du contreplaqué. Sinon, il est possible de mettre votre chiot sur un drap ou une serviette de bain. Ne couvrez pas son visage, car il pourrait s'affoler.

Astuce

Soyez prêt à tout moment pour un cas d'urgence et ayez chez vous ou dans votre garage une planche de la taille d'un chien. Si une urgence intervient alors que vous êtes loin de chez vous, vous pouvez contacter les services d'urgences vétérinaires (voir annexe Carnet d'adresses).

Parole de chiot

Les chiots ne peuvent pas exprimer la douleur. Elle perturbe leur processus mental et leur organisation physique. Ils ne pensent qu'à se protéger et surmonter leur désarroi. Ajoutez cet état d'esprit au caractère propre de votre chiot, et le résultat obtenu est une réaction assez imprévisible. Les chiens ressentent la douleur de la même manière, mais ils y réagissent de différentes manières.

Secourir un chiot qui s'étrangle

L'étranglement se produit en général quand votre chiot grignote un jouet ou s'amuse avec et est brusquement défié, surpris, ou respire profondément. Si vous n'êtes pas près de lui ou si vous ne réagissez pas rapidement, l'étranglement peut être fatal. Une façon d'éviter qu'il se produise est la prévention : ne donnez pas à votre chiot des jouets plus petits que son visage. Si votre chiot s'étrangle avec quelque chose, restez calme et concentré et procédez comme suit :

1. **Mettez votre chiot debout sur ses pattes, même si quelqu'un doit le maintenir dans cette position.**
2. **Essayez de prendre et de déloger l'objet.**

   Attention !

   Faites attention – vous pourriez enfoncer l'objet davantage ou vous faire mordre si votre chien panique.
3. **Si vous ne pouvez pas déloger l'objet, essayez une version modifiée de la manœuvre d'Heimlich.**

   Si votre chiot peut se tenir sur ses pattes, joignez vos mains sous lui et levez-les vers son abdomen – juste sous le sternum (figure 16-8). Répétez cette action cinq fois, vigoureusement.

   S'il est incapable de rester debout ou s'il gigote, maintenez-le dans la position debout sur ses pattes et continuez comme ci-dessus.

4. **Si vos efforts sont inopérants, emmenez immédiatement votre chiot chez le vétérinaire.**

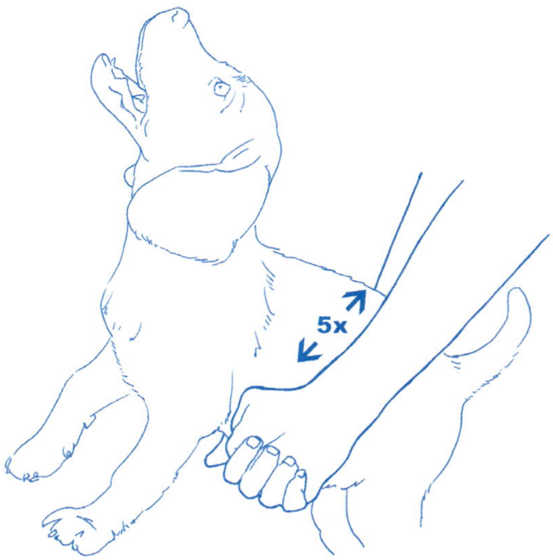

Figure 16-8 Cette adaptation de la manœuvre de Heimlich peut sauver un chiot qui s'étrangle.

Respiration artificielle et réanimation cardio-vasculaire

À retenir

Bien que ce soit horrible de voir votre chiot étendu après un incendie ou un accident de voiture, ou après qu'il s'est étouffé, a ingéré du poison ou a été électrocuté, il peut ne pas être trop tard pour le sauver. Soyez rapide, restez calme, et pensez clairement en exécutant les mouvements suivants de respiration artificielle :

1. **Vérifiez les battements de cœur et la respiration.**

   Si le cœur de votre chiot bat mais s'il ne respire pas, passez à l'étape suivante. Si vous ne percevez pas non plus de pouls, passez aux instructions qui suivent pour la réanimation cardio-vasculaire.
2. **Vérifiez s'il y a quoi que ce soit qui fait obstacle dans sa gueule et dégagez-la du sang et des mucosités éventuelles.**
3. **Sortez sa langue pour vous assurer que l'air peut passer.**
4. **Fermez doucement sa gueule.**
5. **Tirez ses babines sur sa gueule et maintenez-les serrées en passant une main sous le menton.**

   Pour les races qui ont des museaux enfoncés, mettez la bouche tout autour du nez.
6. **Créez un entonnoir étanche jusqu'à son nez avec l'autre main.**

7. **Inspirez, puis expirez doucement dans le nez de votre chiot.**

Figure 16-9
Le bon geste pour la respiration artificielle.

8. **Recommencez toutes les cinq à six secondes.**

Si vous ne pouvez pas sentir les battements de cœur de votre chiot, vous devez faire battre son cœur en pratiquant la réanimation cardio-vasculaire, qui consiste à comprimer le thorax en plus de la méthode de respiration artificielle décrite plus haut. Procédez de la manière suivante :

1. **Si vous avez un grand chiot, étendez-le sur son côté droit. S'il est petit, placez une main de chaque côté de sa poitrine.**
2. **Comprimez la poitrine au niveau du cœur par brèves saccades, à raison d'une compression par seconde.**
3. **Pratiquez une respiration toutes les six secondes.**

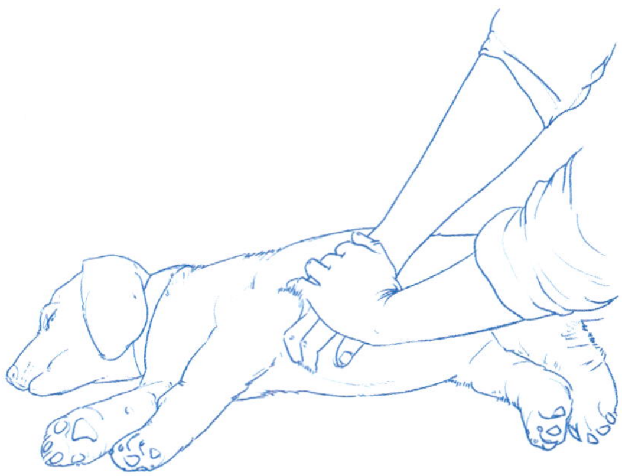

Figure 16-10
La réanimation cardio-vasculaire correspond à un massage cardiaque.

Vous saurez que vous avez sauvé votre chien parce qu'il reviendra à la vie.

Arrêter le saignement de votre chiot

Il y a trois formes de saignements :

» **Les coupures et les éraflures banales** : une telle blessure n'est pas grave. Deux fois par jour, essuyez l'endroit de la blessure avec de l'eau oxygénée pour empêcher les infections, et elle devrait guérir sans difficulté.

» **Un flux régulier ou un suintement** : ce type de saignement requiert une intervention médicale immédiate. Soulevez la partie atteinte au-dessus du cœur si possible et appliquez des bandages les uns par-dessus les autres pour absorber le sang, tout en appuyant sur l'endroit en question pour ralentir le flux.

» **Du sang qui jaillit et coule abondamment** : ce type de saignement est grave – très grave. Votre chiot peut s'évanouir rapidement et mourir s'il perd trop de sang. Appliquez des bandages les uns par-dessus les autres, élevez le membre si c'est possible, et exercez une pression constante sur l'artère en amont de la blessure. Conduisez le chien jusqu'à la clinique vétérinaire la plus proche.

Attention !

Si vous soupçonnez une hémorragie interne, emmenez immédiatement votre chiot à une clinique vétérinaire. L'hémorragie interne peut entraîner la mort. Des gencives blanchâtres, un abdomen relâché, une toux accompagnée de crachement de sang ou des accès de vomissement sont les signes d'une hémorragie interne.

Astuce

Trouvez les points de pression de votre chiot. Pendant qu'il dort, sentez son pouls près des articulations de la hanche et du coude. Ces artères règlent la circulation du sang, et dans une situation d'urgence, vous pouvez appuyer dessus pour ralentir la circulation. Vous pouvez aussi utiliser des sacs de glace pour ralentir le flux du sang qui suinte des coupures et des égratignures.

Traitement des morsures et des piqûres d'insectes

La plupart des morsures d'insectes ne sont pas plus gênantes pour un chien que pour nous. Une bosse, une démangeaison, et une petite enflure ne changent pas beaucoup le déroulement de la journée. Cependant, si le chien est allergique à la morsure ou à la piqûre, la réaction peut être grave et même mettre sa vie en danger. Les symptômes d'une allergie peuvent être l'enflure du visage, des éruptions de boutons, la fièvre, des douleurs dans les articulations, dans les muscles, l'enflure, les vomissements, et la diarrhée.

Attention !

Un chien atteint d'une allergie grave ne peut plus respirer, ce qui peut entraîner la mort en quelques minutes. Cette réaction s'appelle l'anaphylaxie et exige l'attention immédiate du vétérinaire. Si vous savez que votre chiot est sensible aux morsures d'insectes, demandez à votre vétérinaire de vous prescrire un kit contre les piqûres d'abeille, qui vous permettra d'enrayer la réaction en cas d'urgence.

Traitement des morsures de serpent

Bien que beaucoup de serpents mordent quand ils se sentent menacés, la plupart des morsures ne sont pas dangereuses. Comment savoir ? Les serpents venimeux ont des crocs qui font des trous dans la peau. Un chiot aux prises avec un serpent venimeux risque de ne pas vivre très longtemps. Il commence par enfler comme un ballon. Après quelques heures, il aura des syncopes, tombera dans le coma et probablement mourra.

À retenir

Si votre chiot est mordu par un serpent venimeux, emmenez-le immédiatement chez le vétérinaire, et appelez-le pendant le trajet pour qu'il puisse préparer un antidote.

Traitement des brûlures

La curiosité frappe de nouveau. Les chiots peuvent être brûlés par toutes sortes de produits chimiques et d'appareils ménagers. Votre réaction doit être calme et immédiate lors du traitement des brûlures. Voici ce à quoi vous devez penser :

» **Emmenez votre chiot dans un endroit tranquille et calmez-le.**

» **Faites couler de l'eau froide sur l'endroit brûlé. Si c'est une brûlure chimique, continuez de verser de l'eau sur la brûlure pendant cinq à dix minutes.**

» **Si la brûlure est superficielle, nettoyez-la et frottez-la deux fois par jour avec une pommade antibactérienne. Les brûlures plus graves exigent une intervention médicale immédiate.**

Astuce

Si votre chiot se brûle en croquant des cordons électriques et souffre, appliquez de la glace sur la brûlure et donnez-lui de l'eau glacée. Puis amenez-le tout de suite chez le vétérinaire, qui peut prescrire un gel oral antibiotique pour empêcher l'infection, et peut recommander un changement de régime alimentaire jusqu'à ce que sa gueule soit rétablie.

Traitement et prévention des coups de chaleur

Les chiens n'ayant pas de pores, ils ne peuvent pas transpirer. La chaleur ne peut s'évacuer qu'à travers les coussinets de leurs pattes et par le halètement. Les chiens peuvent souffrir de coups de chaleur s'ils sont laissés dans un endroit mal ventilé, comme une voiture ou un chenil, s'ils restent attachés ou prennent trop d'exercice un jour où l'atmosphère est humide. Si vous remarquez que votre chiot a une respiration peu profonde, un pouls rapide et une température élevée, des vomissements, rafraîchissez-le progressivement avec des serviettes humides, un bain froid ou de la glace autour du cou, de la tête et entre les pattes de derrière. Après l'avoir rafraîchi, emmenez-le chez le vétérinaire.

À retenir

Le coup de chaleur peut être évité. Ne laissez jamais votre chiot dans un endroit mal ventilé, et assurez-vous qu'il a toujours de l'eau à boire quand il fait chaud. Si une situation d'urgence vous amène à laisser votre chiot dans votre voiture, placez-le dans une cage de transport ou un harnais attaché à une ceinture de sécurité et laissez le moteur de la voiture tourner en même temps que la climatisation, avec les portes fermées. En vue de pareille situation, gardez un jeu supplémentaire de clés dans la boîte à gants pour pouvoir les prendre avec vous en quittant la voiture et rouvrir la porte à votre retour.

La meilleure solution est de ne jamais emmener votre chiot quand il fait chaud. Une voiture, même avec toutes les fenêtres fermées, peut devenir trop chaude en une heure. Quelle mort horrible pour un chien – enfermé dans une automobile brûlante en espérant que son maître reviendra bientôt.

Attention !

Tous les ans des accidents tragiques arrivent. Les coups de chaleur sont spectaculaires et extrêmement rapides ; 20 minutes dans une voiture fermée en plein soleil peuvent provoquer un coup de chaleur. Ne prenez pas cet avertissement à la légère, ne faites jamais courir ce risque à votre chien.

Partie 6
La partie des dix

Dans cette partie…

Voici la partie de dix, qui vous remontera le moral après la lecture du dernier chapitre de la cinquième partie.
Vous y trouverez dix de mes jeux favoris et dix tours qui font la joie des petits et des grands.

Chapitre 17

Dix tours pour la joie des jeunes et des moins jeunes

Les tours peuvent être très amusants si vous avez une bonne approche : l'éducation ne doit pas se cantonner au travail et à la structure. Lorsque votre chiot connaît les ordres de base et montre qu'il apprend avec plaisir, lui apprendre un tour ou deux égaie la routine ordinaire. Ce chapitre vous montre dix tours favoris que vous pouvez apprendre ensemble. Vous n'avez pas besoin d'enseigner tous ces tours – seulement ceux que votre chiot apprend facilement. Par exemple, si votre chiot s'exprime volontiers avec ses pattes, vous lui apprendrez certainement à donner la patte ou à dire au revoir.

Révérence

Votre chiot aime-t-il s'étirer ? Je parie que vous ne saviez pas que vous pouvez en faire un tour amusant. Voici comment :

1. **Tandis que votre chiot s'étire, inclinez-vous devant lui et dites : « Révérence ! »**
2. **Complimentez-le comme s'il venait d'inventer le biscuit pour chiens.**

Répétez ces deux manœuvres chaque fois qu'il s'étire. Il fera bientôt des révérences à la demande.

Donne la patte

Il est facile et amusant d'apprendre à votre chiot à donner sa patte. En partant de la position « Assis », procédez comme suit :

1. **Dites « Donne la patte » en présentant d'une main une friandise devant son nez et en étendant l'autre devant la patte de votre chiot.**
2. **S'il a l'air perplexe, appuyez sur le muscle de son épaule avec l'autre main.**
3. **Prenez sa patte dès qu'il la soulève du sol et félicitez-le (voir figure 17-1).**

   Il donnera bientôt la patte sur demande.

Figure 17-1
« Donne la patte » fait toujours plaisir à tout le monde.

Un chiot peut apprendre de nombreux tours à partir d'une même action. En partant du geste qu'il fait en vous touchant avec la patte, vous pouvez apprendre à votre chiot à donner la patte, à dire au revoir ou à répondre à : « Tope là ! »

Au revoir

Tous mes chiens ont maîtrisé le geste consistant à secouer la patte de bas en haut comme pour dire au revoir. Voir ce geste est un véritable plaisir, surtout pour les enfants.

1. **Faites asseoir votre chiot. Tenez une friandise à quelques centimètres de son nez, dites « Au revoir » et agitez votre main devant lui.**
2. **Félicitez-le et donnez-lui la friandise dès qu'il lève la patte.**
3. **Encouragez un geste plus enthousiaste au fur et à mesure qu'il progresse.**

Si votre chiot est conditionné à coopérer quand vous lui donnez une friandise, éliminez progressivement cette récompense. Mais félicitez-le toujours avec enthousiasme !

Tope là

Votre chiot peut maintenant apprendre « Tope là », ce geste que les anglophones appellent *high five*, que pour cette raison on nomme parfois en français « tape-m'en cinq », et que font deux personnes en levant chacune une main en l'air pour se frapper la paume en écartant les cinq doigts.

1. **Faites deux fois « Donne la patte ». Soyez enthousiaste.**
2. **Levez la main vers le haut pour le « tope là ». Dites : « Donne la patte, tope là ! »**
3. **Abaissez la main si votre chiot fait une tentative.**

   Il lèvera bientôt cette patte allègrement.

Rouler

Tout le monde apprécie ce tour. Certains chiots l'aiment, d'autres non. Votre chiot se roule-t-il par terre spontanément ? Passe-t-il facilement d'un côté à l'autre ? Si vous répondez oui à l'une de ces questions, votre chiot sera emballé par ce tour. Voici comment le lui apprendre :

1. **Prenez une poignée de friandises et faites mettre votre chiot dans la position « Couché ».**
2. **Grattez-le jusqu'à ce qu'il roule sur un côté.**
3. **Prenez la friandise et faites-la passer autour du museau, sous le menton et derrière l'oreille, à l'arrière de son cou (voir figure 17-2a).**

4. **Dites « Roule » en faisant passer la friandise en cercle autour du nez vers le côté opposé du sol (voir figure 17-2b).**

   Imaginez qu'un fil est attaché entre la friandise et le nez du chiot. En quelque sorte, vous essayez de tirer sur ce fil pour qu'il roule sur l'autre côté.

5. **S'il semble coopérer, félicitez-le et faites passer ses pattes sur l'autre côté.**

   Quand il est parvenu sur l'autre côté, donnez-lui une friandise et félicitez-le (voir figure 17-2c) et encouragez-le à se relever d'un seul coup.

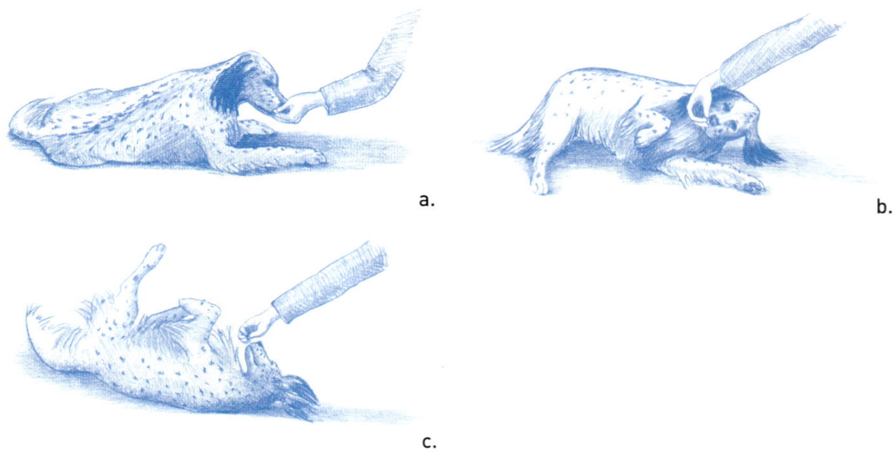

Figure 17-2 Apprendre « Roule » est très facile.

Par-dessus

Créez votre premier obstacle avec un balai posé sur deux rouleaux de papier toilette. Un saut peu élevé établit la confiance de votre chiot et paraît moins effrayant.

Les chiots de moins d'un an ne doivent pas sauter à des hauteurs plus élevées que leurs coudes – ils sont encore en pleine croissance. Les forcer à sauter en hauteur pourrait nuire à leur développement.

Voici comment apprendre à votre chiot à sauter :

1. **Mettez votre chiot en laisse pour le contrôler.**
2. **Faites-lui flairer l'obstacle, et montrez-lui plusieurs fois comment vous sautez l'obstacle.**

   Découragez tout mordillement en tirant sur la laisse.

3. **Faites prendre à votre chiot au moins cinq foulées de recul et dites « Par-dessus » en trottinant vers l'obstacle. Sautez avant lui et félicitez-le de vous avoir suivi.**

   Si votre chiot refuse de sauter, restez calme. Ne le tirez pas par-dessus l'obstacle. Marchez par-dessus plusieurs fois tandis que votre chiot observe. Puis essayez de passer au-dessus ensemble en marchant. Il faudra peut-être faire plusieurs tentatives, mais votre chiot finira par surmonter sa peur et se montrera tout joyeux d'avoir réussi.

4. **Lorsque votre chiot se montre fier de sauter, mettez-lui une laisse courte. Lâchez la laisse juste avant l'obstacle pour qu'il le saute tout seul.**

   Bravo. Félicitez votre chiot avec enthousiasme.

5. **Renoncez progressivement à la course d'approche de l'obstacle, mais continuez de dire « Par-dessus » en montrant l'obstacle.**

« Par-dessus » peut aussi être un jeu pour les enfants. Les obstacles placés sur les seuils encouragent les sauts pour aller chercher des jouets et des balles. Les enfants peuvent établir un parcours d'obstacles, à l'intérieur ou à l'extérieur, et sauter avec le chiot.

À travers le cerceau

Procurez-vous un cerceau et procédez comme suit :

1. **Installez votre obstacle habituel en travers du seuil d'une porte ou entre deux meubles.**

   Mettez une courte laisse à votre chiot et faites-lui flairer le cerceau tandis que vous le placez au milieu de l'obstacle (voir figure 17-3a).

2. **Demandez à quelqu'un de tenir le cerceau ou fixez-le solidement d'une manière ou d'une autre.**
3. **Dites à votre chiot « Par-dessus » en courant vers le cerceau, et lâchez la laisse en approchant (voir figure 17-3b).**
4. **Quand votre chiot coopère, combinez les ordres « Par-dessus » et « Cerceau » en vous mettant à courir pour sauter ; dites « Par-dessus – Cerceau ».**
5. **Tenez le cerceau plus haut pour que sa base soit à la même hauteur que l'obstacle d'origine et dites « Par-dessus – Cerceau » (voir figure 17-3c).**

   Votre chiot peut hésiter parce que le cerceau est différent de l'obstacle habituel. S'il hésite, marchez lentement jusqu'au cerceau et permettez-lui de marcher au travers plusieurs fois. Utilisez de la nourriture pour l'encourager.

   Lorsqu'il accomplit correctement l'étape 5, vous êtes prêt pour le passage dans le cerceau seulement.

6. **Dressez le cerceau au niveau du sol, et dites « Cerceau » en trottant vers le cerceau, et laissez le chiot passer à travers tout seul.**

   Félicitez-le et encouragez-le à franchir le cerceau dans l'autre sens en courant en arrière et en l'appelant.

7. **Augmentez progressivement la hauteur du cerceau.**

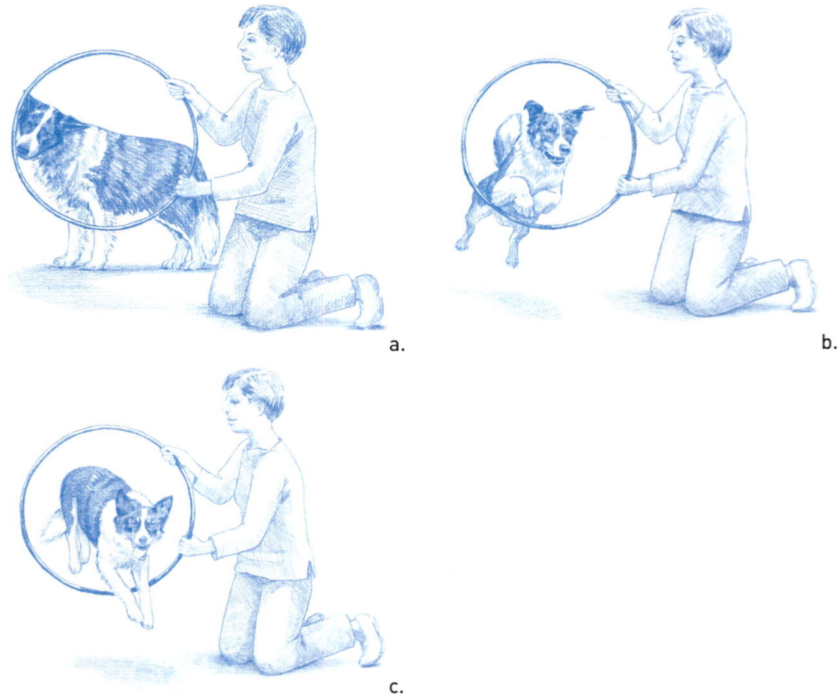

Figure 17-3
Faites sauter votre chiot à travers un cerceau !

Si vous voulez faire quelque chose d'encore plus astucieux (et si vous avez un chiot qui ne deviendra pas trop grand !), vous pouvez pratiquer le cerceau en lui substituant un cercle formé avec les bras. Répétez les étapes précédentes avec l'aide d'un ami.

Fais le beau

Ce tour demande un bon équilibre. Vous demandez à votre chiot de se mettre en arrière à partie de la position « Assis » et de se tenir en équilibre sur ses pattes de derrière. (Sauf si votre chiot adopte naturellement cette position, attendez qu'il ait 9 mois pour lui enseigner ce tour, qui pourrait contracter indûment ses muscles et ses tendons en développement.) Voici comment lui apprendre à faire le beau :

1. **Préparez cinq des friandises préférées de votre chiot.**
2. **Votre chiot étant en position assise, placez une friandise à quelques centimètres au-dessus de son nez.**
3. **Dites-lui « Fais le beau » en reculant la friandise vers ses oreilles.**

   S'il se recule pendant une fraction de seconde, donnez-lui la friandise et complimentez-le. Encouragez au début le moindre de ses efforts, puis augmentez progressivement vos attentes.

Si votre chiot essaye, mais a du mal à garder l'équilibre, tenez-vous derrière lui avec les talons fermés derrière sa queue. Ramenez la friandise vers l'arrière et attrapez sa poitrine, en appuyant son corps contre vos jambes. Répétez l'ordre, en lui apprenant comment se tenir en équilibre tandis que vous le tenez et le récompensez. N'oubliez pas les compliments.

Pour des tours compliqués comme celui-ci, félicitez-le à chaque pas qui le rapproche du but recherché. Si pour commencer votre chiot essaye de se mettre en arrière, félicitez-le pour cela. Lorsqu'il sait facilement se mettre en arrière, louez ce que votre chiot fera ensuite, comme soulever ses pattes de devant.

Faire le mort

J'ai toujours trouvé ce tour un peu déprimant. Mais il est astucieux, et vous pouvez changer l'ordre en quelque chose de plus joyeux comme « Dodo », ou « Pan », selon la situation. Ce tour est facile avec un chiot calme par nature, et représente un bon exercice pour les chiots débordant d'énergie :

1. **Dites « Couché ». Encouragez votre chiot à se coucher sur un côté.**
2. **Agenouillez-vous auprès de lui, mais ne le regardez pas. Puis tapez sur le sol à côté de sa tête et dites « Fais le mort », « Dodo », ou « Pan ».**
3. **Appuyez doucement sur son épaule et aidez-le à appliquer la tête sur le sol.**
4. **Maintenez sa tête en place en la caressant doucement tout en disant « Pas bouger ».**

   Lorsque votre chiot coopère, enlevez lentement votre main de sa tête. Finalement, levez-vous. Procédez toujours graduellement, et rappelez-lui l'ordre « Fais le mort », « Dodo » ou « Pan ». Bientôt vous pourrez vous passer de « Pas bouger ».

Parle et ch... !

Si vous avez un chien qui aime à donner de la voix, ce tour présente un grand avantage. Non seulement vous pourrez lui apprendre à aboyer à la demande, mais vous pouvez aussi lui enseigner le sens de « Ch... » et le faire se taire en un instant. Demandez-vous comment vous pourriez inciter votre chien à aboyer. Aboie-t-il quand il entend la sonnette de la porte d'entrée, quand vous le taquinez avec un jouet ou quand vous jouez d'un instrument ? Faites maintenant ce qui suit :

1. **Mettez en scène une telle situation, et dès qu'il est stimulé (voir figure 17-4a), excitez-vous aussi et dites avec un bref signe de la main « Parle » (voir figure 17-4b).**
2. **Félicitez-le de sa coopération – aboyez même avec lui, surtout s'il paraît perplexe.**
3. **Au début, relâchez sa concentration au moyen d'un jouet, d'une friandise ou de compliments.**

Figure 17-4 Tout le monde apprécie un chien qui aboie et se tait sur demande.

Après avoir réussi à le faire aboyer sans autre stimulation, vous êtes prêt pour la seconde partie de l'opération : « Ch... ! » En voici les étapes :

1. **Encouragez-le à aboyer. Félicitez-le et aboyez aussi – prenez-y plaisir.**
2. **Tout d'un coup, redressez-vous et dites « Ch... ! » en levant le bras en diagonale jusqu'à la bouche (voir figure 17-4c).**

   Il sera probablement surpris – et peut se mettre à reculer.
3. **À l'instant où il cesse d'aboyer, donnez-lui une friandise (en la faisant précéder d'un bruit de clicker si vous en utilisez un) et complimentez-le bien.**

Vous pouvez aussi utiliser une tasse de friandises pour l'encourager à vous suivre simplement en secouant la tasse et en vous sauvant dès qu'il cesse d'aboyer. Cette méthode est particulièrement utile si votre but est de le faire aboyer quand des gens viennent ou quand il entend un bruit.

Tous ces numéros rigolos peuvent être appris à l'aide de la méthode du clicker-training qui assurera une grande rapidité d'apprentissage. Quand votre chiot comprendra cette technique particulière d'apprentissage, vous n'aurez plus aucun mérite à lui apprendre des tours, sa rapidité d'apprentissage vous surprendra et amusera famille et amis.

DANS CE CHAPITRE

Des jeux qui encouragent la coopération

•

Mélanger les jeux et l'obéissance

Chapitre 18

Dix jeux amusants

C'est en jouant que les chiots apprennent le mieux. La façon dont vous jouez ensemble, surtout au cours des tout premiers mois, a la plus grande influence sur l'évolution de votre relation. Ce chapitre vous présente dix jeux auxquels vous pouvez jouer avec votre chiot. Lisez-les, essayez-les, éliminez ce qui ne marche pas, et inventez vos propres jeux.

Les jeux auxquels vous jouez avec votre chiot doivent encourager sa coopération et sa concentration.

Football avec des bouteilles en plastique

Le football avec des bouteilles en plastique encourage votre chiot à vous suivre et à aller chercher.

Joueurs : un nombre quelconque de personnes et un chiot de n'importe quel âge.

Pour jouer : procurez-vous plusieurs bouteilles en plastique (dont vous ôtez les capsules et les étiquettes). Mettez-en quelques-unes sur le sol, à l'intérieur ou à l'extérieur. Laissez votre chiot les inspecter. Quand il se sent à l'aise en leur présence, commencez à donner des coups de pied. Quelle que soit la bouteille avec laquelle vous jouez, votre chiot voudra celle que vous avez. Ne l'envoyez vers lui que s'il se tient debout calmement (pour décourager la confrontation, et ne pas défier votre chiot pour la possession d'une bouteille). Puis allez jouer avec une autre, puis une autre, jusqu'à ce que votre chiot n'en puisse plus.

Règles : jouez avec les pieds, pas les mains (c'est du football, après tout). Tapez toujours dans une autre bouteille que celle avec laquelle joue votre chiot.

Figure 18-1
Grâce à ce jeu, le chiot développe les compétences « suivre » et « aller chercher ».

Lancer des deux jouets

Le lancer des deux jouets aide votre chiot à se concentrer sur ce que vous avez, et non sur ce qu'il a. Il renforce aussi les ordres « Viens » et « Donne », ainsi que la notion de prendre et de montrer évoquée au chapitre 12.

Joueurs : Un chiot et une personne. Ce jeu convient aux chiots de plus de 12 semaines. Toutefois, les chiots plus jeunes peuvent s'intéresser à quelques lancers de jouets.

Pour jouer : Rassemblez au moins deux jouets (qui peuvent être des balles). Lancez-en un, et quand votre chiot se précipite pour l'attraper, encouragez-le. S'il se tourne vers vous, dites « Bon chiot », puis sortez un autre jouet et commencez à jouer avec. Quand il voudra avoir ce jouet (et il le voudra), faites-le s'asseoir poliment avant de le lancer.

Règles : ne poursuivez jamais votre chiot et n'essayez jamais de lui retirer un jouet de la gueule, car ce sont des gestes de chiot, qui encouragent la confrontation. Vous pouvez échanger un jouet contre une friandise ou un autre jouet, ou mettre une friandise dans la gueule de votre chiot.

Traîner un jouet

Le jeu du jouet que l'on traîne encourage le chiot à suivre et peut être pratiqué à la maison ou à l'extérieur. Il constitue une bonne diversion pour les mordeurs de chevilles.

Joueurs : une personne avec un chiot. Ce jeu convient aux chiots de moins de 12 semaines.

Pour jouer : attachez un jouet qui couine ou un jouet en forme de corde au bout d'une laisse de 1,20 m et attachez l'autre extrémité à votre cheville ou vos lacets de chaussures. Déplacez-vous en marchant ici et là, en faisant ce que vous voudrez. Les chiots aiment se précipiter sur des objets qui bougent. Il vaut mieux que ce soit un jouet plutôt que votre cheville.

Règles : ne vous déplacez pas trop vite et ne faites pas de mouvement brusque pour enlever l'objet de la gueule du chiot. S'il se met à tirer sur le jouet, ignorez-le ou enlevez la laisse de votre cheville et attachez-la à un meuble suffisamment lourd pour ne pas bouger.

La pêche au chiot

La pêche au chiot fournit à votre chiot un moyen de donner libre cours à son instinct de poursuite. Ce jeu peut servir à détourner votre chiot de l'envie de s'attaquer à vos jambes, et convient bien aux mouvements de pieds du matin et aux promenades à l'extérieur.

Joueurs : bon pour les chiots de moins de 12 semaines, avec une personne.

Pour jouer : attachez un jouet couineur à une ficelle de 50 centimètres à 1,50 m et attachez l'autre extrémité à une perche (bien des objets peuvent tenir ce rôle : un bâton, un parapluie, etc.). En tenant et en bougeant la perche, faites rebondir le jouet devant votre chiot.

Règles : laissez le chiot attraper le jouet souvent pour entretenir son intérêt. Évitez le tir à la corde. Si votre chiot insiste pour tirer, regardez ailleurs jusqu'à ce qu'il se lasse, puis reprenez le jeu.

Si votre chiot tire avec insistance, barbouillez avec une substance crémeuse le col d'une bouteille de lait vide, débarrassée de sa capsule et de son étiquette. Au lieu de tirer, il s'attaquera à la bouteille et la léchera. Ce truc marche aussi pour le jeu suivant, le lancer au bout d'une corde.

Lancer au bout d'une corde

Le lancer au bout d'une corde est parfait pour libérer un excès d'énergie, et peut aussi détourner les instincts prédateurs (il vaut mieux poursuivre une bouteille dans un champ qu'un cycliste dans une rue très fréquentée).

Joueurs : une personne et un chiot de n'importe quel âge.

Pour jouer : attachez une bouteille vide (débarrassée de son étiquette et de sa capsule) ou le jouet favori de votre chiot à une corde de 6 à 9 mètres. Dans un jardin ou un champ, faites bouger l'objet d'un endroit à l'autre pour que le chiot le poursuive. Si le jardin ou le champ ont des herbes hautes, servez-vous-en pour cacher l'objet à la vue du chiot – ce sera beaucoup plus excitant pour lui !

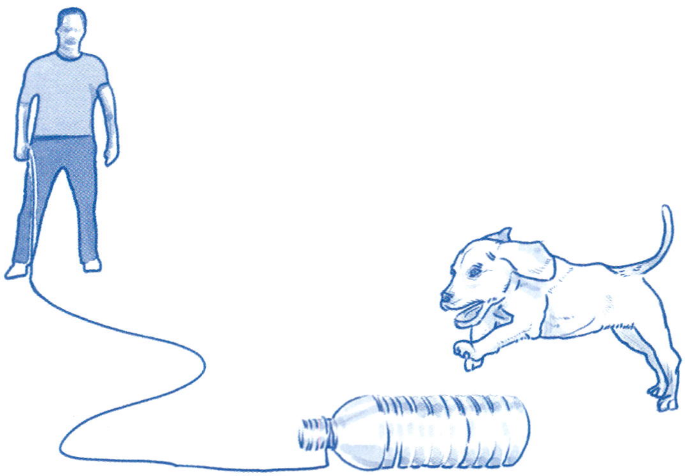

Figure 18-2
Ce jeu permet au chiot de se défouler.

Jeu de la boîte à récompenses et des noms

Le jeu de la boîte à récompenses et des noms encourage une association positive à l'ordre « Viens » tout en apprenant à votre chiot à reconnaître les noms (son nom et le vôtre !).

Joueurs : commencez par deux personnes et ajoutez-en d'autres à mesure que le chiot acquiert la maîtrise du jeu.

Pour jouer : préparez une boîte à récompenses de la manière décrite au chapitre 4. Secouez la boîte jusqu'à ce que le chiot en associe le bruit à une récompense. Tenez-vous à une distance de 2 mètres d'un ami, et en utilisant le nom de l'autre personne (Jean par exemple), dites à votre chiot « Va voir Jean ! » en montrant Jean du doigt. Quand Jean entend son nom, il secoue la boîte et appelle le chiot par son nom. Quand le chiot est à côté de Jean, Jean peut le renvoyer vers vous de la même façon.

Règles : au fur et à mesure des progrès, augmentez la distance, et finissez par vous mettre dans des pièces différentes et par jouer dehors. Évitez de corriger votre chiot si son intérêt faiblit ; limiter le temps du jeu vous assure qu'il restera amusant.

Quand votre chiot a pris goût à ce jeu, jouez à cache-cache. Seul ou avec un comparse, cachez-vous dans des cachettes de plus en plus élaborées, et appelez votre chiot en secouant une boîte à récompenses. Jouez à ce jeu à l'intérieur et à l'extérieur pour développer la concentration de votre chiot – qu'il puisse ou non vous voir !

Donne

Le but de ce jeu est de provoquer une réaction immédiate d'ouverture de la gueule pour lâcher l'objet chaque fois que vous dites le mot « Donne ». Outre qu'il est amusant, ce jeu présente un grand intérêt du point de vue de la sécurité. Si votre chiot a dans la gueule un objet auquel vous tenez ou qui peut le mettre en danger, « Donne » convient à merveille. Lorsque vous aurez fait de « Donne » un ordre et non plus une exigence, votre chiot se fera un plaisir de partager ses trésors avec vous.

Joueurs : « Donne » peut s'apprendre dès le départ, et convient aux chiots de tous âges.

Pour jouer : quand votre chiot grignote quelque chose (que ce soit ou non opportun), approchez-vous de lui avec une boîte à récompenses (ou seulement une friandise dans la poche) et dites « Donne » en lui mettant la friandise dans la gueule. S'il grignote un jouet pour chiot, ne le lui retirez pas. Après avoir dit « Donne » et offert la friandise, allez-vous en tranquillement.

Si votre chiot est tellement excité qu'il se sauve, vous pouvez pratiquer cet exercice dans une petite salle de bains où il sera enfermé. Ou garder une laisse à son collier pour pouvoir le prendre calmement.

Règles : si votre chiot grogne ou serre l'objet trop fortement dans ses dents, appelez un professionnel. L'agressivité n'est pas une plaisanterie.

Prends

Si votre chiot adore porter des choses dans la gueule, vous avez tout ce qu'il vous faut pour lui apprendre « Prends ».

Joueurs : pratiquez ce jeu en étant seul avec un chiot d'au moins 14 semaines.

Pour jouer : commencez par un jouet ou une balle et allez dans une petite pièce ou un couloir. Agitez l'objet devant le chiot, pour le tenter pendant quelques secondes avant de lui donner l'ordre « Prends ». Exprimez votre joie quand il prend l'objet, et laissez-le le conserver pendant des durées variables. Encouragez-le à exécuter l'ordre « Donne » au moyen d'une friandise ou d'un autre jouet si nécessaire.

Règles : ne répétez pas cette séquence plus de trois à cinq fois. Arrêtez toujours sur une séquence réussie.

Gigoter et s'immobiliser

Le jeu « Gigoter et s'immobiliser » est une façon amusante de mettre en application un ordre difficile comme « Assis », « Attends » ou « Couché ».

Joueurs : plusieurs personnes, et bien sûr, un chiot. Une personne ayant pratiqué des exercices avec le chiot est désignée pour donner les ordres. Le chiot doit avoir au moins 12 semaines et maîtriser l'ordre qui va être utilisé.

Pour jouer : choisissez un ordre. Chacun se met à sauter en tous sens et à faire l'imbécile. Puis tous, sur un signe, s'immobilisent. Le maître du jeu donne l'ordre. Celui qui est le plus proche du chiot peut le mettre en place calmement, puis lui offrir une récompense ou une caresse. Recommencez à vous agiter comme précédemment. Ne recommencez pas cette séquence plus de cinq fois.

Règles : ne répétez pas l'ordre donné. Si votre chiot n'écoute pas, aidez-le à prendre la position avant de lui donner une friandise ou un jouet. Il comprendra bien vite.

Le fax à quatre pattes

Le fax à quatre pattes encourage l'interaction et la responsabilité.

Joueurs : deux personnes (un émetteur et un récepteur) et un chiot d'au moins 6 mois. Votre chiot doit maîtriser les trois jeux précédents.

Pour jouer : demandez à votre ami (Jean, par exemple) de se tenir à 3 mètres de l'autre côté de la pièce. Encouragez votre chiot à « prendre » un jouet ou un autre objet (comme un journal replié) et envoyez-le vers Jean en disant : « Porte à Jean ! » Demandez à Jean de s'agenouiller et d'appeler votre chiot. Quand votre chiot va le voir en trottant, il le récompense avec une friandise.

Si votre chiot ne veut pas porter l'objet jusqu'au bout, demandez à Jean de se mettre d'abord tout près de vous, puis de s'éloigner progressivement. Avec des encouragements et de la tendresse, votre chiot deviendra le fax préféré de toute la famille.

Règles : ne punissez pas votre chiot s'il ne veut pas coopérer. Ce jeu demande beaucoup de concentration.

Figure 18-3
Dans le fax à quatre pattes, le chiot interagit et apprend la responsabilité.

Annexe

Carnet d'adresses

Vous recherchez un éducateur professionnel de chiens de compagnie spécialisé ou non en rééducation comportementale et/ou un comportementaliste

Contactez :

Le MFEC, Mouvement français des éducateurs de chiens de compagnie. Cette association regroupe des éducateurs professionnels utilisateurs de méthodes amicales et positives pour l'éducation et la rééducation comportementale des chiens de compagnie.
Vous trouverez sur son site une liste des éducateurs que vous pourrez choisir en fonction de votre lieu d'habitation.
http://www.mfec.fr
Courriel : bureau@mfec.fr

ANIMALIN, première école de clicker-training en France, dispense des formations et des cours d'éducation aux maîtres. Possède une liste d'éducateurs professionnels ayant suivi une formation et utilisant le clicker-training pendant les cours.
http://www.animalin.net

Vous recherchez un vétérinaire comportementaliste

ZOOPSY
Association regroupant les vétérinaires français comportementalistes. Vous trouverez sur leur site une localisation géographique du vétérinaire comportementaliste le plus près de chez vous.
http://www.zoopsy.com

Vous recherchez une classe pour votre chiot

Chez un professionnel :

Le MFEC (Mouvement français des éducateurs de chiens de compagnie)
http://www.mfec.fr
Courriel : bureau@mfec.fr

ANIMALIN
http://www.animalin.net

Une école du chiot dans un club de la centrale canine

Commission nationale Éducation et Activités cynophiles
Listes des clubs proposant des classes pour chiots avec un outil de recherche par discipline.
http://activites-canines.com

Vous recherchez des jouets innovants pour votre chiot, un harnais d'éducation à la marche, un licol pour chien, des clickers, etc.

Animalinboutique, la boutique sur le web 100 % clicker-training et plus.
http://www.animalinboutique.fr
Courriel : contact@animalinboutique.fr
Tél. : 05 62 65 46 00

Vous désirez adopter un chiot dans un refuge

Société protectrice des animaux (SPA nationale)
39, boulevard Berthier 75017 Paris
Tél. : 01 43 80 40 66
http://www.la-spa.fr

Confédération nationale Défense de l'animal
26, rue Thomassin 69002 Lyon
Tél. : 04 78 38 71 85
http://www.laconfederation.fr

Fondation 30 Millions d'amis
40, cours Albert Premier 75015 Paris
Tél. : 01 56 59 04 44
http://www.30millionsdamis.fr

Fondation Assistance aux animaux
23, avenue de la République 75011 Paris
Tél. : 01 39 49 18 18
http://www.fondationassistanceauxanimaux.org

De nombreuses SPA n'appartenant pas à la SPA nationale et des refuges indépendants existent un peu partout en France, consultez les Pages jaunes et Internet.

Vous désirez adopter un chiot chez un éleveur

Société centrale canine – SCC
Vous trouverez sur le site un espace éleveur, un fichier canin, un dossier complet sur le standard des races et la liste de tous les clubs et associations de races.
Tél. : 01 49 37 55 55
http//www.centrale-canine.fr

Syndicat national des professionnels du chien et du chat – SNPCC
Syndicat qui regroupe les professionnels des métiers du chien et du chat ayant adhéré au syndicat (éleveurs, éducateurs et dresseurs, pensions pour chiens et chats, toiletteurs, écoles d'enseignement).
Tél. : 0 892 681 341
www.snpcc.com

Vous désirez des renseignements sur les standards de race ou une race en particulier

Société centrale canine – SCC
Tél. : 01 49 37 55 55
http//www.centrale-canine.fr

Fédération cynologique internationale – FCI
La Fédération cynologique internationale est l'Organisation canine mondiale. Elle est composée de 82 pays membres. La FCI garantit la reconnaissance mutuelle des juges et pedigrees au sein de ses pays membres.
Secrétariat général de la FCI
13, place Albert-Ier
B-6530 Thuin – BELGIQUE
http://www.fci.be
Courriel : info@fci.be

Adresses utiles en cas d'urgence

Centre antipoison national
http://www.centres-antipoison.net

Tél. antenne parisienne (on vous redirigera vers les antennes de province) :
01 40 05 48 48

Centre national d'informations toxicologiques vétérinaires – CNITV
Association qui a pour objectif de répondre 24 heures sur 24, toute l'année, à toute demande téléphonique ou écrite concernant les intoxications d'animaux domestiques et sauvages. Ce centre peut apporter une aide au diagnostic ou au traitement, un avis pronostic, une évaluation du risque ou simplement fournir quelques renseignements.
CNITV – École nationale vétérinaire de Lyon
Tél. : 04 78 87 10 40 (24 h/24)
Courriel : cnitv@vetagro-sup.fr

École nationale vétérinaire d'Alfort-ENVA
7, avenue du Général-de-Gaulle 94704 Maisons-Alfort Cedex
Service des urgences : 01 43 96 72 72
http://www.vet-alfort.fr

École nationale vétérinaire de Lyon
1, avenue Bourgelat BP 83 69280 Marcy-l'Étoile
Centre antipoison 24 h/24 : 04 78 87 10 40
Service des urgences : 04 78 87 07 07
http://www.vetagro-sup.fr

École nationale vétérinaire de Nantes
Atlanpôle – La Chantrerie 44300 Nantes Cedex 03
Service antipoison de 8 h 30 à 18 h 30 : 02 40 68 77 40
Service des urgences : 02 40 68 78 98
http://chuv.oniris-nantes.fr/

École nationale vétérinaire de Toulouse
23, chemin des Capelles 31076 Toulouse Cedex 3
Service des urgences : 05 61 19 38 62
http://www.envt.fr

Vous recherchez un toiletteur, une pension, une crèche, etc.

Syndicat national des professionnels du chien et du chat – SNPCC
Tél. : 0892 681 341
http://www.snpcc.com

Pensez à consulter les Pages jaunes et à en parler autour de vous.

Votre chiot a grandi, vous désirez exercer une discipline sportive avec lui

Commission nationale éducation et activités cynophiles
Listes des clubs proposant des classes pour chiots avec un outil de recherche par discipline.
http://activites-canines.com

Société centrale canine – SCC
Tél. : 01 49 37 55 55
http//www.centrale-canine.fr

Index

A

À côté, 144
  Points de pression, 144
À ta place, 121, 147
Aboiements, 195-199
Accidents, 246-248
  Centre antipoison, 248, 280-281
  Empêcher de mordre, 249
  Étranglement, 250-251
  Plantes vénéneuses, 248
  Premiers soins, 249-255
  Prévention, 247-248
  Transport, 250
Activités, 227-231, 281
Adolescence, 76-77, 149-168
Âge difficile, 141-149
Agility, 229, 281
Agressivité, 208-215
Alimentation, 221-227
  Allergies, 226-227
  Conservateurs, 225
  Graisses, 224-225
  Minéraux, 226
  Nourriture maison, 223
  Protéines, 223-224
  Sucres lents, 224
  Vitamines, 226
Allergies, 226-227, 245
Allez, 162
Allons-y, 87
Ancrage, 122
Angoisse de la séparation, 201-203
Animaleries, 35-36, 38
Animalin, 5, 277-278
Anxiété, 195-204
Assis, 81-82, 120-121, 139, 143, 144, 150, 158, 166, 172
  Points de pression, 144
  Signe de la main, 158
Attends, 87, 121, 148, 167, 172
Attitude, voir Langage corporel
Au pied, 151-153
Au revoir, 261
Avance, 144
  Points de pression, 144

B

Badge d'identification, 55, 58, 103, 105
Bain, 234
Barrière, 51
Besoins, voir Propreté
Boîte à récompenses, 56, 119, 143, 186, 272-273
Brossage, 235
Brûlures, 254

C

C'est bon, 121, 139, 148
Cage de transport, 50-51
Canapé, 191-193
Caractère, voir Personnalité
Castration, 246
Ceinture de sécurité, 58, 105

Centre antipoison, 248, 280-281
Centre national d'informations toxicologiques vétérinaires, 280
Cerceau, 263-264
Chats (avec le chiot), 17, 67, 98
Chiens croisés, 22
Chiens de race, 22-30
Choisir un chiot, voir Sélectionner un chiot
Clicker, 56, 111, 146, 157, 161
Commandes
  À ta place, 121, 147
  Allez, 162
  Assis, 81-82, 120-121, 139, 143, 144, 150, 158, 166, 172
  Attends, 87, 121, 148, 167, 172
  Au pied, 151-153
  C'est bon, 121, 139, 148
  Couché, 144, 167, 177
  Debout, 144, 145, 162
  Derrière, 134, 144
  Donne, 146, 164, 186, 273
  File, 158
  Hep, hep, 116, 146, 154, 187
  Non, 154, 168, 172
  Pardon, 121, 148
  Pas bouger, 87, 155-157, 158, 162, 172
  Regarde, 142
  Signes de la main, 158
  Suis-moi, 119, 143
  Viens, 158, 159
Contrôle hors laisse, 169-177
Corbeille, voir Couchage
Corde à arbre, 171, 173
Couchage, 54
Couché, 144, 167, 177
  Points de pression, 144
Coups de chaleur, 254-255
Creusements, 199-200

D

Debout, 144, 145, 162
  Points de pression, 144
Début de l'adolescence, 149-163
Déplacement en voiture, 104-106, 127-130
Derrière, 134, 144
  Points de pression, 144
Dessous, 87, 134
Donne, 146, 164, 186, 273
Donne la patte, 260, 261

E

Écoles nationales vétérinaires, 280-281
Éducateurs, 193-194
Élans sexuels, 200-201
Éleveurs, 32, 279
En dessous, voir Dessous
Enclos de jeu, voir Parc à chiot
Enfants (avec le chiot), 64, 140, 189
Équipement, voir Fournitures
Escaliers, 139
Étranglement, 250-251

F

Faire ses besoins, voir Propreté
Fais le beau, 264-265
Fais le mort, 265
Fax à quatre pattes, 275
FCI, Fédération cynologique internationale, 22, 23, 33, 280
File, 158
  Signe de la main, 158
Fin de l'adolescence, voir Âge difficile
Flyball, 230, 281
Football avec des bouteilles en plastique, 269-270
Forme, 227-232
  Activités en fonction de l'âge, 228

Fournitures, 49-61, 171-175
Badge d'identification, 55, 58
Barrière, 51
Boîte à récompenses, 56
Cage de transport, 50
Ceinture de sécurité, 58
Corde à arbre, 171, 173
Couchage, 54
Friandises, 52, 53
Gamelle, 49
Harnais, 60
Harnais de sécurité, 105
Jouets, 52, 53
Laisse courte, 173
Laisse d'intérieur, 173
Laisse enrouleuse, 172
Laisses, 54, 57-61, 171-175
Licol pour chien, 59
Longe, 54, 171, 174
Os, 52, 53
Parc à chiot, 52
Puce d'identification, 55
Friandises, 52, 53, 56
Frisbee, 230
Fuite, 165, 188

G

Gamelle, 49, 63, 72-73, 127
Gigoter et s'immobiliser, 274

H

Harnais, 60, 105, 132, 133, 153
Hep, hep, 116, 146, 154, 187
Hiérarchie (entre chiens), 95
Hygiène, 233-240
Bain, 234
Brossage, 235
Dents, 238
Gueule, 238
Ongles, 239
Oreilles, 236
Température, 237
Yeux, 236

I

Ingestion d'excréments, 217-218
Ingurgitation d'objets, 215-216

J

Jeux, 259-275
Jouets, 52, 53
Journaux, 114

K

Kennel Club, 22

L

Laisse courte, 54
Laisse d'intérieur, 173
Laisse enrouleuse, 172
Laisses, 54, 57-61, 171-175
Lancer au bout d'une corde, 272
Lancer des deux jouets, 270
Langage corporel du chien, 84
Licol pour chien, 59
Longe, 54, 171, 174

M

Mâchonnement, 182
Marquage, 217
Mordillement, 186
Morsures de serpent, 254
Mouvement français des éducateurs de chiens de compagnie (MFEC), 194, 277, 278

N

Niveau d'énergie, 228
Non, 154, 168, 172
Nouveau-né, 138-141

O

Obérythmée, 229, 281
Ordres, voir Commandes
Os, 52, 53

P

Parasites, 240-244
  Puces, 241
  Tiques, 242
Parc à chiot, 52
Par-dessus, 262
Pardon, 121, 148
Parle et ch..., 266
Pas bouger, 87, 155-157, 158, 162, 172
  Signe de la main, 158
Pêche au chiot, 271
Période terrible, 76
Petite enfance, voir Nouveau-né
Phases de croissance et de développement, 75-77, 137-168
  8 à 12 semaines, 76, 80, 85, 138-141
  12 à 16 semaines, 76, 141-149
  16 à 24 semaines, 76, 149-163
  6 à 9 mois, 77, 163-168
  9 à 12 mois, 77, 168
Piqûres d'insectes, 253
Pisseur, 203
Plantes vénéneuses, 248
Points de pression, 144
  À côté, 144
  Assis, 144
  Avance, 144
  Couché, 144
  Debout, 144
  Derrière, 144
Poursuite, 98-100, 189
Premiers soins, 249-255
  Brûlures, 254
  Coup de chaleur, 254-255
  Étranglement, 250
  Morsures de serpent, 254
  Piqûres d'insectes, 253
  Réanimation cardio-vasculaire, 252
  Respiration artificielle, 251-252
  Saignements, 253
Prends, 274
Prise dans la gueule, 186
Problèmes de comportement (et solutions), 179-218
  Aboiement, 195-199
  Agressivité, 205-215
  Angoisse de la séparation, 201-203
  Canapé, 191-193
  Creusement, 199-200
  Élans sexuels, 200-201
  Fuite, 165, 188
  Ingestion d'excréments, 217-218
  Ingurgitation d'objets, 215-216
  Angoisse de la séparation, 201-203
  Mâchonnement, 182-186
  Marquage, 217
  Mordillement, 186
  Pisseur, 203
  Prise dans la gueule, 186
  Résistance à la laisse, 121
  Sauteur, 190
Propreté, 109-116
Puberté, 77, 163-168
Puce d'identification, 55
Puces, 241

R

Races, 23-30
Réanimation cardio-vasculaire, 252
Refuge, 34, 38, 278
Regarde, 142
Résistance à la laisse, 121
Respiration artificielle, 251-252

Révérence, 259
Roule, 261

S

Sac de récompenses, voir Boîte à récompenses
Sac de voyage, 100
Saignements, 253
Salutations entre chiens, 95
Sauteur, 190
Sélectionner un chiot, 21-46
  Personnalité, 39-41
  Tests de caractère, 33, 41-45
Signes de la main, 158
  Assis, 158
  File, 158
  Pas bouger, 158
  Viens, 158
Socialisation, 79
Société centrale canine (SCC), 23, 279
Société protectrice des animaux (SPA), 278
Stades de développement, voir Phases de croissance
Station de jeu, 62
Stationnement, 123
Stérilisation, 246
Suis-moi, 119, 143
Syndicat national des professionnels du chien et du chat (SNPCC), 194, 279

T

Tapis, voir Couchage
Tasse de récompenses, voir Boîte à récompenses
Tempérament, voir Personnalité
Tests de caractère, 33, 41-45
Tiques, 242
Tir à la corde, 188, 207, 228
Ton, 86, 95, 138, 143, 168
Tours, 259-267
  Au revoir, 261
  Cerceau, 263
  Donne la patte, 260
  Donne la patte, tope là, 261
  Fais le beau, 264
  Fais le mort, 265
  Par-dessus, 262
  Parle et ch... !, 266
  Révérence, 259
  Roule, 261

U

Urgences vétérinaires, 280

V

Vaccins, 244
Vétérinaire, 244, 280
Vétérinaires français comportementalistes, 277
Viens, 158, 159
  Signe de la main, 158
Visiteurs, 124
Voisinage, 93-100
Voiture, 104-106, 127-130
  Ceinture de sécurité, 58
  Poursuite de voiture, 99-100
Voyages (avec le chiot), 100-106
  Avion, 101-103

Z

Zone de jeu libre, 62
Zoopsy, 277